U0516833

监管区块链
代码之治

**BLOCKCHAIN AND
THE LAW**

the Rule of Code

［法］普里马韦拉·德·菲利皮（Primavera De Filippi）
［美］亚伦·赖特（Aaron Wright）　著
卫东亮　译

中信出版集团·北京

图书在版编目（CIP）数据

监管区块链：代码之治 /（法）普里马韦拉·德·
菲利皮，（美）亚伦·赖特著；卫东亮译 . -- 北京：中
信出版社，2019.1
书名原文：Blockchain and the Law: the Rule of
Code
ISBN 978-7-5086-9617-1

Ⅰ . ①监… Ⅱ . ①普… ②亚… ③卫… Ⅲ . ①电子商
务－支付方式－研究 Ⅳ . ① F713.361.3

中国版本图书馆 CIP 数据核字（2018）第 231098 号

BLOCKCHAIN AND THE LAW: The Rule of Code by Primavera De Filippi and Aaron Wright
Copyright © 2018 by the President and Fellows of Harvard College
Published by arrangement with Harvard University Press through Bardon-Chinese Media Agency
Simplified Chinese translation copyright © 2018 by CITIC Press Corporation
ALL RIGHTS RESERVED
本书仅限于中国大陆地区发行销售

监管区块链：代码之治

著　　者：［法］普里马韦拉·德·菲利皮　［美］亚伦·赖特
译　　者：卫东亮
出版发行：中信出版集团股份有限公司
　　　　　（北京市朝阳区惠新东街甲 4 号富盛大厦 2 座　邮编　100029）
承 印 者：北京盛通印刷股份有限公司

开　　本：787mm×1092mm　1/16　　　印　　张：25.25　　　字　　数：360 千字
版　　次：2019 年 1 月第 1 版　　　　　印　　次：2019 年 1 月第 1 次印刷
京权图字：01-2018-6801　　　　　　　广告经营许可证：京朝工商广字第 8087 号
书　　号：ISBN 978-7-5086-9617-1
定　　价：68.00 元

版权所有·侵权必究
如有印刷、装订问题，本公司负责调换。
服务热线：400-600-8099
投稿邮箱：author@citicpub.com

致中本聪

推荐序

区块链自出现以来，就以其去中心化的特征为世人所知。中本聪在比特币白皮书中，提出要打造一个不依赖任何中介机构的点对点支付系统，这一思路也为日后的区块链创业者所延续。通过区块链，陌生主体之间分布式的协同记账得以成为现实，互联网也因为区块链而拥有了传递信任的能力，实现了价值互联网。

在此基础之上，区块链在以金融为代表的一系列领域中具有广泛的应用前景。已经有许多人在尝试将区块链应用于各类金融交易场景，代替各种需要信任的第三方机构，在交易双方之间建立起点对点的信任。由于区块链的信任传递能力，区块链能够应用于支付清算、数字票据、资产数字化、证券登记与交易、保险、供应链金融、网络借贷、征信、电子存证、身份认证、隐私保护、物联网、数字版权管理等丰富多样的领域，发挥基于技术的信用创造功能。这些场景都有许多先行者和创业公司已经开始探索推进，尽管规模和进展不一，但都展现出区块链深远的潜力。

尤其是 Token 的出现，推动了区块链在融资领域的应用。Token 作为共享权益凭证，在参与各方之间能够起到利益分配的砝码的作用，它同时具备股票的融资属性、钞票的流通属性、粮票的兑换凭证属性，是三票属性的共同延伸，因而笔者在刚刚出版的新著《区块链＋监管＝法链（RegChain）》中，将 Token 翻译为"共票"。我认为，"通证"的译法有一定的谐音要素，但是没有准确表达目前区块链上的 Token 所具备的属性与内涵，从翻译学的角度而言仍然欠佳。而"共票"更为准确地界定了其共享利益的属性，更能实现权益的大众化、普及化、民主化。早在 2014 年，笔者就提出了众筹金融的理论，即用新的无组织的社区形态取代公司制，借助新兴技术工具打破信息不对称，打破传统中心化的 PE、VC 等垄断的资本格局，实现金融的去中介化、去机构化，将其转变为点对点的融资方式，最终实现信息的对称，彻底颠覆旧有的生产关系。区块链的出现，用共票取代股份制，让这一理论构想成为了现实。可以说，区块链让众筹成为与股份制一样伟大的制度发明。

区块链对生产关系的变革不仅触及经济制度，更能深入到法律等社会规范的层面。在区块链发展的过程中，对区块链和法律的关系，公众的观点并不统一。去中心化的支持者认为，区块链不依赖任何中间机构，因而无法被监管，成为一片自由的"乐土"，法律似乎更是与区块链无缘。

但是从现实角度而言，区块链需要被监管。目前区块链的实践中，存在着一些不理性的市场现象，过度强调发行 Token 和炒币。一些投机分子技术能力不足或者根本没有技术，而假借区块链名义，声称使用区块链技术但实际上没有使用区块链，搞"伪区块链"创新，这些情况明显不利于行业的长远发展，成为孕育"割韭菜"等恶劣行径的源头，甚至可能涉嫌诈骗等犯罪行为。这些不规范的发币行为在被国内有关监管部门禁止之后，纷纷出走境外，继续开展发币和炒币的行为；一些开设在境外的交易平台还存在内幕交易、操纵市场等恶劣行径，继续损害境内民众的合法权益。这些问题的解决之道，仍然有赖于对区块链与法律的关系进行深入细致的研究。

《监管区块链：代码之治》是这方面的一个非常有价值的尝试。该书指出，区块链需要被监管，也可以被监管，这也与我一直主张的观点相吻合。更为重要的是，区块链本身就可以用于监管和法律领域。区块链之所以能够创造伟大的价值，原因在于区块链不仅仅是一种提升生产力的技术，而是深入到了规则即生产关系的层面，给利益的分配机制带来了变化，从而对生产关系产生巨大的颠覆，给监管和法律系统带来重构。所以，区块链最大的应用场景实际上是在政府的监管领域，区块链能够化身为法律，带来法律执行效果和效率的革命性提升。

2018 年 6 月 28 日，杭州互联网法院对一起侵害作品信息网络传播权纠纷案进行了公开宣判，首次对采用区块链技术存证的电子数据的法律效力予以确认。本案的案情并不复杂，原告发现被告未经授权在网站上转载其作品，侵害其信息网络传播权，遂起诉到法院。值得关注的是，原告在向法院举证存在侵权行为时，没有采用传统的公证处公证，而是使用了基于区块链的电子存证技术。杭州互联网法院在一审判决中，认可了这种存证方式，甚至更进一步在判决中较为全面地阐述了区块链电子存证的技术细节，提出了司法上判断是否应当予以采纳的初步标准。这一判决表明了司法界在面对新技术时包容开放但又不失慎重的态度，在全国尚属首例，在世界范围内也是较为领先的。未来，预计基于区块链的电子存证将会在司法领域得到越来越多的认可，区块链将更为深入地应用到司法领域，成为代码改变法律的先驱。

我认为，代码和法律的关系存在着两个递进的层面。第一个层面是用代码表达既有的国家法，也就是 code as law。在这一层面上，代码是一种工具，用于表达、转化现有的国家法、成文法、制定法。代码可以界定、解释和执行现有的法律，从而提高法律执行的效率。目前的监管科技也刚发展到这个阶段，运用各种技术工具，收集并分析数据、自动执行监管措施，提高监管的效果和效率。在此过程中，区块链以其独特的技术特征，扮演着极为重要的角色。《监管区块链：代码之治》对此的论述有着很高的参考价值。

第二个层面是更为深刻的层面，是指代码本身就成为法律，即真正意义上的 code is law。网络空间的高速发展，伴生了许多没有法律规制、法律无法强制或者来不及强制的场景，在这些情形下，代码直接成为最高的权威，代替法律成为网络空间中的最高社会规范。这个层面与区块链更加密不可分，因为区块链去中心化的特征，通过区块链可能实现不经政府直接在各主体之间达成共识，并得到强制执行。尽管这一前景还没有成为现实，但《监管区块链：代码之治》对此的思考值得我们每一个人阅读。

卫东亮法官在广州市中级人民法院民二庭任职多年，对商事案件的审判工作非常熟悉，又被选调进入广东省高级人民法院执行局，拥有丰富的一线司法工作经验，对公司、证券、合同、物权等商事法律有着独到的深刻见解。卫法官在繁忙的实务工作中，仍然对互联网、区块链等先进技术的发展保持着高度关注，结合自身的工作经验，抽出时间翻译完成《监管区块链：代码之治》，对区块链与法律之间关系的研究做出了富有成效的贡献。我想，卫法官可以称得上中国第一个真正研究和传播区块链的人民好法官。卫法官在工作之余仍然潜心进行学术研究，这种钻研探索的学习精神也让我非常敬佩。期待本书能加深国内公众对区块链的理解，促进区块链应用尤其是在司法领域应用的发展，使区块链与法律、监管更好地结合在一起。

中国人民大学大数据区块链与监管科技实验室主任

杨 东

导 论

蒂莫西·梅（Timothy May）是密码朋克（cypherpunk）运动 ① 的创始人之一，他在 1988 年曾提出警告："幽灵正萦绕着现代世界。"[1] 这个"幽灵"不是停滞不前的政治格局，也不是恐怖主义、种族冲突或者环境危机，而是日益增长和扩散的新型无政府主义，梅称之为"密码学无政府主义"（crypto anarchy）。[2] 梅在其著作《密码学无政府主义宣言》（*Crypto Anarchist Manifesto*）中描述了未来的场景：随着互联网以及公私钥密码学（public-private key cryptography）的发展，人们将以更加匿名（anonymous）的方式交流和合作。借助不可追踪网络以及"执行加密协议的防篡改（tamper-proof）盒子"，人们可以"自

---

① 密码朋克运动，是 1993 年埃里克·休斯（Eric Hughes）在其所著《密码朋克宣言》（*A Cypherpunk's Manifesto*）中提出的一个概念。它结合了电脑朋克的思想，认为使用强加密算法能保护个体隐私的安全，反对任何政府主导的密码系统。——译者注

由交易，根本无须知道对方的真名实姓与合法身份"。[3]

最后，梅预测，个人将从国家中解放出来，完全改变"立法的性质，政府征税、控制经济交往以及保有机密信息的能力"，也会改变我们有关信任和声誉的观念。[4]加密安全协议将拆除知识产权设置的藩篱，促进信息自由流动，赋予个人新的自我组织的能力，彻底改变公司和政府的本质。[5]在梅看来，这一转变是不可避免的。"妖怪已经从瓶子里跑出来了"，梅在之后的文章中解释道，没有任何力量可以阻止因加密技术发展导致的无政府主义的蔓延。[6]

区块链在很多方面就是梅在30年前所设想的"防篡改盒子"，它借助现有的点对点（peer-to-peer）网络、公私钥密码学及共识机制（consensus mechanisms），来创建高度弹性（resilient）和防篡改的数据库，人们可以以透明和不可否认（nonrepudiable）的方式存储数据，并以假名（pseudonymously）从事各种经济交易。区块链可以转移数字货币或其他有价资产，管理产权和敏感档案。不过，它最为重要的应用是可以创建自治（autonomously）执行的被称为智能合约（smart contracts）的计算机程序。[7]

区块链与传统的数据库不同，它不需要集中维护，而是由一个遍布全球的点对点网络来共同管理。组成这一网络的数以万计的计算机，被称为"点"（peer）或"节点"（node）。[8]这些节点上存储着相同或基本相同的区块链副本，并借助软件协议来精确地控制各个节点如何储存数据，如何参与交易，以及如何执行软件代码。

由于区块链在网络中被广泛复制，所以所有存储在区块链上的数据都具有高度弹性，即使某个区块链副本被破坏，或某个节点失效，其他节点上的数据也仍然有效。并且，只要世界上还有一个有效的区块链副本，其他节点就可以修复和重构区块链，恢复之前的全部交易记录，并进行新的交易。

为了提高区块链的安全性，确保信息的有序记录，每个区块链项目均执行特定的共识机制。共识机制是一系列预先严格界定的激励和成本结构规则，基于这一规则，任何人试图单方移除或修改区块链上的数据都非常困难，且代价昂贵。有了共识机制，即使区块链网络成员之间互不认识或互不信任，也仍能定期就共享数据库的当前状态达成一致。

借助公私钥密码学，每个区块链均可以验证所记录数据的完整性，人们可以用假名进行交易，而无须披露交易双方的真实身份。[9] 区块链无须集中维护，所以任何一方都不必控制对它们的访问权限。这意味着，在可公开访问的区块链上，任何人均可以创建由公钥、密钥和密码组成的区块链账户并进行交易，且几乎不受任何第三方的干涉。[10]

更先进的区块链，集成了被称为分布式虚拟机的去中心化计算系统，以及图灵完备（Turing complete）的编程语言，参与各方可以借此编写和部署智能合约程序。[11] 这些智能合约程序存储在区块链上，并由区块链底层点对点网络的多个成员共同负责执行，而它所创建的计算机进程一经部署就会自动运行，并且难以关闭。

自 2009 年比特币诞生以来，区块链技术已被大量应用于在线服务，用来存储信息及运行计算机程序。其中一些应用致力于实现梅 30 年前的愿景，有的应用则增进了现有的合法服务。

正如比特币所展示的，区块链技术支持基于假名的、去中心化的跨国价值转移系统。借助区块链，任何人均可以交易包括比特币在内的数字货币以及其他有价值的资产，而无须通过中心化的清算所，也无须披露交易双方的真实身份。区块链所构建的新型点对点汇款系统，降低了跨国资金转移的成本。同样，区块链技术也在金融服务领域发现了新的机遇，它所构建的去中心化的证券和衍生品交易系统，则直击全球金融市场的要害。

短短几年，区块链就迅速扩展到支付和金融产品之外，它所支持的新型自治系统，有助于形成无须中介机构的社会经济交易结构。人们可以借助智能合约记录法律协议的部分或全部内容，从而创建出动态的、难以终止的商业交易。

各国政府开始尝试使用区块链来保护和管理关键公共档案，如至关重要的信息以及财产权属与证书。同时，政府也希望借助区块链防篡改、弹性和不可否认的特性，最大限度地保证这些关键信息的完整性和真实性。假以时日，区块链将成为新的公共基础设施，充当全球跨国系统的支柱，任何人均可联网使用。

人们开始尝试用区块链创建各种集合体，如至少其中的部分功能需要由代码来执行的新型数字化组织。由于区块链广泛可及，有助于促进经济交易，人们开始探索将其作为协调中心点，来管理现有的法律实体；通过智能合约执行基于代码的规则，来降低团队管理的成本和难度。区块链也可以用来驱动更透明、更少层级的新型组织，便于互不了解的人达成协议。将来，人们可以将区块链作为基础设施，创建完全依赖算法和人工智能的自治组织。这些组织不再由人类管理，而是借助代码规则以及其他算法治理手段来运营。

除了协调人类活动，区块链被越来越多地用于控制机器设备，并借助智能合约来界定这些连接到互联网的设备如何运行。最终，区块链将发展成熟，足以充当协调机器—人、机器—机器之间经济交往的基础层。如果这些尝试取得成功，区块链就会深入渗透到人类活动的方方面面，构建全新的机器—机器、机器—人的交互方式，并有可能改变我们与实体商品之间关系的本质。

然而，并非所有基于区块链的应用和服务都严格遵守现有的法律和规则。区块链驱动的数字货币一般跨国境交易，经常忽略现有的有关货币转移和洗钱的法规，有意规避旨在帮助政府、银行及私营部门追踪货币跨境流动的有关规则。这一新兴技术如果不加以合理的监管，就可能被用于欺诈、洗钱、恐怖融资及其他非法活动。[12]

区块链也在抢占公开交易市场。通过自治运行且不受监管的区块链数字货币交易所，人们可以交易各种基于密码保护的代币（token，也被译为令牌、通证，其中有些类似于证券）、衍生品和其他金融产品，交易额高达数十亿美元。这些区块链系统往往无视现有金融市场的法律界限，削弱了那些精心制定的、旨在限制欺诈和保护投资者的法律法规的效力。

在金融领域之外，区块链也被应用于游走在法律边缘的在线赌博和电子商务市场。这些在线赌场高度自动化运营，不受中央机构的控制。去中心化的电子商务市场方便人们自由交易，无须再依靠易贝（eBay）、克雷格列表（Craigslist）① 等在线市场，甚至是"丝绸之路"（Silk Road）这样的地下网络。这些应用助长了毒品交易，它们的广泛应用导致政府更加难以限制由此衍生的犯罪以及其他有悖公序良俗的社会活动。

区块链进一步推动了信息流通，用于构建新型点对点文件共享应用、去中心化通信平台和社交网络。借助区块链及其他点对点网络防篡改、弹性的特征，这些应用和平台可以散播受版权保护的作品、煽动性言论和其他不雅内容。如果这些服务得到广泛应用，它们将限制

---

① 克雷格列表（Craigslist）是克雷格·纽马克（Craig Newmark）于 1995 年在美国创立的大型免费分类广告网站，是目前美国用户量最大的网站之一，建有包括中文在内的 18 种语言版本。——译者注

政府和企业控制、过滤以及审查网络信息的能力，也不会考虑可能产生的社会成本和政治成本。

长远来看，如果区块链技术在速度、性能、功能及可访问性方面有所改进，就可能创建出与传统公司及其他法律实体相竞争的组织，甚至可能创建出自治设备和机器人，它们独立自主运行，不受政府、中间运营商以及任何第三方的控制。

正如本书所讨论的，区块链对自治系统的推动和支持，将持续挑战政府与立法者控制、塑造或影响区块链技术发展的能力。与许多技术一样，区块链技术既可以支持现有的法律和规章，也可以削弱其效力。但是，它的特别之处在于，其所创建的弹性、防篡改及自治的全球代码系统，为人们提供了新的金融和契约工具，可以取代当前的关键社会功能。

通过区块链，人们可以构建自己的规则体系，创建由区块链网络底层协议执行的智能合约。这些系统所建立的无须法律的秩序，通过所谓的私人监管框架执行，本书称之为密码法（lex cryptographica）。[13] 软件开发者据此创建的工具和服务，可以协调各种跨越国境的经济活动和社会活动，当然，也可以规避特定国家的法律。

密码法的代码规则体系，与当前中心化在线应用采用的、基于代码的规则体系并不相同。[14] 多数在线服务要么本身即中介机构，要么借助其他中介机构，如大型云计算服务商、搜索引擎、支付服务提供商、域名注册服务商和社交网络等，来支持它们所提供的服务。这些中介机构不仅执行法律，还执行它们自己制定的规则，它们的身份易于识别，位于特定国家，因此是政府当局管控网络的中心节点。[15]

现有法律体制的监管重点，是负责控制和协调在线活动的各种中心化中介机构，而部署在区块链上的系统，如果主要或完全借助密码法运作，就难以受到现有法律体制的控制和监管。这些区块链系统由软件协议和基于代码的规则管理，由底层区块链网络自动执行，借助配套的智能合约，可以实现高度自治，必然越来越独立于中心化的中介机构。这些应用程序仅由代码组成，由区块链协议以分布式方式运行，通常也不会考虑是否遵守现有法律，这必然与现有法律体制产生冲突。

尽管区块链网络有明确的应用前景，但当前仍面临一些不确定性风险，它可能会动摇中央银行、金融市场和商业协议管理的根基，也可能会支持新形式的非法活动。这些风险之所以显得如此严重，是因为区块链技术已经开始用于重构当前社会的基础体系，重建包括支付系统、金融市场、商业协议在内的各种常见的组织机构。

今天，社会治理的重点很大程度上是由各种机构和官僚体系所决定的，它们主要通过法律和等级制度来规范社会。[16] 区块链应用不再需要依赖这一体系和规则，而是依靠密码法来组织经济与社会活动，实现其功能。[17]

随着区块链技术的进一步成熟，权力将从政府制定的法律和规则加速转移至由去中心化区块链网络支配的代码规则与软件协议。基于代码的协议，以及与其发展相关的决策，将最终控制这些系统如何工作，塑造人们交往的方式。我们或将不再遵从法治（rule of law），而是越来越服从于不受任何第三方控制的代码之治（rule of code）。[18]

本书探讨了区块链技术的新应用，分析了其优势及面临的挑战，框定了密码法的范畴。我们驳斥了区块链将导致密码学无政府主义状态这一观点，概述了监管区块链技术的策略。

互联网甫一出现，即引致无政府主义和脱法（lawlessness）概念的滥觞。1996 年，约翰·佩里·巴洛（John Perry Barlow）在其《网络空间独立宣言》（*A Declaration of the Independence of Cyberspace*）中的描述最具代表性。他认为，互联网将形成一个新的世界，在这里，传统的"财产（property）、表达（expression）、身份（identity）、行为（movement）"，以及相关的法律概念均（将）不再适用。[19]"网络公民"（Netizens）将摆脱中心化政府当局的控制，主宰这个世界，并借助去中心化网络实现自治。[20]

　　然而，互联网的逐渐成熟，证明了巴洛的愿景不过是一个乌托邦式的幻想。过去的十年，互联网为了实现分散权力和鼓励自由交流的初衷，甚至放任垃圾邮件、欺诈和犯罪泛滥，但它反而变得越来越集中，越来越受到监管。手机、应用商店和云计算平台的出现，推动形成了一个更加中心化的网络，少数几家公司便垄断了大部分信息分发和网络交易。[21]

　　今天，互联网的无政府主义趋势已经得到很大程度的控制。政府监管的重点是本地互联网服务提供商（Internet Service Provider，ISP）和提供互联网基础服务的大型中介机构，并逐步授权由这些机构来维护互联网秩序。[22]一些国家和地区，特别是在欧洲，甚至开始割据互联网，要求互联网数据必须本地化，以防止外国公司收集和存储与该国公民相关的信息。[23]一些国家则更甚，以技术机制屏蔽信息的流动。[24]

　　我们认为，区块链技术的成熟和发展，也会遵循类似的路径。尽管区块链创建了越来越多的自治和潜在的法外系统，但政府仍有管制的办法。区块链只是减少而不是消灭了对中介机构的需求。即便"区块链真的会导致广泛的去中介化"，法律、市场力量、社会规范以及区块链代码本身，也仍然可以用来维护法治。

随着区块链技术的发展和获得广泛认可，各国政府既可以推动它的发展，也可以阻碍它的发展，可以采取的监管手段也愈加多样。它们可以管制终端用户，要求其承担利用区块链系统从事非法活动所产生的法律责任，甚至可以规定，只要支持非法的区块链应用，就应承担责任。此外，它们还可以对维护系统的软件开发者、硬件制造商以及在 TCP/IP（传输控制程序 / 互联网协议）栈底层操作的中介机构持续施压。

例如，政府可以管制 ISP，以及类似搜索引擎这样的信息中介机构，要求它们主动拦截非法区块链应用，或者拒绝将这些非法区块链应用编入索引；可以监管区块链网络的支持和维护人员（即"矿工"），以及为这些网络运行提供必要工具的软件开发商和硬件生产商。对这些主体的监管可以是直接的，如要求其遵守特定的法律规范；可以是间接的，如改变经济激励机制和收益结构（payoff structures）。

目前，区块链技术仍不够成熟。政府可以通过教育，官方的国际工作组或其他非正式的讨论和审议等形式，来塑造与之相关的新型社会规范。政府也可以依靠区块链技术本身，来实现特定的政策目标，例如，将某些法律规则整合到区块链网络及相应的智能合约中。

本书探讨了区块链技术的双重属性，介绍了新出现的密码法，概括了政府监管的潜在路径。我们假设读者不了解区块链技术，所以首先详细介绍其历史细节和技术全貌，解释了比特币、以太坊（Ethereum）和其他相关技术的起源。然后，我们提炼了区块链的核心特征，阐明了为什么这些特征有利于我们理解密码法、算法控制和代码之治。接下来，我们通过密码法详细分析区块链如何能同时支持和削弱现有法律，这一技术在支付、合同法、金融、信息、通信系统以及机器与机器交互等方面如何影响当前的社会和政治制度。

　　在描述了区块链技术面临的法律挑战后，本书提出了规范区块链系统的方法和成本。然后，立足现实，我们研究了区块链技术如何通过将现有的部分或全部法律转化为代码，来支持或补充法律，探索了这一监管路径所面临的各种风险。本书的目的是介绍区块链技术的运作原理以及潜在的应用前景，总结密码法的鲜明特征，提出监管区块链的可行路径。

目录

第一部分　区块链技术

第一章　区块链、比特币和去中心化计算平台　003

公私钥加密和数字签名 / 006

商业互联网和点对点网络 / 008

数字货币 / 010

比特币 / 012

以太坊 / 019

去中心化文件共享和覆盖网络 / 022

许可型区块链 / 024

第二章　区块链的特征　027

去中介化的跨国网络 / 029

弹性和防篡改 / 031

数据的透明和不可否认 / 032

假名 / 034

激励和成本结构 / 035

共识 / 037

自治 / 039

区块链的两重性 / 040

区块链和互联网层级 / 042

密码法 / 045

协议与权力 / 049

区块链技术面临的挑战 / 052

第二部分　区块链、金融与契约

第三章　数字货币和去中心化支付系统　057

改进的支付和汇款系统 / 061

数字货币与现有法律 / 063

数字货币与缩减的金融隐私 / 065

可互换与透明性 / 067

中央银行作用的式微 / 068

第四章　作为法律契约的智能合约　071

智能合约与法律契约 / 074

混合协议 / 077

基于智能合约的协议的法律效力 / 079

减少监督成本和投机风险 / 082

代码的益处 / 083

智能合约的局限性　　084

第五章　智能证券与衍生品　091

智能证券 / 096

智能衍生品 / 099

智能证券和智能衍生品的局限性 / 100

去中心化资本市场 / 103

第三部分　区块链和信息系统

第六章　数据的防篡改、证明和验证　113

登记和公共部门信息 / 116

档案的验证和证明 / 119

安全风险 / 121

垃圾数据问题 / 122

缩限的隐私 / 123

第七章　弹性、防篡改信息系统　125

区块链和去中心化信息存储 / 128

区块链文件共享系统 / 129

区块链与不受审查的通信 / 130

互联网域名系统 / 131

版权问题 / 132

言论自由的另一面 / 134

第四部分　组织与自治

第八章　组织的未来　139

公司治理与内部控制 / 142

去中心化组织 / 146

分布式治理模式 / 149

安全问题 / 150

有限责任的缺失 / 151

证券法面临的挑战 / 152

无法管控（Nonregulatability）的去中心化组织 / 153

第九章　去中心化自治组织　157

去中心化自治组织的界定 / 160

自治治理的益处 / 163

市场失灵 / 164

法律问题 / 166

第十章　链接万物　169

区块链使能的设备 / 173

设备的治理 / 174

机器之间的契约 / 176

产权管理系统 / 177

自由设备（emancipated devices）/ 180

自由设备的监管问题 / 183

第五部分　去中心化区块链系统的监管

第十一章　监管模式　189

监管终端用户 / 193

监管传输层 / 194

监管信息中介机构 / 195

监管区块链中介机构 / 196

监管矿工和交易处理者 / 197

监管代码和架构 / 199

监管硬件制造商 / 201

监管区块链市场 / 202

通过社会规范监管 / 205

监管方式的平衡 / 207

第十二章　代码即法　211

　　　　将法律转换为代码 / 214

　　　　作为监管技术的区块链技术 / 215

　　　　代码作为法律的局限性 / 218

　　　　自动化规则 / 220

　　　　定制化的规则 / 221

　　　　密码法与算法治理 / 222

结　论　225

注　释　233

索　引　341

致　谢　371

译后记　373

第一部分

区块链技术

第一章

区块链、比特币和去中心化计算平台

区块链的核心，是一个由分布式计算机网络维护的去中心化数据库。这一新型数据库融合了点对点网络、公私钥密码学和共识机制等各种技术。本章简要介绍区块链的工作机制，解读理解区块链的若干关键技术。

在互联网诞生之前，计算机是相互孤立的"岛屿"，最多通过笨重的电缆进行简单的连接。这一切在 20 世纪 50 年代末发生了变化。随着苏联成功发射人造卫星，以及对"冷战"的恐惧，兰德公司（Rand Corporation）的研究人员开始探索新的计算范式（Computing Paradigm），以期开发出一种能够经受住核打击的系统。[1]1964 年 8 月，在经过多年研究后，兰德公司的研究人员保罗·巴兰（Paul Baran）声称取得了突破。依靠所谓的分组交换技术（packet switching），巴兰能将信息的各个片段，从一台计算机发送到另一台计算机，并将这些片段重新封装成信息，这几乎像魔术一样。[2]

借助巴兰的技术研究成果，美国国防部高级研究计划署（Advanced Research Projects Agency，ARPA）创建了全球第一个计算机网络 ARPAnet，其后，在将美国国防部中"Defense"这一单词的首字母添加到上述机构名称的开头后，更名为 DARPAnet。通过这一网络，研究人员和学者可以共享文件，相互交换资源。在接下来的几十年，这个新兴网络的力量越来越强大，随着 TCP/IP 和 DNS（Domain Name Service，域名服务）等附加技术层的发展，网络上的计算机越来越容易识别，同时也能确保信息被适当地路由①。从此，计算机不再是孤立的，[3]而是通过代码连接在一起。

---

① 路由（routing）是指分组从源到目的地时，决定端到端路径的网络范围的进程，路由工作包含两个基本动作：确定最佳路径和数据交换。——译者注

公私钥加密和数字签名

在 DARPAnet 项目落地的同时，第二次革命正在酝酿当中，借助新出现的密码算法，人和机器能以安全和可验证的方式交换消息、文件和其他信息。1976 年，威特菲尔德·迪菲（Whitfield Diffie）和马蒂·海尔曼（Marty Hellman），两位来自斯坦福大学的密码学家，创造性地发明了"公私钥密码"概念，解决了密码学的一个根本性的问题：对安全的密钥分配系统的需求。这一概念同时奠定了可验证数字签名（authenticated digital signatures）的理论基础。[4]

在公私钥加密技术发明之前，消息很难以保密的方式发送。加密消息在不安全的信道上传播，极易被拦截。要发送加密消息，需要使用"密钥"（key，也称为 cipher）对消息做混淆处理，以防止字符串被解读。当经混淆处理的消息到达其预定目的地时，接收方需要使用同一密钥对加密文本进行解码，才能将其还原成原来的文本。[5]

早期密码系统的一个重大局限是，密钥是保护所发送消息的机密性的关键。在交换消息之前，使用密码系统的各方必须首先在密钥上达成一致，或者将密钥以某种方式传送给接收方，这导致密钥很容易被泄露。如果第三方获得了密钥，就可以拦截通信并解密消息。[6]

公私钥密码学解决了这一问题，可以在不预先共享密钥的情况下安全发送加密消息。在迪菲和海尔曼的模型中，公钥由双方共享，每一方则各自生成唯一的私钥。[7]私钥作为密码不需要共享，公钥则充当双方自由通信的参考点。迪菲和海尔曼认为，可以通过这种方法来共享同时用于消息的加密和解密的密钥（一方先将公钥与自己的私钥组合，另一方再将结果与其私钥组合）。[8]

在迪菲和海尔曼公开发表他们的开创性作品后不久，1978 年，麻省理工学院的密码学家罗恩·李维斯特（Ron Rivest）、阿迪·萨莫尔（Adi Shamir）和伦·艾德勒曼（Len Adleman）在这个研究成果的基础上，开发了一种称为 RSA（RSA，由三位开发者姓氏单词首字母组成）的新算法。这一算法通过将两个大素数（prime numbers）[①] 相乘，生成数学上关联的公钥和私钥。他们指出，将两个大素数相乘相当简单，但反过来想分解出其所使用的素数，即使是超级计算机也非常困难（这一过程被称为素数的分解）。[9]

借助 RSA 算法的这一数学特性，人们可以广泛地传播他们的公钥，并确信私钥几乎不可能被破解。[10] 例如，如果爱丽丝想向鲍勃发送敏感信息，她会使用鲍勃的公钥加密信息，然后公开发布加密的消息。由于使用了 RSA 算法和素数分解，只有鲍勃的私钥能够解密消息。

公私钥密码技术的应用不仅限于加密消息。正如迪菲和海尔曼所述，由于"加密和解密分别由不同的密钥来完成"，我们可以基于这一原理构建新的密码系统。在这一系统中，借助公私钥密码技术生成的数字签名，由于经过了安全认证，具有高度的防伪性，因此可以取代在纸质文件和合同上的手写签名。[11]

借助 RSA 算法，发送方可以利用自己的私钥为消息附加数字签名。[12] 消息发送后，接收方可以使用发送方的公钥来检查消息的真实性和完整性。例如，如果爱丽丝想向鲍勃发送私人消息，她可以用鲍勃的公钥加密消息，然后用自己的私钥对消息进行签名。鲍勃可以用爱丽丝的公钥验证消息来自爱丽丝，并且确信在传输过程中没有被更改。然后，鲍勃可以用自己的私钥安全地解密消息。[13]

公私钥加密技术激发了新一代学者、数学家和计算机科学家的想

---

① 素数，又称质数，定义为在大于 1 的自然数中，除了 1 和它本身以外不再有其他因数。——译者注

象力，他们开始使用这些新的密码技术构建前所未有的新系统。借助公私钥密码学和数字签名，理论上可以建立电子现金系统，基于假名的信誉机制，内容分发系统，以及新形式的数字合约。[14]

商业互联网和点对点网络

在互联网诞生以及公私钥密码技术发明后的几年里，计算机革命的影响范围越来越大。随着计算机成本的迅速下降，这些曾经由少数精英把持的机器，逐渐从大公司和政府机构的地下室，延展到每个人的办公室和家里。在苹果公司发布其标志性的个人电脑"Apple II"之后，各种各样价格便宜的电脑充斥了整个市场。似乎一夜之间，电脑进入了我们的日常生活。

20 世纪 90 年代中期，互联网开始急速扩张，迅速进入商业化应用阶段。DARPAnet 早已超越了最初的学术用途，在经过数次技术更新后，转型成为现代互联网。在一大批 ISP 的推动下，全球数百万人沉浸在"网络空间"中，通过简单邮件传输协议（simple mail transfer protocol，SMTP）发送电子消息，通过文件传输协议（file transfer protocol，FTP）发送文件，通过超文本传输协议（hypertext transfer protocol，HTTP）将不同电脑上的内容连接起来。短短几年，互联网就从政府和学术界的私有领地，变成了一种新形式的基础设施。正如《纽约时报》所报道的那样："互联网之于信息流动的重要意义，正如一个世纪前，跨州铁路之于货物流通的重要意义。"[15]

起初，互联网服务几乎都采用了"客户端 – 服务器端"模式。服务器端主要由早期的互联网公司掌握，上面可以运行一个或多个计算机程序，也可以用来托管网站和各种应用，互联网用户则通过他们的客户端访问这些服务。在这一模式中，信息流通常是单向地从服务器端流向客户端。服务器端可以与客户端共享资源，但客户端却通常不能与服务器端或使用该服务的其他客户端共享资源。[16]

早期的"客户端－服务器端"系统相对安全，但存在性能瓶颈。每个在线服务都必须运行在成本高昂的服务器上，如果某个集中管理的服务器关机了，运行在这个服务器上的服务和应用就会完全停止。如果服务器收到太多的用户请求，也会因为超载而暂停服务。[17]

21世纪初，新的在线服务模式出现了。人们开始实验一种不再依赖中心化服务器的P2P（peer-to-peer，点对点）网络，它们运行在去中心化网络上，参与者（通常称为"点"或"节点"）既是信息资源的提供者，也是信息资源的消费者。[18] Napster的出现，使这种在线服务模式成为新的主流。通过Napster软件，任何人都可以从其他用户的电脑上下载音乐文件（充当客户端），同时将自己电脑上的音乐文件提供给他人（充当服务器）。在Napster的巅峰时期，它曾经链接了全球数以百万计的计算机，创建了一个庞大的音乐库。[19]

然而，Napster的人气却很短暂。在点对点网络之下仍是由Napster控制的中心化网络，并需要其持续更新网络上所有可用音乐的索引。成员依靠这些索引指引，才能找到他们想要的音乐文件，这是整个Napster网络的关键。[20]

中心化索引对Napster网络的运作无疑是必需的，但也是导致它衰落的主要原因。在针对Napster的诉讼中，法院认定它应对版权侵权负次级责任（secondary copyright infringement），其中部分原因就是它维护了该索引。Napster被要求必须审慎管理点对点网络上的共享文件，必须清除受版权保护的音乐文件的索引。这一强制措施实施后，Napster不再流行，用户也逐渐流失殆尽。[21]

随着Napster的式微，第二代P2P网络应运而生，可以将文件共享给更多的用户。通过新的 P2P 网络（典型如 Gnutela 和 BitTorrent），人们能共享本地计算机上的文件，同时不再需要维护一个中心化的索引。[22] 在 Gnutela 中，用户发送搜索文件的请求后，Gnutela 软件会逐个检索网络中的计算机，直至从某个计算机上找到请求的文件。[23] BitTorrent 采取了另一种方法，它将文件分割成小块（chunks），这些小块分别位于不同的计算机，用户可以从多个计算机同时下载，使文件的传输更快和更有效。BitTorrent 使用扩展名为 Torrent（也称"种子"）的小文件来启动和协调这些大的文件块的传输，由于这些种子文件分布在不同的服务器上，[24] 也就不再需要一个总的中心化服务器来统一存储。

这些全新的第二代去中心化网络，没有一个可辨别的中心服务器，也少有对其提供支持的中介机构，并且，与 Napster 不同，这些网络几乎不能被关闭。[25] 之后，基于这一网络的全新的内容分发模式，开始突破大型在线运营商对信息交流的垄断，逐渐流行起来。

数字货币

弹性、去中心化的点对点网络的设想，在一群对公私钥密码学的进展非常着迷的密码学家及技术专家之间形成了共鸣。这些自称"密码朋克"的人认为，点对点网络和加密技术的强大力量，可以抵制对个人自由的侵蚀，释放人类天性。[26]

密码朋克认为，如果没有适当的制衡，现代信息技术的发展将缩小个人隐私的范围，导致政府和公司监视行为的滥觞。[27] 在国际密码学协会（International Association for Cryptologic Research，IACR）的创始人、密码学家大卫·查姆（David Chaum）看来，计算技术将逐步剥夺个人收集和控制信息的能力，政府和企业则会收集消费者的日常交易信息，用于"窥视个人的生活方式、习惯、行踪以及人际关系"。[28]

为了对抗这些预料中的风险，密码朋克主张大规模使用密码学工具，他们相信，这样可以保护个人隐私，同时削弱覆盖全球的政府霸权。他们是密码学技术的布道者，创建了安全消息传递系统、数字合同、保护隐私的身份认证系统以及"防篡改的盒子"。[29] 借助遍布全球的"不能被破坏或关闭"的免费软件，他们试图构建一个可以逃避政府或公司控制的"开放社会"。[30]

密码朋克这一理想的关键载体，是匿名现金技术和不可追踪的支付系统。从 1983 年开始，密码朋克以及其他密码学家就试图借助公私钥密码学来建立新的货币系统。当年，查姆设计了一个货币系统，它可以生成和转移电子现金，同时不需要披露用户的个人信息。[31] 其后，查姆在 1994 年设立了名为 DigiCash 的公司，继续发展这一系统。[32]

DigiCash 借助公私钥密码技术来发行电子货币，使用查姆发明的数字签名（被称为盲签名）系统来验证交易的有效性，[33] 公司作为中央清算所，负责调控货币供应量和处理 DigiCash 的交易。但是，DigiCash 和上文提到过的 Napster 有类似的技术局限性，它以"客户端 - 服务器端"的模式运作，要求查姆的公司必须对每笔交易进行双重验证和确认。这就意味着，DigiCash 是否成功，与一家公司的命运息息相关。所以，当这家公司在 1998 年破产时，DigiCash 也一并消失了。[34]

然而，创造匿名数字货币的努力已呈燎原之势。在 DigiCash 之后，更多的密码朋克，如哈尔·芬尼（Hal Finney）、戴伟（Wai Dai）和尼克·萨博（Nick Szabo）等，开始了长达十年的探索，试图建立一个去中心化的匿名数字货币。[35] 他们深知，这一系统的技术关键在于既要能控制数字货币的供应量，又要有确认货币权属的安全认证机制。就理论而言，与美元现钞或硬币相比，数字货币没有物理实体，只是存储在一台或多台机器内存中的一系列数字。因此，像任何数字资源一样，数字货币可以无限复制。倘若缺少中央清算所或类似的中介机构去验证交易和结算，任何人都可以将一笔数字货币同时发送给两个交易对象，这就是所谓的"双花"（double spending，双重支付）问题。[36] 比如，鲍勃拥有价值 5 美元的数字货币，他可以同时将这笔钱支付给爱丽丝和约翰，实际上花出去了 10 美元。由于这一先天缺陷，数字货币存在各种被欺诈的风险。

任何去中心化支付系统都必须首先解决双花问题，而且，这个问题的解决不能依赖任何中心化中介机构。在特定时间内，货币系统中流通货币的总量必须是固定的，或者其供应量由代码来控制，以防止未经授权增加货币供应量，从而导致货币贬值。[37] 这一支付系统的交易记录必须是安全且不可否认的，从而确保所有流经系统的数字货币都可追溯。缺少了这些必要的特征，就无法在不依赖可信机构或清算所的前提下，证明谁在特定时间拥有多少数字货币。

比特币

2008 年底，借助公私钥加密、数字签名和点对点网络技术，署名中本聪（Satoshi Nakamoto）的开发者（们）解决了这个问题，创建了一种全新的分布式数据库，我们称之为区块链。借助区块链，中本聪创建了一个不需要中心化机构运营的、去中心化的数字货币。

与查姆创建的必须依赖一个中心化机构运营的 DigiCash 不同，中本聪在简短的、只有 9 页的论文《比特币：一个点对点电子现金系统》[38] 中概括了他创建的数字货币系统：由计算机网络验证和保存所有比特币的交易记录。在这一模式下，不需要中心化的控制机制，所有交易被记录在一个共同的数据库中，并由比特币底层软件控制货币供应和协调交易的验证过程。[39]

自 2009 年诞生以来，比特币已经成为世界上最大的支付系统之一，但对很多人而言，其技术基础与其创立过程还是一样神秘。我们可以对照电子邮件来理解比特币的工作原理。今天，只要有一个电子邮件地址，我们就可以在短短几秒钟内，通过互联网发送和接收电子邮件。电子邮件地址通常不与我们的个人身份关联，所以我们可以使用假名，并将其作为接收电子消息的参考点。虽然多数用户依赖第三方运营商来管理电子邮箱，但用于发送和接收电子邮件的底层协议是免费、开放和可相互操作（interoperable）的，任何人无须许可即可使用。我们通过密码来获得电子邮箱的控制权，通过 Web 界面，如谷歌的 Gmail 或邮箱客户端，微软的 Outlook 或 Thunderbird 等来管理电子邮件。

比特币与电子邮件一样，也是建立在开放、可互操作的协议之上，同样不受任何单一的中心化组织的控制。[40]基于公私钥密码技术，人们无须他人批准，就可以任意创建假名比特币账户。通过使用私钥对比特币交易进行数字签名，只需几分钟，就可以发送比特币给全球任何人。交易被签名之后，由比特币网络成员负责验证交易的有效性，并更新相关比特币账户的余额。

就像通过电子邮件客户端处理邮件一样，人们通常也通过"比特币钱包"与比特币网络交互，管理比特币账户。比特币钱包可以存储在个人计算机上，也可以使用第三方在线应用来维护它们，这样就可以方便地通过网络浏览器或智能手机访问。为了提高安全性，一些人会将钱包存储在 USB 闪存驱动器或其他形式的安全硬件（通常称为"冷钱包"）上。[41]比特币也像电子邮件一样，可以跨国自由流通。[42]

交易比特币既不受任何中心化的机构控制，也不需要任何人授权或预先批准，交易的金额则可大可小（最低可低至 0.000 000 01 比特币，按当天价格约 0.000 175 899 5 美元）。[43]

比特币网络的交易记录存储在区块链上，并由位于网络底层的免费、开源的比特币协议管理。在比特币网络中，计算机相互交换的是最新的交易信息，而不是音乐或其他媒体文件。比特币协议执行一种可以达成共识的机制，来确认某笔交易是否有效，以及该笔交易是否应该被记录到区块链上。[44] 不同于可以手手相传而不留记录的实体硬币和纸币，比特币的所有交易均会被记录到全网共享的区块链上，[45] 任何选择加入比特币网络的人都可以下载或查看完整的区块链副本，追溯全部交易记录。[46] 由于比特币的透明性和开放性，其区块链广泛分布在成千上万台电脑上，遍布超过 97 个国家，既包括美国、中国这样的大型工业化国家，也包括柬埔寨、伯利兹这类国家。[47] 由于比特币区块链遍布全球，并借助点对点网络实现支付功能，因此具备弹性且几乎无法被关闭。只要一台电脑上保存有区块链的完整副本，比特币网络就可以持续存在，即便遭遇自然灾害或者当地政府强行关闭网络，比特币区块链也能在数小时内被复制或重构（当然这需要高速互联网连接传输数据）。[48]

比特币区块链在很多方面类似一本防篡改的"书"，这本书的大量完全相同的副本，存储在遍布全球的计算机上。任何人都可以在书中添加新内容，这些新内容也会同步更新至所有运行比特币协议的计算机上。

与书由页面组成不同，比特币的交易记录被集合在一起，组成相互独立的"区块"（block），这些区块经由比特币协议连接在一起，形成一个连续的、带有时间戳的"链"（chain）。[49] 区块存储了比特币的交易信息，以及附加在该笔交易上的其他信息（如一首诗、一段祈祷、对一张图片的引用或其他文件）。每个区块均包含一个用于组织共享数据库的"区块头"（header）。[50]

区块头的核心内容包括这一区块交易记录所独有的指纹或哈希值（hash）、对应的时间戳以及前一区块的哈希值。哈希值按照美国国家安全局（NSA）发明的标准密码哈希函数生成，[51] 显示为由字母和数字组成的一串字符，并与该区块包含的交易记录有着唯一的关联性。[52]

书本靠页面来组织内容，任何人都可以以合适的顺序装订。比特币则不同，它的每个区块头均包含了之前区块的哈希值和时间戳，所有区块按创建时间有序排列组成链，并据此组成可共享的数据库。（见图 1.1）

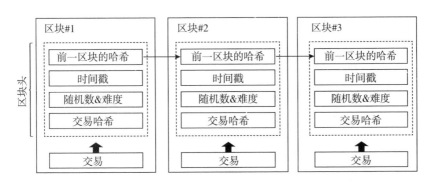

图 1.1　比特币区块链示意图

中本聪设计的比特币系统十分精妙，向区块链中添加信息非常困难，而信息一旦保存，就几乎无法更改或删除，这确保了比特币区块链的安全和完整。要想在比特币区块链中存储信息，需要完成特定的工作，且只能通过集体努力来完成。同时，向比特币共享数据库中添加新的区块，必须严格遵循比特币协议确定的程序，所有新加入的区块必须经过验证，以确保其包含了有效的交易记录和对应的有效哈希值。[53]

为特定的区块生成一个哈希值不是很难。但是，根据比特币协议的要求，特定区块的哈希值必须以指定数量的 0 开头（"前导零"），这使生成符合这一要求的哈希值的任务变得有一定难度。这一数学猜测游戏，通常被称为"工作量证明"（proof of work）。[54] 为了生成符合这一要求的有效哈希值，需要比特币网络中的各方参与解这个数学难题，并确保解出的哈希值，其前导零个数不少于该时点比特币协议要求的数量。[55]

参与生成有效哈希值的计算机，都必须重复进行计算，以满足协议的严格要求。这一计算过程不需要创造性，而只是重复的试错博弈，通常被称为"挖矿"（mining）。[56]

比特币协议根据网络中参与工作量证明的矿工的数量，来动态调整数学题的难度，以确保生成每一个新区块的时间大约都是十分钟。因此，比特币网络上参与解决数学难题的节点越多，对每一个节点而言，生成符合要求的前导零个数的哈希值就越难。[57]

矿工找到给定区块的有效哈希值后，将答案广播到比特币网络，其他节点只需简单计算，就可以确认这个哈希值是否符合比特币协议的要求。[58] 如果有效，新的区块将被添加到区块链上，同时存储在所有活动节点的计算机硬盘里。比特币网络通过这一流程，就谁在给定时间拥有特定数量的比特币达成共识。偶尔，当比特币网络的不同部分所加入的区块各不相同时，比特币网络就会分叉（fork）或生成多个不同的副本。至于分叉的原因，有可能是恶意攻击导致网络分裂；也有可能是比特币网络客户端的版本更新后，有相当数量的节点或者由于疏忽，或者因为拒绝采用新技术，未同步更新客户端软件。[59]

比特币发生分叉时，数据库结构类似一棵"树"而不是一条线性的链。为了确保网络最终沿着同一条"树枝"发展，比特币协议执行特定的分叉选择规则（a fork choice），即将各"树枝"确认区块有效性所需计算能力（computational power，简称算力）的大小，作为判断该"树枝"长短的依据，当发生分叉时，矿工应总是选择区块数量最多的"树枝"。[60]

分叉选择规则保证了比特币网络的一致性。如果多数网络参与者就某一特定交易的交易链条达成共识，则该链就被认为是有效的。比特币的持有者因此确信，在任何给定的时间，这些控制比特币网络多数算力的人，会执行比特币协议确定的规则，去验证交易的有效性，并将新的区块记录到最长的链上。

工作量证明这一猜谜游戏的作用，不仅限于确保比特币区块链记录有序，这种共识算法还可以防止人们创建虚假交易，或者篡改区块链记录。由于每个区块的区块头均包含了前一个区块的区块头的哈希值，任何一个区块只要发生微小改动，就会生成一个新的、独特的哈希值，该区块之后的区块的哈希值也会同时发生变化。[61] 所以任何对区块内容的修改，都将不可避免地破坏区块链。

任何人，即使只是想修改比特币区块链上的一个记录，也必须付出昂贵的算力，为所有后续区块生成新的哈希值。比特币网络上发生的交易越多，附加到区块链上的区块就越多，追溯修改先前交易记录的难度就越大。此外，基于比特币的共识机制，潜在的攻击者如果想重写区块链的某一段交易记录，就必须要比网络中多数诚实节点的速度更快。

最有可能改变区块链记录的方法，是组织大量攻击者发起"51%攻击"，一旦有效接管了区块链网络，就能在其他节点确认交易之前提前确认交易。考虑到比特币分布式网络的规模日渐扩大，这种攻击越来越难。《经济学人》杂志记载，从 2015 年开始，比特币矿工拥有的算力，已是"全球最大的 500 台超级计算机算力总和的 13 000 倍"。[62] 考虑到网络的不断发展，目前策划一次 51% 攻击将花费数亿美元至数十亿美元，远远超过了多数私人团体或黑客联盟的财力。[63]

中本聪设计了一个巧妙的激励方案，用以平衡矿工挖矿的支出，并维持比特币网络的安全和稳定。矿工为新的交易区块生成有效的哈希后，比特币网络会以"区块奖励"（block reward）和交易费的名义，向该矿工支付特定数量的比特币，[64] 矿工因此有足够的经济动力去验证交易，参与工作量证明猜谜游戏。同时，矿工可以通过公开市场，将挖矿所得的比特币出售给他人。

比特币协议将比特币的总量限定为 2 100 万，自 2009 年 1 月比特币网络启动开始，区块奖励的数量会随着时间推移，每四年减半一次。按照这一减半规则，大约持续到 2140 年，所有比特币就会发放完毕。[65] 因此，中本聪鼓励人们提早参与，这样才有机会赚取更多的比特币。

借助"工作量证明"共识算法以及区块奖励激励机制，中本聪建立了一个可以有效解决双花问题的去中心化机制。这一机制既能限定比特币的总量，也能在没有中央清算所的情况下完成交易。最终，中本聪创建了所谓的"状态转移系统"。每隔 10 分钟，比特币网络就会更新一次它的"状态"，计算出所有比特币账户的余额。工作量证明这一共识算法作为"状态转移函数"，指代比特币网络的当前状态，并可以借助一系列新交易更新至最新状态。[66]

在进行交易时，为确定用户有足够的比特币，比特币协议会从比特币的第一个区块"创世区块"（genesis block）开始，经历遍先前所有的交易记录。如果用户有足够的比特币，交易就被认为是有效的，并被打包成一个区块。当矿工通过工作量证明生成一个有效的哈希并经其他矿工确认后，比特币网络，包括参与交易账户的余额，就会被更新至最新"状态"。[67]如果用户没有足够的比特币，交易就会被比特币网络拒绝，矿工就不会将交易打包进区块，这一无效的交易不会影响网络状态。

借助这一技术设计，尽管比特币没有中心化清算所，但人们仍然确信，比特币账户的信息是准确的。比特币协议实现了可信的点对点交互，参与双方无须互相认识或互相信任。这就是为什么比特币以及更加广义上的区块链技术被描述为一个"去信任化系统"（trustless system）。[68]人们只需信任支持比特币区块链的底层代码和矿工即可，不再需要依赖中心化的可信当局或中间人。

以太坊

随着比特币的诞生和快速发展，越来越多的程序员开始在数字货币之外探索区块链技术的应用。在一夜之间，便涌现了数以百计的区块链和数字货币项目。[69]借助中心化的数字货币钱包服务，人们可以轻易地加入比特币网络，[70]交易所则方便人们将比特币兑换成美元、欧元、人民币等传统的法定货币。[71]比特币的价格犹如坐上了火箭，在2013年最高达到1 200美元。[72]①人们对比特币的兴趣越来越浓厚，风投资本，甚至微软、戴尔等传统企业，开始探索将比特币作为备选的支付

---

① Coinmarketcap 显示，北京时间 2017 年 12 月 18 日 4 点，比特币成交价格最高达到 20 089 美元，其后开始下跌，截至 2018 年 6 月 30 日 12 点，成交价为 6 386 美元，下跌将近 70%。资料来源：https://coinmarketcap.com/currencies/bitcoin/，访问日期为 2018 年 6 月 30 日。——译者注

方案。[73]

然而，对比特币的关注越多，其局限性就越明显。比特币是一个优异的数字货币交易平台，但如果不更新它的底层协议，它的用途也就仅限于此了。比特币网络很慢，它需要 10 分钟才能达成并验证一笔交易，与此关联的问题是，比特币区块链究竟能存储多少信息。比特币的去中心化结构导致其缺乏正式的治理，协议难以得到更新和改进。目前只能依赖一小部分开发人员缓慢地修改和修复底层软件的漏洞。[74]

为了突破比特币的这些局限，一些新的区块链项目出现了，它们不再仅仅局限于存储数字货币交易信息，而是希望借助区块链，或者至少它的部分底层功能，创建一个可以承载去中心化应用（或称为dapps）的媒介。[75]

在广义层面上，区块链是一个信息存储系统，不仅可以用来存储与比特币交易有关的信息，也可以存储或引用其他类型信息，如被专家称为"智能合约"的小型计算机程序。[76]

以太坊是第一个可以创建和部署复杂智能合约的区块链项目。作为建立在比特币的开创性成果基础上的第二代区块链网络，以太坊诞生于 2014 年 2 月，在启动一年半以后便加入了丰富的功能，人们可以在以太坊区块链上部署智能合约，就像目前可以在中心化的服务器上部署网站的代码一样。[77]

和比特币类似，以太坊也是一个自由、开源的点对点网络。以太坊发行的原生数字货币被称为以太币（Ether），通常被分配给支撑以太坊网络的矿工，也可以像比特币一样交易。以太坊使用了与比特币类似的工作量证明机制，来负责更新以太坊区块链的状态。[78]

与比特币不同的是，以太坊速度更快，在智能合约方面有更强悍的功能。以太坊区块链的状态每 12 秒更新一次，远远快于比特币网络 10 分钟的更新频率。[79] 以太坊部署了被称为 Solidity 的图灵完备的编程语言，任何人都可以利用它编写智能合约，部署去中心化的应用程序。在理论上，人们可以借助 Solidity 在点对点网络上进行一系列更为复杂的计算。[80]

与比特币只有一种账户类型不同，以太坊网络上有两种不同类型的账户，一种是针对普通用户的外部账户（externally owned account, EOA），另一种是适用于智能合约应用的合约账户（contract account）。合约账户在以太坊网络上有一个公共地址，但没有自己的私钥，它除了可以存储特定智能合约的编译代码外，还可以用来收发以太币，将数据记录到以太坊区块链，处理有关信息，以及用来触发其他智能合约的运行。外部账户则不同，它和比特币一样，有一个公共地址和对应的私钥。任何掌握外部账户私钥的人，都可以通过该账户转移以太币，也可以与存储在合约账户中的智能合约交互。[81]

以太坊协议中负责处理智能合约的部分，被称为"以太坊虚拟机"（Ethereum Virtual Machine，EVM）。从实用角度看，EVM 实际上是一个去中心化的虚拟机，可以运行多个智能合约程序。一般而言，任何人都可以通过向合约账户发送一笔以太币交易，来触发执行相关的智能合约，从而让以太坊网络开始执行一系列任务。[82]

智能合约通过收发"信息"进行交互。"信息"是一个对象，包含了特定数量的以太币、一串数据以及用于收发以太币的地址（可以是另一个合约账户，也可以是外部账户）。智能合约收到信息后，可以向原始发送者返回一条信息。这一交互过程，与一个标准的计算机函数的功能类似。[83]

由于以太坊网络的每个活动节点均被设计为可以执行以太坊虚拟

机上的每一个操作，因此任何智能合约均能以接近零的成本，来触发其他智能合约的执行。为了防止滥用资源，对每个计算步骤，以太坊协议均会收取一笔我们称为"燃料"（gas）的费用。[84]

燃料的价格不是固定的，而是由矿工根据以太币的市场价格动态进行调整，这也可以避免燃料价格发生大幅波动。对每一区块可以包含的操作的数量，以太坊协议实施动态限制，这样矿工就只能收取与网络上其他人的交易成本相当的交易费。[85]

以太坊的开放和去中心化特性，使智能合约可以以假名部署，以自治的方式运行。由于以太坊的所有活动节点上均运行着智能合约代码，因此这些智能合约不受任何人控制，也无法被任何人随意终止。在某种程度上，智能合约更像一个自治代理人（autonomous agent），负责自动执行外部账户或其他智能合约的指令。[86]

自以太坊上线以来，已经部署了成千上万个智能合约，[87] 它们既可以处理诸如"如果……那么……"之类的简单逻辑关系，也可以完成一些复杂功能，例如生成和交易与实物或数字资产相关的代币、验证签名、记录投票以及部署基于区块链的新型治理系统等。[88]

以太坊底层设计的局限性，决定了在以太坊虚拟机上运行代码仍然是缓慢和昂贵的。[89] 不过，以太坊仍然代表了一种新的计算范式：软件应用不再受中心机构的控制，而是在去中心化的点对点网络上自治运行。

去中心化文件共享和覆盖网络

为了扩展比特币、以太坊等区块链的功能，人们在开发新的去中心化协议，它不仅能让区块链管理数字货币之外的其他资产的转移，也能让智能合约与其他数字档案交互，甚至能控制这些数字档案。同时，作为覆盖网络（overlay networks）的一种，它也能扩展这些新型数据结构的功能和效用。[90]

比如，借助彩色币（Color Coin）协议，人们可以通过比特币网络生成代表各种有价资产的代币，当发送特定数量的比特币（或其他数字货币）时，可以通过附加特定的元数据，来指示该笔交易实际代表的实物或数字资产，如股票证书、版权证明或投票等。换言之，借助彩色币协议，我们可以通过转让 0.000 000 000 1 比特币的方式来转让一股谷歌股票。[91]

更为乐观的是，借助新的去中心化文件共享协议，人们可以在点对点网络上存储文件，并借助智能合约控制对这些文件的访问，这些协议也是构建健壮（robust）[①]的、复杂的、去中心化应用程序的新工具。如前所述，比特币区块链的区块只能存储有限的信息，以太坊区块链对智能合约的每个计算步骤都会收取燃料，因此，依靠这些区块链系统来建立去中心化应用和存储文件会非常昂贵。

而新的分布式存储平台和内容分发服务，如 Swarm 和 Filecoin（由 IPFS——星际文件系统协议驱动）正试图突破这些局限，以支持更先进的区块链应用。这些新系统旨在为区块链网络提供安全和弹性的点对点存储方案，没有中央管理，永不停机，即使网络成员离开也能正常运行。[92]

和比特币与以太坊一样，这些覆盖网络内建立的激励机制，可以鼓励人们使用其应用。在这些覆盖网络上，为他人存储数据、提供服务的网络成员均会得到回报。因此，那些有额外带宽或硬盘空间的

[①]　健壮（Robust），也被译为鲁棒、强壮。在 IT 领域，健壮是指系统在异常和危险情况下仍可以生存。例如，如果计算机软件在输入错误、磁盘故障、网络过载或恶意攻击的情况下仍能够正常响应，就说明该软件是健壮（性）的。——译者注

人，可以考虑加入这样的网络，自愿存储文件的某一部分，一般称为块（chunks）或碎片（shards）。当需要时，可以借助这些去中心化文件共享协议，重新将这些块或碎片组合成文件。[93]

技术专家认为，去中心化系统能汇集分散的带宽和存储资源，获得数量上的优势，从而超越现有的在线服务。这些新的去中心化应用不会从亚马逊、微软或 IBM（国际商业机器公司）等传统云服务商租用空间，也不通过脸书（Facebook）和谷歌这样的大型中心化中介机构托管数据，而是借助区块链技术和点对点网络来协调存储数据。如果这一系统取得成功，区块链和这些新的去中心化协议将支撑起被称为 Web 3.0 的全新互联网架构。[94]

许可型区块链

尽管区块链是去中心化的，并且可以部署自治代码，但有些人仍然希望能以一种更加可控、可预测的方式，来应用区块链技术。比特币、以太坊以及其他"非许可型"（permissionless）的区块链对所有人开放，任何人都可以通过互联网下载它们的源代码，加入它们的网络，而无须披露真实身份或事先取得许可。不过，当"非许可型"的区块链应用到银行、证券等受严格监管的金融行业时，其开放、去中心化、假名的特性将会带来担忧，因为这些行业要求金融机构必须监测、审查当事人，并报告可疑交易。[95]

替代比特币和以太坊的许可型区块链（permissioned blockchains）出现了。这些区块链虽然使用了点对点网络，但并不能自由加入，而是由中心化机构或联盟来决定谁可以加入，限定谁有权访问共享数据库并记录信息。[96] 联盟通过控制成员资格，来确保网络中的每一个参与者的身份都是可知或可信的。

现有许可型区块链一般有明确的用途。比如，借助许可型区块链，瑞波（Ripple）协议可以用于货币兑换，也可以用于美元、欧元以及黄金等资产的保值。与比特币和以太坊采用的工作量证明共识机制不同，瑞波协议的基础是另一种共识机制，它依赖一个大的瑞波网络中的共同信任的子网络来处理和验证交易。[97]

当前，许可型区块链的显著优点是速度快。在比特币和以太坊这样的开放和非许可型的网络中，需要活跃节点达成共识，才能确定每笔交易的有效性。比特币每 10 分钟确认一笔交易，以太坊则是每 12 秒处理一次，二者均远远落后于以毫秒为单位存储信息的现代数据库。许可型区块链一般由事先选定的少量参与者运作，因此可以采取替代方法，以更快的速度确认和批准交易。[98]

尽管许可型区块链受益于速度和可预测性，但它的致命缺陷是脆弱的可信性，因为它不能保证各方不会密谋篡改基础协议并最终损害其他参与方的利益。如果只有少数参与者才能确认区块记录，那么它们就会产生单点故障（single point of failure）[①]（以及单点控制）风险，很容易受技术故障、腐败或黑客的影响。如果许可型区块链逐渐应用到重要的社会或经济系统，这些安全上的局限性将可能导致灾难性的后果。[99]

不过，许可型区块链的开发者往往无视这种安全问题。一些人认为，许可型区块链将最终替代并消灭比特币、以太坊等公共区块链。而另一些人则认为，许可型区块链不过是一个暂时性的解决方案，就像 20 世纪 90 年代主导美国公司的企业内部网（Intranet）[②]一样。[100]

---

① 单点故障（single point of failure），指的是单个点发生故障的时候，会波及整个系统或者网络，从而导致整个系统或者网络的瘫痪。——译者注
② 企业内部网（Intranet），也称内联网，其技术基础与互联网相同，通常建立在企业或组织的内部，为成员提供信息共享和交流服务。——译者注

至少在短期内，许可型区块链和非许可型区块链会和平共处，共同推动区块链技术的发展。基于安全考虑，许可型区块链可以借助开放的非许可型区块链，在保证其网络状态安全性的同时，进行快速交易。实际上，我们可以预测，未来的区块链生态将由开放的非许可型区块链网络支撑，而各种许可型区块链则专注某些特定领域的应用。[101]

就目前而言，区块链技术真正的创新之处，不在于私有链和许可型区块链，而在于公共区块链和非许可型区块链。公共区块链可以用于合法目的，也可以用于非法系统，这些非法系统日渐增多，花样百出，且难以防止和控制。

特征鲜明的公共区块链和非许可型区块链是本书关注的重点。[102]下一章，本书将概括这些系统的特性，阐释新的应用如何利用这些去中心化技术创建一套我们称之为"密码法"的、用密码学确保安全的新型规则。

第二章

区块链的特征

区块链技术可以构建新的存储数据和管理软件应用的基础设施，同时，它也可以减少这些基础设施对中心化中间商的需求。数据库是所有平台、网站、应用程序或其他在线服务的支柱，尽管经常隐藏在幕后，其重要性却不可低估。到目前为止，数据库主要还是由中心化中介机构维护，如亚马逊、微软、谷歌等大型互联网公司或云计算运营商。这一现状正被区块链所驱动的新一代去中介化的点对点应用改变，这些应用对中心化控制的依赖程度会更低。

尽管区块链技术比较复杂，但其核心特征主要是通过点对点网络、公私钥加密和共识机制等技术展示出来。区块链有去中介、跨国、弹性、防篡改等特点，能以透明、不可否认、假名的方式存储数据。通常情况下，区块链网络借助市场手段或博弈机制，来协调人或机器达成共识。通过将区块链的诸多特征结合起来，人们就可以部署自治执行的软件和应用，这解释了为什么区块链技术能作为驱动经济与社会活动的新型有力工具，实现此前难以达到的效果。

与此同时，区块链技术的这些特征，也代表了它最大的局限性。首先，区块链技术的去中介化和跨国性使其难以被管制，其底层软件协议难以被修改。其次，区块链的假名以及由去中心化的共识机制支持的防篡改数据结构，可以用于协调违背公序良俗或法律的行为，这也包括借助自治软件实施的此类行为。最后，基于区块链的透明和可追踪特性，政府或公司很容易将它们作为强大的监控工具。

去中介化的跨国网络

如前所述，当前在线服务主要采用"客户端 – 服务器端"的模式。要想使用互联网，用户必须依赖扮演各种角色的可信机构或中间商，它们有的负责在买家和卖家之间建立市场，如 eBay 和优步（Uber），有的负责存储和维护来自各不相同网站的数据，如 Facebook、YouTube 和维基百科，有的则负责验证特定商品或服务，如 PayPal 和 Spotify。

区块链运行在一个不同的层级（hierarchical）结构下，它由一个计算机网络支持，并通过一个全局性的软件协议连接在一起。在广义层面上，区块链不受任何单一个体控制，不由任何中心化机构维护或运作。这些共享数据库遍布全球，跨越国界，由于没有中心化机构或看门人，任何人都可以通过互联网下载免费开源的客户端软件，来检索存储在区块链上的信息。[1]

有了这些特性，区块链就可以支持日益增多的、无须中介的全球服务，有助于人们基于各种原因直接交往。各种新型的服务可以依靠区块链来存储信息、转移价值或协调社会经济活动，而不再需要通过中心化的控制点。

然而，区块链的分布式和跨国性亦有其弊端。区块链网络越大，分布越广，管理就越复杂，就越富有挑战性。多数区块链协议是开源软件，它的开发团队一般缺乏紧密联系，且主要利用业余时间来开发。[2]这些程序员可能是精通技术的专家，不过，他们通常游离于正式的组织架构和法律实体之外，往往缺少在这些机构中操作和维护大型系统的经验。[3]

和其他软件一样，开源软件也有漏洞。尽管这些开源软件的开发者有满腔热情，但他们很难高效及时地修补错误，所以无法保证区块链协议发展成为高度可靠的系统。因此，如果缺乏正式治理机制，区块链的总体功能显然要大打折扣，很难应用于转移价值和组织社会经济活动。[4]

区块链的分布式和跨国性也会引发严重的管辖冲突忧虑。从技术角度看，区块链网络完全可以跨越国界运作。事实上，许多区块链服务和应用的目标，就是在全世界运作。这必然引起各国政府关注，考虑如何监管它们，或在必要时对它们采取限制措施。

弹性和防篡改

除了全球性和跨国性的特点，区块链也以独特的、与现有数据结构不同的方式存储数据。由于区块链系统所具有的分布式、共识机制（如工作量证明）和单向哈希算法等特征，有关信息一旦记录到区块链上，就几乎无更改、删除或回滚的可能。智能合约一旦部署到区块链上，除非代码提供了停止的条件，否则任何人都无法单方面停止智能合约的执行。[5]

在流行的区块链网络上，整个区块链会复制到遍布全球的成千上万台计算机上。每台计算机都存储了区块链的精确（或几乎精确）的副本，一旦有人连接网络，底层软件协议就会更新这些副本。

区块链的弹性特征保证了其难以被关闭或删除。即使区块链的某一个副本失效或被破坏，也不会对整个区块链网络造成影响，只要有一台计算机保存了区块链的完整副本，其他计算机就可以通过互联网复制这一区块链副本，重建区块链网络，并供他人访问和使用。即使某个区域的互联网因政府管制或灾难事件而中断，人们仍然可以借助区块链网络的其余部分存储新信息，访问历史数据。网络恢复后，那些网络中断地区的用户就可以更新他们的区块链副本，并继续从先前中断的地方开始参与网络。[6]

除了弹性之外，区块链还是不可修改的。要想改变区块链，要么以昂贵的代价尝试全盘掌控，要么通过复杂而有争议的公开辩论，说服其他参与者一并改变区块链的底层协议。例如，如果区块链依赖工作量证明共识机制，那么寻求修改区块链的一方需要部署足够多的计算资源，以确保能比其他诚实节点更快地生成区块。对比特币、以太坊这类大型区块链来说，这一任务代价巨大。或者，多数矿工（以矿工的计算能力计算）需要通过一致行动来更新区块链的底层协议，这样才能回滚先前的交易记录，屏蔽某些账户或智能合约。

一个网络有关更新协议的自发性决策，往往会存在政治因素和社会这两个维度。与政治体制类似，在个人偏好和动机各不相同的群体之间达成共识，是一个困难且耗时的过程。旨在改变区块链状态的一方必须解释，为何区块链协议应该被修改或修正，并且需要通过社交媒体或私人会议说服大多数矿工同意这么做。如果大多数网络节点无法就更改达成一致，区块链就会保持不变。

区块链的技术设计有利于维持现状，这使基于区块链的网络极度抗拒变化。区块链的节点拥有是否改变网络状态的最终权力。如果参与各方的目的是建立一个像比特币这样的"不变的"（immutable）数据库，那么一旦数据被存储到区块链上，就永远不会改变，除非这个系统被蓄意破坏了。

区块链的防篡改和弹性给政府监管带来了难题。除非政府能够成功接管区块链，或者说服矿工和其他利益相关者修改区块链协议，否则储存在区块链上的任何数据或程序都无法改变，这会刺激一些人将这一技术用于违法或不当目的。

数据的透明和不可否认

点对点网络和数字签名技术确保了存储在区块链上的数据的透明性和不可否认性。区块链上的信息是经过认证的，所有人均可下载区块链，查看元数据和与交易相关的其他信息，评估某一账户是否参与了某笔交易；如果是以太坊账户，可以评估某一个账户是否与智能合约进行了交互。

区块链实际上是点对点网络上发生的活动的可审计（auditable）

线索。尽管存储在区块链上的部分特定信息是加密的，但多数情况下，账户参与交易的有关信息，以及该账户与智能合约的交互记录，都可以公开查阅。

区块链存储的交易数据不仅是可审计的，而且是经过认证不可否认的。由于区块链借助公私钥加密和数字签名，区块链网络上的交易一旦发生，各方就很难予以否认。一方在与智能合约或区块链网络的其他成员进行交易前，必须用私钥来签署交易。数字签名是一个账户参与交易的证据，用于防止区块链账户持有人否认已经发生的交易，除非他能证明与账户关联的私钥已经被盗取。[7]

区块链所存储数据的透明性及不可否认性，连同其弹性、防篡改的特性，共同支撑起了区块链网络的信任机制。数字签名提供了高强度的保证，确保交易各方接受条款约束。区块链的透明意味着各方可以查看区块链数据，并验证某一交易是否真实发生。由于区块链上记录的数据是防篡改的和弹性的，所以人们确信，交易相关的信息无论现在还是将来，都无法随意更改。

人们可以借助区块链的这些特性来公开发布经认证的信息。在区块链网络上，人们可以选择公开他们的公共地址，以证明他们是某一信息的来源，或证明他们曾从事某一特定交易，公众也可以基于这些信息来验证信息来源的真实性。[8] 例如，2016 年末，维基解密（Wikileaks）的创始人朱利安·阿桑奇（Julian Assange，也是知名的密码朋克）是否还活着一直存疑。互联网上遍布他已死亡的谣言，并编成故事发布在 Reddit 和 8Chan 这样的在线社区上。阿桑奇没有公开露面去辟谣，而是利用一个众所周知的、与维基解密相关的比特币地址，进行了一系列交易，并隐藏了如下信息："我很好，8Chan 上的文章是假的。"[9] 在这里，区块链作为必要的基础设施，以一种几乎无法否认的方式，证明了消息的完整性和来源的真实性。

这意味着，无论是个人还是政府，都可以在区块链上存储经认证的信息，任何连接到互联网的人都可以查看这些信息。基于公共利益，我们可以将政府档案数字化，并存储在区块链上，无须再存储在纸上或中心化的库房中。

假名

区块链的另一特征是它的假名。有了数字签名和公私钥加密技术，人们可以借助区块链存储信息进行交易，而无须披露真实身份。[10] 在区块链网络中，人们即使互不信任，只要他们都信任区块链的底层技术架构，以及信任区块链协议所包含的规则，就可以放心进行交互。

然而，假名有其弊端，它会唆使人们从事非法的社会活动和经济活动。例如，使用区块链数字货币购买毒品或其他非法商品，从事洗钱和避税。[11]

今天，这一风险的影响力是有限的。在类似比特币和以太坊这样的区块链网络上，任何人都可以借助网络上发生的事件信息，来揭露当事人的身份。通过梳理与区块链交易相关的信息，我们也可以得到交易者的真实身份。例如，圣地亚哥大学和乔治梅森大学的研究人员利用交易图分析法（transaction graph analysis），通过分析比特币网络参与者之间的资金流动，成功地识别出了商家和客户的对应关系。[12] 同样，马里兰大学和康奈尔大学的研究人员，在仔细审查了以太坊网络上与智能合约相关的交易后，揭示了其运作细节。[13]

然而，随着时间的推移，区块链可能越来越匿名化，想借助交易图分析法和可比较示踪技术（tracing techniques）来对抗匿名性，变得越来越困难。例如，可以通过混合或打乱比特币的交易记录，来掩盖当事人的身份，目前这样的服务正在迅速兴起。而最近诞生的零币（Zcash）和门罗币（Monero），通过使用诸如零知识证明（zero-knowledge proofs）和环签名（ring signatures）等高级加密技术，来隐藏这些区块链网络中交易的数字货币的来源、目标和交易数量。[14]

如果这些混淆和匿名技术被广泛使用，并可以像它们宣称的那样操作，[15] 则区块链网络的风险很可能会扩大。这些网络可能不仅是假名化，而是变成了真正匿名的，可以高效、低成本交易的全球性网络。

激励和成本结构

高级区块链协议一般都有复杂的激励机制和市场方案，用来执行交易和运行智能合约。例如，一些区块链采用了区块奖励和交易费这样的收益结构，旨在奖励维护区块链网络的矿工。[16] 这些激励结构直接影响人们如何处理区块链交易、可以进行的交易类型以及可以部署的智能合约的类型。

例如，比特币和以太坊采用的是工作量证明这一共识机制和激励结构，这促进了挖矿的集团化运作。为了验证这些区块链交易，矿工必须利用大量算力来解数学难题，以求找到可能的答案。随着越来越多的算力加入网络，比特币和以太坊还会动态地调整这个数学难题的难度。[17]

随着这些网络的普及程度越来越高，生成有效哈希值的难度也急剧增大。矿工找到有效哈希值的概率，大致与矿工贡献的算力占区块链网络总计算资源的百分比相当。因此，在比特币这样的大型区块链网络上，使用普通的家用计算机挖到区块的概率很低。[18]

基于这一现状，比特币和以太坊的矿工会自发组织加入"矿池"（mining pools），将他们的计算资源联合起来，并部署专用硬件，如专用集成电路（application-specific integrated circuits，ASIC）来进行挖矿，并分享获得的区块奖励和交易费，这和餐馆里服务员共享小费是一个道理。通过联合算力，加入矿池的矿工获得区块奖励的概率就会增加，矿池也会将获得的数字货币分发给矿工。[19]

比特币和以太坊的交易处理基本上由矿池控制。截至 2017 年 12 月，比特币超过 50% 的算力被四家矿池掌控，而以太坊超过 50% 的算力被两家矿池控制。[20] 因此，这些矿池有能力控制比特币和以太坊的运作，并影响它们未来的发展方向。

激励机制和收益结构也影响各方的决策过程。比如，它会影响人们如何利用区块链网络存储信息和传输数字货币，或人们如何与智能合约交互，因为这些操作都需要支付费用。例如，在转移比特币时，当事人可以设定他们愿意支付给矿工的交易费，以便将交易打包进一个新区块。[21] 假设爱丽丝需要把比特币发送给鲍勃，爱丽丝可以向矿工支付较高的交易费，以确保他们能优先处理交易；相反，如果爱丽丝愿意等待，只是希望矿工们最终确定处理她的交易即可，那她就可以选择支付一笔较低的交易费。

以太坊网络也有类似的成本结构。由于智能合约的每一个计算步骤都需要支付费用，这将影响人们在区块链上存储的程序类型。如果一个智能合约的执行成本很高，人们可能会选择不与它交互，而是借助覆盖网络或其他更加中心化的网络，来实现这个智能合约的全部或大部分功能。[22]

起初，主流区块链网络的费用相对较低，人们只需花费几美分就可以存储信息、进行交易或执行智能合约。随着区块链网络的广泛应用，交易数量开始增加，交易费用也随之提高，这可能会限制这些区块链系统的运作，或者导致这些区块链网络不如那些有类似功能的中心化网络更有吸引力。

事实上，至少对于比特币网络来说，它的激励结构可能预示了它的最终命运。比特币总数为 2 100 万个，由比特币协议按照间隔十分钟的频率，以区块奖励的方式分配给矿工。[23] 一旦分配停止，矿工是否还有足够的动力去维护网络，或者交易费是否因此变得很贵，这些都存在疑问。

在加入一个区块链之前，矿工通常会进行简单的计算。他们将区块奖励及相关交易费的预期市场价值，与获得这些奖励的概率相乘，然后将此金额与拟投入的计算资源的成本进行比较。一般来说，只要预期报酬超过成本，像比特币这样的网络就会得到理性矿工的支持。[24]

如果区块奖励或交易费太低，矿工会因无利可图而不再支持比特币。相应地，如果比特币工作量证明谜题的难度降低了，恶意的攻击者就有可能借机操纵比特币网络。

另外，如果比特币的交易费持续增加（这在比特币协议停止发放区块奖励后更是必然之事），那么发送比特币会越来越昂贵，人们可能不再使用比特币网络，而是选择其他更中心化的网络作为替代，这必然导致比特币的式微。[25]

以太坊网络面临同样的问题。如果运行智能合约的成本超过预期收益，以太坊网络就不再有吸引力，人们要么使用中心化的网络应用作为替代，要么使用更有吸引力的其他区块链解决方案。

共识

区块链的另一核心特征是，它能协调社会活动，帮助人们就某一特定状态达成一致。区块链网络的基础是共识机制，它决定着如何才能将信息添加到共享存储库中。基于共识机制，分布式网络中的节点会以有序的方式将信息记录到区块链，而不需要依赖任何中心化的运营商或中间商。[26] 区块链上记录的数据对于所有人都是可见的，并且很难否认和追溯修改。因此，即使是彼此互不认识、互不信任的人，也可以依赖这一新的数据结构协调他们的活动，减少对其他信任机构的需求。

区块链能存储的不仅是数字货币的交易记录，它还可以存储数据、消息、投票，以及其他能以数字格式编码的信息。例如，比特币区块链就可以作为信息存储库，用于存储祷文、颂词以及各类或高雅或低俗的图片。[27] 更广义而言，区块链可以被看作一个开放、低成本、弹性、安全的共享存储库，它不属于任何人，但得到很多人的支持和维护。

覆盖网络增强了区块链应用协调人类及机器交互的能力。区块链可以瞬时完成转移价值，也可以利用智能合约组织服务。不过，如果再结合覆盖网络存储信息的功能，区块链就可以发挥更大的效用，用来管理由人和机器松散连接组成的群体的活动。另一方面，组织可以依靠区块链达成共识，使用区块链智能合约来管理契约关系，利用区块链进行支付。

通过推动人们达成共识，区块链可以解决一些传统的与公共资源共享有关的问题，如"搭便车"（free-rider）或"公地悲剧"（the tragedy of the commons）。[28] 借助区块链数据存储的透明性以及智能合约功能，社区可以就特定事项达成一致，进而实现自我管理。例如，将公共区块链上的每一笔交互记录下来，然后通过植入规则，将这些交互记录关联到特定的交易，如代币的分发或小额数字货币的分配等。借助区块链的这一去中心化的激励机制，公共社区就可以确保每一笔交互均可以收到相应费用，从而实现自治。在线社区一般会最先尝试这些新的组织结构，随着时间的推移，这些新的组织结构将变得越来越容易使用，最终会用于现实物理世界中。

自治

区块链最重要的特征是可以部署不受任何人控制的自治软件。当前，计算机代码通常部署在中心化服务器上，并由中介机构负责维护和运行。这些中介机构最终控制着代码，有权随时终止其运行。[29] 必要时，它们也可以阻止任何人运行可能造成损失或伤害的程序。

区块链没有这些限制。依靠点对点网络和共识机制，它们自治运行计算机代码，完全独立于任何一方。事实上，在比特币网络上，比特币交易是严格按照协议自动执行的，一旦提交给网络就无法逆转，也没有任何一方能终止。

同样，在以太坊网络上，借助以太坊虚拟机，智能合约代码在所有网络活动节点中以分布式的方式运行。智能合约部署后，其底层逻辑就无法再改变，除非智能合约本身包含了更改这一基本逻辑的内容。由于负责运行智能合约代码的是以太坊网络上的所有节点，[30] 所以即使是部分节点拒绝执行智能合约代码，这些节点也无法阻止其他节点执行代码，当然，他们可以提议更改以太坊协议。

因此，区块链创建的自治软件程序可以协调遍布全球、诉求各异的不同主体的利益，任何人都无法单方影响程序的执行。这些程序部署到区块链上后，就会在去中心化网络上自动运行，既不再受创建者的约束，也难以被绕开或停止。[31]

这些自治系统的一个重要优点是，如果设计得当，它们能以更低的成本、更高的可靠性和更快的速度来处理基本经济交易。这些区块链系统无须或很少需要人类的监督即可正常运行，这避免了损公肥私的机会主义。

同时，区块链软件可以创建一个高度确定（deterministic）的系统。例如，将比特币发送到错误的地址后，就无法再回撤交易。同样，如果以太坊网络上智能合约的代码是错误的，除非代码中有特定机制，否则各方无法直接撤销交易。如果想要回撤已交换的价值，只能通过反向交易或事后诉讼。[32]

区块链自治的特性同时为合法活动和非法活动创造了机会。一般而言，区块链系统以去中心化的方式遍布全球，使其表现出一定程度的去法律化（alegality）[①]。[33] 这一自治系统不受现有规则和司法管辖权的约束，它们往往会绕过甚至是简单地忽略特定国家的法律。同时，只要有充足的激励吸引矿工支持，这些自治系统就会持续运作，即便是它们不被社会接受，有道德瑕疵，甚至可能对人类造成伤害，也难以停止。

区块链的去法律化特性结合智能合约的自治性，对罪犯也会很有吸引力，这样即使他们互不信任也能达成交易。这类系统也会被坏人用于协调他们的活动，以避开那些容易被执法人员渗透或控制的中介机构，[34] 如果再借助经过加密的安全通信，非法活动就更难被制止或追踪。[35] 随着犯罪活动中涉及的中介机构越来越少，各国政府用于制止非法行为的方法和手段也越来越少。

区块链的两重性

总体而言，区块链技术的特性带来了机遇和挑战，这意味着人们可利用它来行善或作恶。借助这一新的遍布全球的低成本自治系统，区块

[①] 去法律化（Alegality）是指行为在法律调整范围之外，既不能视为合法（legality），也不能视为非法（illegality），参见 *Black's Law Dictionary*, 86(Bryan A. Garner ed.,10th Ed.2014 Thomson Reuters)。——译者注

链技术可以提高金融、媒体、法律以及公共部门的效率；可以用来预防某些类型的犯罪活动，使犯罪活动更容易被监控，但它同时又为犯罪分子提供了隐藏行踪的新方法。区块链技术也会导致信息流动更加难以控制，这一方面削弱了威权政府监控公民的能力，另一方面，它也开辟了政府监控的新途径，政府可以更广泛地追踪各类金融和非金融交易。事实上，我们已经在区块链的一系列应用中看到了其双重性，这分为三种情况：

首先，正如比特币所展示的，区块链技术可以创建遍布全球的、去中心化的价值转移系统，并以假名的方式跨国运作。借助区块链，人们可以转移数字货币或其他有价值资产，而不需要依赖中心化的清算所或信任机构。这一系统作为互联网新的支付与金融层，可以降低全球价值转移的成本。

其次，区块链技术可以创建不受任何一方控制的自治系统。借助智能合约，人们可以创建去中心化应用，这些应用可以用来转移价值，甚至可以推动不同群体在假名的基础上达成共识。合同当事人可以不再签署标准的书面法律协议，而是通过智能合约建立一个内容详尽的、对双方均有约束力的动态协议来确定双方的权利和义务。[36] 人们可以创建虚拟的公司及去中心化的自治组织，来促进各类群体以假名、平等的方式达成共识。区块链系统也可以管理连接到互联网的设备，这将开创机器对机器交易的时代。

最后，区块链技术可以支持弹性、透明、不可否认及防篡改的信息记录。那些经认证的知名机构，可以在区块链上按时间戳依次存储重要信息，以方便人们通过互联网访问和审计。这些信息既包括土地或其他财产的权属和证书档案，也包括公共部门的信息。

与此同时，区块链系统往往游离于现有的法律体系之外，有意忽略已经长期存在的、国家对现有市场和金融机构施加的限制。去中心化数字货币用来洗钱和逃避金融监管。区块链和智能合约用来设立赌博窝点，用于建立可以交易假货、非法商品的去中心化市场。这些技术还能用于设立去中心化交易所，让人们交易数字代币（其中一些类似于证券）和未经注册的期权产品，其交易金额可达数百万美元。基于区块链建立的文件共享系统以及通信、社交媒体网络可能会违反版权法或特定监管规定，消弱对散播淫秽或非法材料行为的监管。

区块链和互联网层级

鉴于区块链技术的巨大应用潜力，有人认为，它和互联网一样重要，甚至可能取代互联网。[37] 不过，这种说法显然是被误导了，这些新型的去中心化数据库的技术基础仍是现有互联网。不过，借助区块链的全部或部分独有特性，人们可以开发新的应用协议，提供更高级别的服务。

互联网由多个协议组成，并通过相互组合生成不同的通信层，[38] 这些通信层的具体所指目前尚无共识，不过下面两个模型获得了一定的认可。一个是 OSI/ISO 基本参考模型（或七层网络模型），它建立于 20 世纪 80 年代，由大型电信运营商与国际标准化组织（ISO）经国际协调后制定。[39] 另一个是五层软件模型，[40] 它是自下而上过程的产物，旨在描述现有互联网协议的角色。我们这里展开论述的，是对本书而言最有用的五层软件模型，也被称为 TCP/IP 模型。

TCP/IP 模型

在 TCP/IP 模型中，互联网被分割为五个相互分离、各自独立的模块层（modular layers），包括物理层（the physical layer）、数据链路层（the data link layer）、网络层（the network layer，也称 IP 层）、传输层（the transportation layer）和应用层（the application layer）。[41]（见图 2.1）

互联网层级	协议
应用层	HTTP、SMTP、FTP
传输层	TCP、UDP
网络层	IP
数据链路层	以太网、ATM、802.11协议
物理层	电缆调制解调器和卫星链路

图 2.1　TCP/IP 模型

应用层位于 TCP/IP 栈之上，由诸如 HTTP、FTP、SMTP 和 DNS 等协议组成，人们通过它共享信息、交换消息、传输文件或将域名解析到对应的 IP（互联网协议）地址。这些协议支撑着我们的各种日常在线服务。[42]

应用层下面是网络层和传输层。由互联网协议（Internet Protocol，IP）管理的网络层是"将整个互联网连接在一起的黏合剂"[43]。计算机联网后，会分配到唯一的 IP 地址，这可以使数据包在计算机网络中漫游，在通过若干计算机后，最终达到请求的目的地。传输层主要由传输控制协议（TCP）和用户数据报协议（UDP）来控制，用于确保通过网络层发送的数据包，能以正确的顺序妥善传递。[44] 网络层控制数据包的传递，传输层则负责数据的分割和重组。通过应用层协议接收的数据，首先分割成更小的数据包（通过传输层），然后传递到网络层并到达其目的地。接收方接收到请求的数据包后，传输层将它们重组成正确的顺序，并将重组后的数据发送回应用协议。[45]

在 IP 层和传输层下面是数据链路层，它包括专门负责与连接到互联网的硬件进行交互的各类协议，如以太网、自动取款机及支持 Wi-Fi 系统的 802.11 协议等，确保互联网的运行和发展不受制于任何专门硬件。[46]

这个模型的底层是物理层，即互联网的管道，包括通过互联网收发信息所需的全部硬件设备，如 DSL 调制解调器、电缆调制解调器、T1 专线连接和卫星链路。[47]

区块链如何适配 TCP/IP 模型

区块链技术支持一系列应用协议，这些协议不仅能传输信息，还能存储信息和进行计算，而且不依赖任何中心化机构。但是，像比特币这样的协议最终也依赖 TCP/IP 来运行，[48] 我们可以将其视为位于传输层顶部的新型应用协议。（见图 2.2）

图 2.2　TCP/IP 协议层级与区块链的关系

互联网的传统应用协议主要设计用于传输数据，既有负责托管数据的中心化机构作为服务器端，也有个体用户作为客户端。例如，通过 HTTP 协议，Web 服务器接收到用户的请求后，向用户返回网页和图像信息。同样，SMTP 协议通过邮件服务器在互联网用户之间收发消息。[49] 不过，更新型的点对点网络协议无须中心化的服务器即可收发消息。例如，类似 BitTorrent 这样的协议，通过 TCP/IP 及中心化的 Trackers（追踪服务器）或 DHTs（distributed hash tables，分布式哈希表），来协调分布式网络的各个节点之间的数据包交换。[50]

区块链应用协议在许多方面与 BitTorrent 协议类似，但它不依赖中心化的追踪服务器或分布式哈希表，而是借助区块链、共识机制和去中心化虚拟机来管理、验证数据，以及在点对点网络上运行计算任务。这意味着这些协议具备了诸多必要功能，足以建立和支持稳健的在线服务，包括存储信息和运行代码，并且这些操作均可独立于任何第三方。

和 HTTP 一样，在线服务也可以建立在以太坊和比特币这样的区块链上，并呈现一定程度的中心化。一些服务以完全自治的方式运作，它们利用比特币底层协议或其他覆盖网络来存储数据、转移价值以及进行运算。还有一些服务只利用了区块链的部分功能，而其余关键功能则借助中介机构或由 HTTP 协议送达的其他中心化服务来实现。还有另一些中心化服务只与区块链交互，具体操作则独立于区块链的底层点对点网络。例如，中心化的数字货币钱包服务商正是这样运作的，他们只访问区块链网络上的信息并与之交互，不需要借助底层点对点网络来存储信息或进行运算。

密码法

基于区块链的应用协议和服务，可以按照自行设定的规则系统——我们称之为密码法（Lex Cryptographica）——在区块链网络上自治执行底层协议，自动运行智能合约，这可能与现行法律相冲突。

互联网首次出现时，法律学者大卫·约翰逊（David Johnson）和大卫·波斯特（David Post）在研究了这一新的分布式通信网络后断言，互联网"会动摇目前基于地理边界的法律体系的现实可行性和合法性"[51]。这个世界将不再由国家统治，政府无法再通过法律来确认基本权利、建立交易市场或管理社会活动。[52] 相反，国家制定的法律将消散到"网络空间"的比特和字节中，被私人定制的规则所取代。

约翰逊和波斯特认为，一般而言，法律天然具有地域性，只能在特定地域实施。[53] 政府并非无所不能，它只能在其管辖范围内制定和执行法律。[54] 互联网则不同，它不受任何单一主体支配，且跨越多个司法辖区，将会面临各不相同的国内法律的适用问题，以及相互冲突的监管规定。因此他们认为，互联网服务将动摇政府规范人类行为的能力，[55] 国内法院对潜在的违法者可能没有管辖权，而国家对网络上的作恶行为也将无能为力。[56]

然而，这些早期有关互联网不可管制的预言，最终证明是过于异想天开的。正如杰克·戈德史密斯（Jack Goldsmith）和吴修铭所言，互联网之所以能被管制，是因为它不是完全分布式的，而是存在中心控制点，这些中心控制点可以塑造和影响我们的在线活动。由于在线运营商通常位于特定的实体空间，在特定国家管辖范围内运作，政府可以监管这些中介机构，要求他们遵守有关国家的法律，[57] 以维护网络秩序，抑制其向无政府状态发展。[58]

在过去的 20 年里，互联网已从一个数字化的"狂野西部"，转变为一个日益受到监管的媒介，其中的大型在线运营商承担着遵守和执行国家法律的责任。[59] 如今，规范和监管在线服务运营商的法律法规越来越多。政府经常制定法律，要求 ISP 过滤互联网通信，屏蔽那些侵犯版权或存在儿童色情作品等行为的违法网站；[60] 禁止支付机构为网上赌博提供服务，剥夺非法服务营利的途径；[61] 要求谷歌和脸书等信息中介机构自行监管它们所提供的服务，报告犯罪活动，删除可能侵犯隐私的信息链接以及审查网络欺凌行为。[62] 政府详细规定了大型电子商务平台的经营范围，禁止交易毒品、非法武器以及其他有害或不适物品。[63] 还有一些国家对 ISP 和其他运营商的管制更为宽泛，直接控制其公民可以查看的信息类型。[64]

即便如此，约翰逊和波斯特的说法还是有一定道理的。政府虽然有可能控制互联网的某些方面，但无法控制全部在线活动。通过一些技术和诀窍，人们总能找到规避的办法，来使用某些国界之外的服务。实际上，由于缺乏一个全面的监管机构，互联网创造了一个法律真空，在线运营商开始利用技术构建其平台代码，来定义用于塑造人们的在线行为的规则。[65] 这就是劳伦斯·莱斯格所宣称的，在互联网上"代码即法律"（code is law）①[66]。代码有可能是"最重要的监管者"，它可以定义人类的经验，[67] 以不同于传统国家颁布法律的方式来管制或鼓励人类行为。

区块链按照代码规则运作，跨越国境且难以监控，这些特征在很多方面又让我们想起了约翰逊和波斯特最初的愿景。借助区块链的独有特性，人们可以借助由密码法治理的自治系统，构建无须依赖中心化协调机制的社会交往和商业活动模式。它们既可以为人们的交互和协调留有一定余地，也可以设定一套严苛的规则，规定什么可以做，什么不能做，而不留任何人为干预的空间。

这些系统既可以用于动摇和侵蚀现有的社会结构，也可以加强和保护它们。与所有软件一样，基于区块链的协议与服务的具体设计理念，受制于各不同的偏见、影响力或政治因素。[68] 同样，区块链与智

---

① 关于"code is law"的翻译，请参见本书"译后记"。——译者注

能合约到底是用于规避法律还是用于弥补法律的不足，这主要取决于开发者的预设结果。

基于区块链自治系统的在线服务，主要适用密码法，有别于那些依赖中介机构的传统在线服务。当前，中介机构最终掌控着它们所提供的服务，并在必要时有权干预或单方变更其平台规则。由于中介机构的身份通常是可识别的，所以政府可以强制它们关闭服务或修改规则，同时不影响其他的在线服务。[69]

但是，这些限制很难适用于部署在区块链上的系统，尤其是那些适用密码法的系统。借助去中心化的点对点网络，区块链系统被设计为自治运行，独立于传统的中心化中介机构。而且，与中心化机构部署的代码相比，区块链系统的代码规则更为刚性，更难更改。正如麦克·阿布拉莫维奇（Michael Abramowicz）所描述的那样，区块链系统可以"作为各类复杂决策的基础，在此基础上创建的法律制度，无须再经过投票，也无须由中央机构批准"。[70] 不过，政府仍然有很多办法来监管这些应用，如可以控制区块链协议的运作方式，或者监管那些在互联网堆栈下层操作的中介机构。

实际上，有了密码法以后，人们可以自行决定是否与这些自治系统交互，这将削弱现有法律的效力，导致国家法律的边缘化。现有法律体系的监管重点通常是控制或帮助促进各类在线活动的中心化机构。随着区块链自治系统越来越多地用于提供在线服务，各国政府也需要采用新的技术和方法来规范或监管它们。传统法律制度，特别是那些侧重于监管中间人的法律，不太容易转换成那些新的去中心化自治系统的规则。随着区块链技术的广泛应用，政府最终必须发展其他替代监管机制，才能更好地适应密码法的独有特性。

协议与权力

如果区块链继续快速发展，密码法将会越来越多地渗透到我们的日常生活中，并影响更大范围的在线交互。随着越来越多的在线平台依赖区块链技术，这些协议施加在个人及全社会上的权力不会消失，而是会转移到创建和支持这些系统的程序员和代码身上。

在互联网出现之前，政府和公共机构借助科层制度（hierarchical）和官僚体制来实施法律。政府当局作为集中控制点，将权力授予代表上级官员的机构、组织或个人。如马克斯·韦伯（Max Weber）所述，这些科层组织按照具体的规则运作，并通过书面的法律和规章，来限制政府和公共管理部门的自由裁量权。[71]

米歇尔·福柯（Michel Foucault）称这一社会结构为"规训社会"（disciplinary societies），[72] 即通过监管个体周围的机构，包括学校、大学、工厂、医院、收容所和监狱，来控制和影响个体的行为。这些"规训机构"（disciplinary institutions）为确保每个公民都遵守既定的规则和法律，[73] 建立了精巧的制衡机制，并由政府严格实施。[74] 不过，在控制公民行为方面，这些机构的权力仍然是有限的；明显的区别是，官僚体制可以统治公共领域，但私人领域在很大程度上并不受这些政府机构控制。[75]

随着互联网和数字技术的不断发展成熟，"规训社会"将逐渐发展到吉尔·德勒兹（Gilles Deleuze）所谓的"控制社会"（society of control）。[76] 在这个新社会里，个人可以自由行事，而较少受之前各种规训机构的限制，对那些机构的依赖程度也会更低。例如，人们可以借助在线课程接受教育，无须亲自进入大学或学校，也可以通过兼职的形式在全球任何地方开展工作，不必受雇于某一工厂或雇主。随着身体传感器和自我测量设备的出现，人们甚至无须亲自去医院，就可以完成某些医疗诊断。

在这种新型的"控制社会"中，尽管从表面上看，个人行为无须再遵守规训机构的规则和流程，但实际上他们的活动却受到了更为广泛和微妙的控制：遍布周边的信息收集系统，以及规制行为的各种代码协议。[77] 福柯定义的集中严格管理的规训社会，[78] 开始转向德勒兹所设想的控制社会，这一系统更加灵活和可塑，可以借助技术协议实施持续、全面的监控。[79]

这些由政府和私人公司制订的协议，决定了人们在特定的在线平台上能做什么或不能做什么。这些协议依赖底层技术自动运行，通常无须规训机构执行。换言之，规训行为和事后惩戒机制正在被一种持续的事前管制体制所取代。借助这一体制，无论是在公共领域，还是在私人领域，政府和私人部门均能影响个人的活动，要求人们遵纪守法。[80]

随着互联网的普及，人们的日常工作开始更多地依赖在线服务，这进一步推动了向控制社会的转变。由于互联网上的大多数行为会留下痕迹，政府和私人机构可以越来越多地规范人们的网上行为，并评估这些行为是否符合平台规则和法律。

在线服务可以借助算法来塑造人类行为。谷歌的搜索算法及脸书的新闻订阅算法所展示的信息传播方式可以影响个人决策。[81] 同样，借助算法，可以在华尔街交易股票、识别逃税或其他可疑行为、协助医生诊断疾病以及帮助研究人员进行科学探索。这些算法甚至能决定我们应该去哪个餐厅吃饭，谁应该成为我们的生活伴侣。[82]

然而，这仅仅只是个开始。正如塔尔顿·吉莱斯皮（Tarleton Gillespie）所言，"算法是迟钝的、毫无意义的机器，只有与数据库配合才能发挥它的功能"。[83] 一旦代码和数据存储协同工作，就会形成控制系统，指示我们在网络上什么能做，什么不能做。

因此，当涉及算法系统时，区块链是一种特别有力的新技术，因为它能将数据存储层和计算层以一种无缝且经常无法分割的方式结合起来。区块链可以协调各方以自动化和去中心化的方式活动，这样，工业化社会的支柱就变成了完全或主要基于代码的技术规则系统，支付系统、金融市场、信息系统以及更广义的所有涉及人与机器之间的劳动分工，都可以由这一技术规则系统来控制。

随着区块链技术的逐渐成熟和广泛部署，法律规则的力量将加速转移给软件协议和其他代码系统。[84] 这一转变将深刻影响我们的日常生活，区块链系统和密码法将重塑社会、经济、法律和政治的交互方式，协助我们转移价值、保护资产、管理组织，并验证重要的生活和文化行为。区块链协议以及密码法如何设计和发展，最终会决定这些系统的工作方式，并重塑我们的互动方式。现有由个人和机构依法运作的官僚体系将被技术统治（technocratic）体系取代，它依赖技术组织和代码规则运行，并最终约束人类的行为，限制人们的自由选择。由于算法限定了个体可以（或不可以）做出的行为的范围，这可能会剥夺人们选择其他有价值的替代选择的自由。

在这些区块链系统中，权力的中心将不再是中心化的机构和科层架构，而是由程序员部署的代码所构成的、非正式的规则体系（通常是不可见的）。因此，我们将越来越多地依赖算法与他人及第三方运营商交往，越来越多地接受"代码之治"而不是"法治"，我们将最终被"算法统治"（algocracy）。[85]

目前，算法仍由在线中介机构集中部署和管理，在更先进的人工智能出现之前，中介机构仍会继续控制着这些算法，并在必要时可以调整或关闭。将来，区块链可能改变这一现状，密码法所建立的"代码规则"将更加难以控制，个人可以借此实现自我管理，脱离传统法律规则的约束。

区块链技术面临的挑战

至少在短期内，区块链和密码法所面临的风险，一方面源于区块链网络的结构性问题，另一方面源于区块链技术当前的局限性（许多人正在努力克服），而其中最大的挑战，是区块链网络的可扩展性和安全性。区块链能否扩展与安全地管理本书所描述的综合性全球系统，这都是值得关注的合理问题。

现有的区块链只能处理相对较少的交易，远没有其他数据管理技术那样强大和快速。例如，比特币区块链每天可以处理约 24 万笔交易，远远少于互联网每日发送的数万亿条消息，或者诸如维萨（VISA）这样的信用卡公司每日处理的 1.5 亿笔交易。[86] 更重要的是，比特币交易需要约 10 分钟才能被比特币网络验证，并记录到共享数据库中，而传统数据库存储和记录一笔信息连一秒都不需要。[87]

区块链这一新技术要想获得主流应用，必须有处理海量交易的能力，其网络速度和可信任度也同样需要足够成熟，这样各类公私机构才会利用这一技术开发新应用，创建新的商业模式。

解决区块链的扩展性并不容易，区块链属于只加型（append-only）数据库，每一笔新交易都会导致区块链增大。区块链越大，其对存储、带宽和计算能力的要求也越高。[88] 如果这些要求太高，以致只有少数个人或实体有能力去维护这一共享数据库，那么少数大型矿池就能轻易控制网络。这可能损害区块链上存储的内容，削弱其安全性。[89]

尽管已经提出了一些区块链的安全扩容方案，例如，将某些交易从区块链中剔除，开发更快的共识协议，或者将共享数据库分区以实现并行处理交易等，但这些方案都未真正实施；[90] 而这些方案能否实现决定了区块链网络的未来前景。

除了安全性和可扩展性，密码法还具有自治性。不过，多数区块链网络仍然受到政府制定的法律和规章的影响，因为这些法规可能支持（或阻碍）区块链技术的发展。虽然比特币和以太坊的账户数量多达百万，而且全球有成千上万的开发者正在积极探索这一新兴技术的可能用途，但是即使是这些最大的区块链网络，也远远未达到与万维网、电子邮件或其他基于互联网的协议相同的普及水平。

对于处于萌芽期的区块链而言，通过制定法律和规章，政府既有能力限制其技术发展，也能促进技术的推广和应用。如果政府制定法律的目的是为了提高人们使用数字货币或部署智能合约代码的成本和难度，那么就会阻碍区块链技术的发展。反之，政府也可以建立有利于区块链发展的监管框架，如出台支持创新的政策或激励企业进行区块链实验。[91]

不过，法律手段有其自身的问题和局限性。立法过早，虽然可以有效引导区块链技术的合法应用，但也可能阻碍其潜在的益处。[92] 立法太晚，可能导致法律的不确定，多数厌恶风险的人会停止探索区块链。与此同时，如果区块链技术被不当应用，也会呈现出不利于社会的一面。

因此，要想知道如何监管区块链，首先要分析其可能的用途，详细研究这一技术的优点和缺点。下一章开始，我们将从区块链技术对金融和法律系统的影响着手，逐一探索区块链如何影响人与信息、人与组织以及人与机器之间的交互关系。

第二部分

区块链、金融与契约

第三章

数字货币和去中心化支付系统

区块链是增进或取代传统支付系统的有力手段。基于其去中介、跨国特性以及传递价值的能力，区块链支持创建新一代数字货币，它没有中央控制机构，没有地理边界，可以在几分钟内发送到全球各地。在缺乏稳定支付系统的国家，数字货币既可以改进其汇款系统，也可以改善其他形式的国际价值转移。

区块链创造了新的风险，多数起先可能并不明显。政府将当前有关货币交易的法规强加于区块链支付系统时，会增加其监管权力，缩减金融隐私。与此同时，这些法规也会刺激技术人员开发越来越匿名和不可控的数字货币，以彻底规避法律监管。

随着大衰退（Great Recession）开始恶化，时任英国财政大臣的阿利斯泰尔·达林（Alistair Darling）面临艰难的抉择。由于全球金融危机主要归因于高风险和复杂怪异的衍生品，他不得不做出是否向英国银行注入 370 亿英镑，以保持国家信贷流动的决定。[1]他是应该授权进一步向银行提供纾困方案，以为短期经济利益服务，还是应该让这些银行因其投机行为而受到惩罚？

在他反复思考这个决定时，一个新实验在被遗忘的互联网角落启动了。2009 年 1 月 3 日，名为中本聪的一个或一群人，运行了创建比特币区块链所必需的代码，并附加了明确的政治信息："《泰晤士报》，2009 年 1 月 3 日，财政大臣正站在第二次救助银行业的边缘。"[2]毫无疑问，这条信息是对中央控制的银行系统的批评，它被附加到创建世界上第一个去中心化数字货币的操作指令之上，创造了一个新的"加密货币"（crypto-currency），这种货币内生于互联网，且不受中心控制。

任何东西，无论是盐，还是烟草、鱼干、大米、布料和可可豆，都曾在历史上某个特定时间点充当过支付手段。古巴比伦人和亚述人使用大麦，中世纪挪威人使用黄油，而中国、北非和地中海商人则借助大块的盐来进行交易。[3]随着时间的推移，从公元前 12 世纪开始，[4]这些原始的支付形式开始被硬币所取代。紧接着，纸和票据出现了，它们从中国顺着丝绸之路一直扩展到西方。[5]在过去的一个世纪里，信用卡和数字支付开始取代这些早期的支付系统。[6]

无论是依赖商品还是数字货币，支付系统都可以使贸易和交易更加容易，也是我们日常生活中复杂而又极为重要的一部分。它们支配着我们交换价值的方式，并使经济活动在日益国际化的世界中得以扩展。[7]

今天，支付系统是不同服务的组合，如信用卡支付、银行间转账、汇款系统以及在线交易等，[8] 这些相互交织在一起的系统确保了市场的正常运作。[9] 如果一个支付系统的交易成本过高，潜在的贸易利益就永远不会实现。因此，正如欧洲中央银行所述，支付系统是多数经济交易的必要条件：没有适当的支付系统，就不会有贸易。[10]

然而，支付系统的作用并不局限于促进贸易，它也能通过支持汇款服务来满足人道主义需求，有助于在海外工作和生活的移民将关键的资金汇回家，帮助他们的家人摆脱困境。[11] 皮尤研究中心（Pew Reserch Center）① 的研究显示，在 2014 年，全球汇款金额已经超过了5000 亿美元，是国际援助总额的三倍多。[12]

尽管支付系统有重要作用，但当前支付系统的基础设施仍有一定的局限性。在全球范围内，以无缝和低成本的方式转移资金仍然是不可能的。通常情况下，与将现金直接带到另一个州或国家相比，电子转移货币花费的时间更长，[13] 银行和其他金融机构可能需要一个星期才能完成资金转移。[14] 尽管出现了像 PayPal 这样的在线支付服务商，使电子支付更加便捷，但它们收费较高，也缺乏通用性。

汇款系统同样问题重重，往国外汇款往往昂贵、缓慢而烦琐，银行或像西联汇款（Western Union）这样的汇款公司，会收取高达 7%的手续费，[15] 且耗时数天，这往往会耽误对家人或其他受益人的救助。

---

① 皮尤研究中心（Pew Research Center）是总部设在美国华盛顿的持中立政策的实时信息平台（fact tank），它提供有关社会问题、舆论和人口趋势的信息，进行民意调查、人口调查、媒体内容分析及其他实证社会科学研究。——译者注

改进的支付和汇款系统

像比特币这样的去中心化数字货币提供了解决不足的新途径。正如上文所述，比特币解决了数字货币的双花问题，这是之前建立数字货币所面临的最大问题。依靠弹性和防篡改数据库、点对点网络以及基于工作量证明的共识机制，比特币网络无须中心化协调机构即可转移数字货币，也不会存在双花问题。同时，比特币网络以假名和免许可的方式运作，不存在地理上的边界。[16]

正是基于这些特征，类似比特币这样的数字货币对发展中国家以及政局动荡的国家有很强的吸引力。在金融体系欠发达或脆弱的国家，比特币甚至被视为一种新的基础设施。[17] 例如，在阿根廷、委内瑞拉或津巴布韦等缺乏稳定货币的国家，比特币或将补充甚至替代传统的支付系统。由于比特币不受特定国家政局不稳定或经济危机的影响，人们可以将其作为储蓄手段，[18] 或将其转换成其他更稳定的货币，这样可以减少因特定国家的通货膨胀或货币贬值所造成的损失。[19]

即使是在美国这样有稳定的货币、便利的支付手段的国家，区块链技术因其快速和安全，而被探索用于构建法定货币兑换系统。存管机构和中央银行则将区块链视为新型技术支柱，用于银行间转移资金和兑换货币。[20]

通过瑞波这一区块链网络，银行可以在几秒钟内将一种货币兑换成另一种货币，且成本极低。[21] 当进行货币兑换时，瑞波协议首先计算出最具性价比的兑换路径，然后在加入瑞波网络的外汇交易者之间创建一系列交易，并由区块链即时进行结算。[22] 例如，在将美元兑换成日元时，它不是简单的直接兑换，而是可以借助瑞波协议，先将美元兑换成欧元，再将欧元兑换成日元。[23]

　　借助瑞波协议，人们几乎可以瞬时获得各种主流货币。因此，在美国、德国和澳大利亚，越来越多的金融机构开始实验将瑞波集成到它们各自的支付基础设施上。[24] 现在，这些银行的客户已开始受益于区块链技术带来的效率，无论持有的是美元还是欧元，都可以以较低的费用直接进行兑换，而无须将它们先兑换成数字货币。在这一过程中，区块链技术在后台操作，往往不为终端用户所知。

　　区块链也能提高汇款市场的效率。区块链能以极低的成本在全球范围内转移资金，借助这一新服务，移民可以便宜快速地向国外汇款，无须再到银行柜台履行烦琐的手续，也不再需要通过类似西联汇款和速汇金（Money Gram）这样的汇款公司。Abra 就提供这样的服务，人们可以用手机加入点对点汇款网络，借助简单的应用程序，就可以像发送短信一样，与全球任何人收发资金。[25] 像 Abra 这样的区块链汇款网络，不再依靠银行或存款机构等中心化的中间商，而是借助比特币区块链来协调交易，这实际是将大批智能手机用户变成了银行的出纳员。

　　基于区块链的汇款服务仍然面临重要的挑战。尽管这些服务的目的是取代诸如售货亭和零售店这样的实体经营场所，但它们自身也需要在当地设立办事机构，以对接现有的传统支付渠道。今天，大多数商品或服务仍然无法使用比特币支付，而且数字货币的价格波动过大，并不适合作为日常支付工具。[26] 因此，用户在使用区块链汇款服务的同时，仍需依赖传统法定货币应付日常生活开支。

　　对于 Abra 及其他区块链服务商而言，要想成功地变革汇款产业，就必须克服重重困难，扩展建立起本地和区域的汇款网络。从这一角度看，这些新区块链汇款服务的成本结构与他们的传统同行并无二致。不过，随着时间的推移，如果这些汇款网络的覆盖范围持续扩大，上手简单，那么网络效应就会突显，就会获得更多的信任和知名度，从而超越或取代传统的跨境支付服务，且无须设立大量实体机构。

数字货币与现有法律

尽管区块链立志于改进现有的支付系统，但由于其分布式、跨国和假名性质，导致经常与现有的法律和规章冲突。多数国家制定了反洗钱和有关货币转移（transmission）的法律，要求金融机构必须密切监控金融交易，以期打击国际避税、洗钱、贩毒以及恐怖活动。尽管这些法律因司法管辖不同而各异，但多数要求被监管机构"了解他们的客户"，报告可疑交易。[27]

例如，在美国，按照联邦银行保密法（the federal Bank Secrecy Act，BSA）和相关州有关货币转移的法律规定，涉及价值转移的金融服务必须遵守一揽子反洗钱法规。按照银行保密法的规定，货币服务行业必须保留所有纸质交易记录，以及涉及大宗资金转移的纸质记录，以防止洗钱。[28] 这一法律还要求法律实体保存客户的身份资料，并向政府报告与非法活动有关的可疑交易。[29]

更为复杂的是，涉及货币或货币等价物转移的公司，必须遵守美国 47 个州、哥伦比亚特区及波多黎各有关货币转移的法律规定，并需要申请单独的许可证。各州有关许可的法律，虽然最初一般是为了保护消费者，但今天越来越多地被要求适用于反洗钱调查。[30] 未依法获得所需许可证，或不符合各州监管规定的，将会被处以高额罚款，甚至可能被监禁。[31]

尽管存在这些金融监管的法律规定，但在实践中大多数管理数字货币的区块链协议，并没有设计机制去遵循这些法律的要求。区块链网络通常是开放的假名网络，交易比特币等数字货币并不一定要通过银行建立账户并按照反洗钱法规要求提供基本的个人信息。相反，人们可以随时与任何人进行比特币交易——由于它的自动化特性，一旦开始执行就很难停止或撤销。

由于进入壁垒较低，比特币等数字货币很容易被用于规避现有法律。"丝绸之路"是臭名昭著的在线毒品市场，其中的卖家通常使用比特币支付，与之相关的交易金额高达 2 亿美元。[32] 恐怖组织可能会利用（或至少尝试过）比特币转移它们在美国收集的资金。[33] 甚至有观点认为，由于比特币游离于受监管的中介机构之外，人们很容易利用它来逃税。[34]

新出现的"混币"（mixing）服务，将各不相关的数笔交易组合在一起，混淆交易地址之间的关联。这使数字货币交易更加游离在法律体系之外，政府更加难以追踪它们的交易，第三方也越来越难以搞清楚资金的流向。实际上，在实施严格的银行保密法律的国家，如开曼群岛或巴拿马[35] 等，它们银行采取的就是这类做法。

在规避监管上，比特币只不过是个开始，许多新型数字货币对比特币区块链的底层协议进行了创新。通过模拟手手交易、难以追踪的现钞和硬币，它们越来越容易规避反洗钱和其他有关支付的金融法律。借助更加先进的加密技术，如零知识证明和环签名等，这些匿名数字货币可以掩盖这些区块链交易的来源、去向和数量。[36]

例如，零币由以色列和美国的密码学者共同创立，借助零知识证明，它的网络成员就可以在透明、可普遍访问的区块链上进行私密交易，匿名转移数字货币（称为 Z-coin）。尽管这看上去有点矛盾，但正是这一机制使零币交易很难被追踪。[37]

零币网络的成员可以借助零知识证明，使用先进的密码算法来隐藏交易量，模糊 Z-coin 收发者的身份。零知识证明只是用于确认发送者是否有足够数量的 Z-coin 参与交易，并不要求额外显示任何有关交易的信息。[38] 零币网络上的账户是假名的，它的区块链也不存储零币交易的来源和目标账户信息，有了这一设计，就很难将零币账户与现实世界身份关联起来。[39]

如果像零币这样的匿名数字货币得到广泛应用，那些恶意之人就更容易从事违法行为，政府、监管机构和执法官员就更加难以监管这些金融交易，更加难以消除犯罪、威胁或其他非法活动。

程序员在创建这些数字货币时，往往主动规避金融及其他与价值转移有关的法律法规，选择由密码法支配系统自治运行，所以这些数字货币系统很难被停止。基于去中心化和自治性质，这些系统可以绕过已实施了数十年的既定法律，也不会去考虑因此产生的社会成本。

从长远来看，真正匿名的"数字现金"，会给试图控制全球价值流动的政府带来新的挑战。这一现象表明，货币将脱离中央控制的束缚，开始背离其物理形态。[40] 互联网把创意内容从有物理实体的报纸、光盘和 VHS 磁带中分离了出来，使信息流变得不可控。现在，我们在货币和金融支付领域看到了与前述互联网类似的趋势，[41] 数字货币可以在严格控制的银行体系之外流动，这必然与现行法律产生新的冲突。

数字货币与缩减的金融隐私

当前，即使是比特币这样的最流行的区块链数字货币，也没有很强的隐私保护机制。[42] 如前所述，数字货币不是匿名而是假名，区块链以透明的方式运作，任何人都可以精确地查明某一给定账户所从事的每一笔交易。借助区块链，诸如政府、数字货币交易所，以及其他接受、维护或传送数字货币的服务商，都可以了解各种账户持有者的交易细节。第三方可以将个人信息与区块链交易记录结合起来，这样不仅可以识别这些账户持有者的身份，还可以梳理出他们的金融交易历史。[43]

这些信息可以被用于正道，同时，它也可以被用于构建新类型的大规模监视系统，政府和公司可以依靠这些追踪技术，控制和监控全球范围内区块链数字货币的流动。当互联网首次出现时，一些人把它描述成一个不可管制（unregulatable）的空间，一个没有边界的新世界。[44] 然而，这一想法最终被证明是空想，其中部分原因是 IP 地址的可追踪性。随着互联网获得主流应用，一些国家[45]开始过滤反动、色情或暴力内容，如果网站及其他在线服务的内容低于这些国家审查机构设定的标准，它的 IP 地址就会被屏蔽。[46]

区块链数字货币账户在形式上是一个公私钥对（public-private key pair），用于在区块链网络上接收和发送数字货币，这与传统的 IP 地址有许多相似之处。就像 IP 地址一样，它们是可以被引用和跟踪的永久参考点。政府可以像监管互联网一样监管数字货币，通过创建数字货币账户黑名单，阻止某些人从事商业交易。

倘若数字货币广泛普及，政府不仅能更容易控制、规管人们的在线交流，也会有很多监管商业活动的新手段。随着支付和金融交易信息被存储在一个单一的集体维护的数据库中，人们更容易洞察整个网络、所有用户的交易历史，而不仅仅是某个人的。这样，所有的交易都将会"去匿名化"。[47]

政府有权干预、审查金融交易和常规的商业活动，不过，如果不予以监督和遏制，上述信息分析活动可能会对基本自由造成新的威胁，而且，这样的风险由来已久。例如，1971 年 10 月下旬，一群学者和技术专家聚集在乔治城大学的一个会议上，研究如何为苏联秘密警察克格勃设计出最全面（且无法被发现）的监视程序。[48] 他们提出的不是用于拦截电话、消息、电子邮件的网络，也不是遍布城市的摄像机网络，而是一个可以识别和跟踪交易信息的"电子资金转移系统"。这些研究人员介绍，这一系统具有良好的隐蔽性，是"最好的监视系统"。[49]

可互换与透明性

区块链的透明性最终会阻碍比特币及其他去中心化数字货币的广泛应用。由于现有的区块链是可追踪和透明的，任何人都可以顺着数字货币交易的流向，评估新数字货币与金融犯罪、洗钱或购买非法商品等非法活动的关联程度。[50]如果交易账户已被非法活动"污染"(tainted)，并且在法律或货币市场上被区别对待，就会破坏这些新数字货币的可互换性（fungibility）[①]。

尽管法律或法规没有绝对禁止个人进行数字货币交易，但仍然可以阻止人们接收与犯罪活动关联的数字货币。政府除了跟踪有关交易之外，还可以规定，持有被"污染"的数字货币的，应承担次级责任。在这种情况下，与涉嫌犯罪账户的持有人或政府认为存在问题的人进行交易，这一行为本身就是非法的。如果实施这样的政策，所有被"污染"的数字货币的经济价值都将会大幅降低。

这种可能性听起来似乎很遥远。然而实际上，为了应对犯罪活动，私人部门已经实施了类似的技术。2012年，网络托管公司Linode[②]被黑客攻击，导致43000枚比特币被盗（截至2017年12月，这些比特币的价值超过7.55亿美元）。[51]作为应对措施，当时最大的比特币交易所之一Mt.Gox，冻结了所有可能与盗窃有关的交易账户，其后，

---

① 可互换性（Fungibility）是指一个商品或资产与其他同类型商品或资产的互换性。对法定货币而言，是指其充当等价物的流通性。——译者注

② Linode是美国知名VPS（Virtual Private Server，虚拟专用服务器）提供商，2003年成立于新泽西州。——译者注

只解封了那些经证明与盗窃无关的账户。[52]

随着比特币的广泛应用，要求比特币协议增加功能，以便将受污染的交易列入黑名单的呼声越来越高。[53] 研究人员甚至认为，这是打击犯罪的有效方法，将导致比特币无法再被用于犯罪活动。[54]

中央银行作用的式微

如果比特币或其他数字货币能解决"可互换性"和隐私问题，将严重威胁现有金融体系以及它所依赖的中央银行的稳定性。有了去中介、跨国以及假名的数字货币，人们无须借助现有的金融中介机构，也可以存储和持有资金。[55]

理论上，基于区块链的数字货币的广泛使用，将降低中央银行对货币政策的影响力。在多数市场经济体中，中央银行通过增加或减少基础货币的供应，来调控通货膨胀和刺激经济增长。但是，如果像比特币这样的去中心化数字货币得以大规模普及，由于这些数字货币的发行条件完全由代码预先设定，中央银行将丧失通过调整货币供应量来影响一国经济的能力。[56]

区块链数字货币的广泛采用，将导致银行的资产负债表大幅缩水，收入锐减。可以预见，如果有足够数量的人依赖于去中心化的数字货币（而非传统法定货币），那么将会影响中央银行借出存款所获得的贷款收入，同时，中央银行的资产所产生的利息将不足以支付其运营成本，[57] 这需要它调整运作模式以补充收入损失。

其中一种方法是，由中央银行来发行和控制一种或多种数字货币。[58] 如前所述，Napster 改变了音乐产业的力量均衡，导致最终出现了类似 Spotify 这样的音乐服务，它不仅获得了产业界的支持，而且还可以被高度控制。与此类似，中央银行也可以部署中心化控制程度更高的数字货币，来与其他基于区块链的数字货币展开竞争。[59] 在这种模式下，中央银行将在成本效率和规模方面享受到数字货币的好处，同时仍然可以控制货币供应，继续制定打击犯罪及其他不良活动的法律和规则。

这一做法不一定会导致比特币和其他去中心化数字货币的灭亡。如蒂莫西·梅所预见，区块链以及密码学工具的发展已经"让魔鬼跑出了瓶子"。[60] 只要人们对去中心化数字货币有需求，区块链网络就会持续运行。由于这类基于区块链的数字货币不受制于司法管辖，很容易被人们用于规避有关货币转移和保管的法律法规。

借助计算机代码和密码法，区块链数字货币呈现出相互竞争的双重特性。一方面，区块链可以加强甚至改良现有的日益陈旧的跨境支付系统。另一方面，去中心化、自治、匿名的数字货币与不可追踪的数字现金类似，不完全符合现有的法律规定，可能会削弱政府利用支付系统清肃犯罪的成效。

第四章

作为法律契约的智能合约

区块链技术除影响支付系统外，还可能在其它领域激励不受法律约束的行为。去中心化的区块链系统和密码法开始改变人们议定合同的方式。事实上，借助弹性、防篡改及自治运行的智能合约代码，可以利用区块链技术创建新一代数字合同，它是刚性、模块化和动态的，在某些方面，它也没有传统的书面法律条款那么模棱两可。

然而，在使用智能合约记录全部或部分法律协议时，既面临新的挑战，也有不足。它没有书面协议那么私密，其代码无法用人类可读的语言公开发布和解释，这有利于创建只有少数人才能理解的标准化契约安排。更需要关注的是，区块链智能合约自治和去中介化的性质可能支持或助长犯罪活动。就法律协议而言，区块链技术有正反两方面的影响，人们可以借助密码法创建智能合约，同时也可以将其用于非法活动。

数字合同的故事始于 1948 年 6 月，当时苏联切断了通往德国西部和柏林部分地区的公路、铁路和驳船。作为反击，美国及其盟国开始了柏林空运计划，向这个被分裂的城市空投了超过 200 万吨食品和其他补给品。为了安排和追踪每天发送到西柏林的大量货物，美国陆军军士长爱德华·吉尔伯特（Edward Guilbert）开发了一个"可以通过电报、无线电电传打字机或电话传送的载货单系统"。[1]

与苏联的冲突结束后，柏林空运的经验被扩散到私营部门。1965 年，当时在杜邦公司任职的吉尔伯特发明了一个电子数据交换（electronic data interchange，EDI）系统。[2] 这发展出了一套电子信息标准，用于在杜邦和它的承运商雷曼化工运输公司之间传送货物信息。借助吉尔伯特的发明，杜邦可以通过电报跨越大西洋发送航运舱单，然后将其转换成穿孔纸带，[①] 输入公司的计算机里。

在吉尔伯特的发明之后的几十年里，EDI 系统从杜邦推广开来。借助这一系统，纸质的协议及确认单逐渐被数字化形式替代。今天，EDI 系统得到了广泛应用，特别是在复杂的供应链管理领域。航运、食品、杂货以及汽车工业，大多依赖 EDI 系统来交换电子采购订单、发票、提单、库存数据和各种类型的确认单，以管理他们正在进行的商业活动关系，这既取代了文书工作，也减少了人力和交易成本。[3]

---

① 穿孔纸带（paper tape）也被称为指令带，是早期计算机的输入系统。穿孔纸带上的孔点必须以规定的格式排列，代表规定的信息，经读取识别后，被转换为计算机可识别的语言。——译者注

EDI 系统仍然有局限性。这些电子合同只是以电子格式重述了现有的合同条款和条件，当事人协商及履行合同的方式实际上并没有明显变化。[4]

20 世纪 90 年代后期，计算机科学家（也是密码朋克一员）尼克·萨博认识到了这些局限性，构想了一种新的执行电子合同的方法，并在题为《基于公共网络进行关系的确认与保障》的论文中予以论述。萨博认为，借助更加健壮的密码学协议，可以编写仿效"契约条款"的计算机软件，它对双方当事人均有约束力，可以减少单方终止履行义务的机会。[5]

自此，学者开始研究基于计算机的合同语言。例如，在萨博发布他的论文后不久，马克·米勒（Mark Miller）、奇普·莫宁斯塔（Chip Morningstar）和比尔·弗朗茨（Bill Frantz）用面向对象（object-oriented）的编程语言，对期权合约进行了建模。[6]20 世纪 90 年代后期，微软和格拉斯哥大学的研究人员，开始实验将金融合同计算机化。[7]2004 年，金融密码学家伊恩·格里格（Ian Grigg）提出了所谓的"李嘉图契约"（Ricardian Contract），即机器和人类都能理解的契约。[8] 在 2012 年，科罗拉多大学法学教授哈里·苏顿（Harry Surden）探索了面向数据（data-oriented）的合同概念，研究了如何通过将合同义务转换成数据，来创建"可计算"（computable）的合同条款。[9]

智能合约与法律契约

随着比特币及其他区块链系统的日益普及，人们开始重新尝试将法律协议转化为代码。类似以太坊这样的高级区块链协议，可以提供必要的技术，来实现萨博二十多年前的一些想法。例如，借助基于区块链的智能合约，各方能利用代码，来记录有约束力的商业关系的部分或全部条款，并利用软件来管理合同的履行。

　　智能合约在很多方面与目前的书面协议无异。在执行智能合约前，各方必须首先协商合同的条款，并达成一个"合意"（meeting of the minds）。[10] 协议一致后，各方就可以在智能合约代码中记录他们的全部或部分共识（understanding），并经由数字签名的区块链交易来触发执行智能合约。[11] 如果发生争议，当事人要么重新协商，要么通过法院或仲裁庭，撤销智能合约的效力。[12]

　　与传统的法律协议的首要区别在于，智能合约可以借助自治代码来履行合同义务。有了智能合约，合同义务就可以不再写入标准法律文本中，而是借助严格、正式的计算机编程语言（如以太坊的Solidity），将其记录到智能合约代码中。智能合约代码将会在支持区块链底层协议的所有节点上，以分布式方式执行，无须依赖任何中介机构或可信中间商。

　　由于智能合约本质上是自治的，所以相比自然语言的法律协议，记录在智能合约中的允诺（promises）[①] 在默认情况下几乎无法被终止。由于没有人能单方控制区块链，所以智能合约一旦被有关当事人触发执行后，就开始自治运行。而且，当事人如果在智能合约中没有加入停止执行的逻辑，代码中所包含的条款就不会被单方终止。[13]

　　智能合约也比传统的纸质合同更具动态性，因为它们可以借助通常被程序员称为预言机（oracle）[14] 的可信第三方源来调整协议期限内义务的履行。预言机是一个人或程序，它可以存储信息，也可以从外部世界接收信息，负责执行区块链系统与真实世界的人之间的交互，

---

① 在美国合同法中，允诺（promises）是指以特定方式向他人表明自己将要为或不为某事的打算，且该表达方式使对方可以合理地理解为其做出了允诺：保证将为或不为某事。允诺可以是书面的或口头的。合同实质上即为有约束力的允诺。参见《元照英美法词典》，北京大学出版社，2003 年 5 月第一版，第 1105 页。——译者注

或对外部事件做出反应。例如，预言机可以连接第三方数据源，用于传送最新的伦敦银行同业拆借利率（LIBOR），或者与某个传感器连接，用于接收某一特定地点的外部温度、湿度或其他相关信息。此外还有更具实验性质的探索，即将预言机用来传达人类的意见，或用于支持私人纠纷解决系统和私人仲裁系统（也被称为司法服务或仲裁服务）。[15]

有了预言机，智能合约就可以实时响应情况的变化。[16]合同各方可以参考预言机的信息来改变支付流程，或根据最新收到的信息来变更代码中的权利和义务。预言机也可以基于个体主观、单方的意见，来确定或变更具体义务的履行。通过这种方式，各方可以依赖智能合约的不可逆转性和确定性，来执行便于编译成代码的客观允诺。同时，那些不太容易编写进智能合约的允诺，要么是过于模棱两可，要么是因为它们需要对客观真实事件进行主观评估。对此，可以指派由人控制的预言机对其进行评估。[17]

自以太坊诞生以来，我们看到，越来越多的智能合约被用来管理商业活动，如管理数字货币和代表有形或无形资产的代币的交易，及控制对区块链网络所引用的数据或其他信息资源的访问权。[18]例如，UJO唱片公司创造性地利用智能合约，来销售包含了伊莫金·希普（Imogen Heap）的歌曲"Tiny Humans"的数字音乐文件。只要有人花费0.60美元在UJO唱片公司的网站上下载歌曲，智能合约就会被触发，将收到的款项直接分配给伊莫金（获得销售价格的91.25%）和其他七位协助创作者（每人获得1.25%）。[19]这一交易没有像传统的版权交易一样通过唱片公司或演出权组织①（performance rights organization，PRO），而是通过点对点网络，直接发生在消费者和歌曲创作者之间。[20] 另外，与传统合约不同，智能合约便于进行小额交易，几乎无须任何费用，即使音乐家应得的款项低于 0.01 美元，智能合约也会按照严格的逻辑代码立即进行分配和支付。

　　智能合约也有助于人们在基于点对点网络、去中心化的电子商务市场上相互交易。这些电子商务市场不依赖 eBay 或 Craigslist 等中心化中介机构来支持和协调货物的销售，[21] 而是借助区块链技术和智能合约来支付货款，并依靠基于人的预言机解决交易过程中出现的纠纷。

　　在这些去中心化市场上，卖方通常将商品介绍和销售价格记录到区块链中，作为销售商品的要约，潜在的买方可以往一个基于智能合约实现的虚拟托管账户（通常也被称为多重签名账户）发送资金，并由该账户自主管理和控制收到的资金。[22] 如果一切按计划进行，买方收到约定的商品后，向托管账户发送经数字签名的区块链消息，托管账户据此将约定金额的资金发送给卖方。反之，如果买方对商品质量有异议，或者主张根本没有收到商品，那么就由基于人类的预言机负责分析案件事实，并决定由谁来收取这笔托管资金。[23]

混合协议

不过，把所有的交易活动都交给类似 UJO 唱片公司及其他区块链交

---

① 演出权组织，也称为演出权协会（Performing Rights Society），其主要职能是为版权方和在餐厅、商场等公共场所使用作品的人提供中介服务，特别是代为收取版权税。PRO 中的使用方一般是偶然、临时使用版权。那些设立目的在于使用有关作品的组织，如剧院、电台等，一般不通过 PRO 中介，而是直接与作者协商版税。——译者注

易市场所部署的智能合约，并由代码来管理，显然不是在任何时候都合适。当事人可以用智能合约记录部分特定允诺，并将其作为更大、更复杂的契约关系中的一部分。

合同通过有关条款上下文的含义来确定各方当事人的权利和义务。允诺不仅包括人的责任，还包括会引发合同责任的，与时间、顺位相关的行为。有的合同权利义务，特别是有关价值转移或数字资产权属的权利义务，通常本质上是二进制的，很容易被编译成严格的代码逻辑。

然而，有的法律协议使用开放性条款来概括应履行的义务，它的具体含义往往并不明确。例如，由于很难准确界定什么是适当的履行，缔约方往往承诺以"善意"（good faith）行事。另一方承诺尽"最大努力"（best efforts）履行义务，则主要是因为在签订合约时，还没有预见到最划算和最高效的履行合同的方式。合同条款的开放或模糊也是有价值的，它为当事人提供了灵活性，同时也减少了谈判的时间和费用。在许多情况下，模糊条款事实上更能达成有效的协议。[24]

标准的法律协议还包括陈述和保证条款（representations and warranties）。这一条款贯彻法律协议的始终，缔约双方通常用于确认所有权利益，承诺履行保密义务，或保证符合有关法律规定等。至少在当前，这一条款还无法通过只引用区块链网络中存储或管理的数据来履行，因为它既不是二进制的，也不是高度公式化的，智能合约还无法准确地解释和适用这些开放性的权利与义务。而且，这些非结构化的条款在签订合同时往往很难预见，不适合被记录到逻辑严格的代码中。

有的律师事务所正在评估智能合约处理法律事务的局限性。例如，大型国际律师事务所霍金路伟（Hogan and Lovells）设计了一个"智能"地震保险协议，通过数字条款清单概括协议中的关键条款，并根据这一清单创建了基于以太坊的智能合约，用于管理相关的赔付工作。然而，经试运行发现，这些完全基于代码的程序，无法涵盖通常会包含在基本地震保险协议中的标准条款。同时，他们也认识到了智能合约与对应的自然语言协议之间的主要区别，发现了智能合约在法律和技术上的其他脆弱性。[25]

考虑到这些局限性，智能合约可能更适合遵循 EDI 协议的应用路径。在使用 EDI 过程中，各方在执行主要条款的同时，也在更广泛的契约关系背景下利用电子消息，而不是完全依赖代码的安排。[26]

当事人可以考虑创建一种混合协议，将自然语言合同与以代码编写的智能合约混合，协议的主体是传统的法律条款，同时包含一个智能合约，并说明和解释清楚该程序应如何在一个更大的商业交易活动中适用。借助这一方法，自然语言协议与智能合约可以携手合作，充分发挥各自的优点，共同体现各方缔约的目的，而无须逼迫当事人二选一。

基于智能合约的协议的法律效力

即使智能合约可以完全取代书面的法律协议，这些程序也难以脱离客观现实运行。尽管智能合约可以自动支付，可以转移有价值的资产，但这些安排本身仍需当事人的预先同意。允诺要事先协商后才能转换成代码，通过智能合约达成合同关系后，各方仍需借助数字签名确认已对约定条款达成了一致。

如果对智能合约是否准确记录了当事人的意思表示，或一方是否违约产生争议，缔约方仍然可以提起诉讼或私人解决纠纷。法院对智能合约的法律效力享有最终的管辖权，他们会根据长期形成的合同法规则来解释基础代码的含义，并在必要时征询专家的意见。

当事人违反合同义务的，法院有权判定损害赔偿金，以弥补受害方的损失。即使智能合约采用了基于第三方预言机的替代性争端解决机制，但如果预言机违反了仲裁条款的约定，或明显漠视法律规定的，法院仍有权宣布预言机所作裁决无效。[27]

其实，合同的允诺以代码记录，还是通过法律文本记录，区别并不明显，至少在美国是这样的。根据美国普通法，合同可以是明示的，也可以是默示的。多数情况下法院对合同的形式并没有正式的要求。[28] 法院判定合同是否有约束力，关键因素不是协议的形式，而是当事人是否有受协议约束的意思表示。[29]

因此，根据美国法律的规定，记录法律协议的智能合约是可强制执行的。当事人可以像用纸一样，用代码记录他们的意思。在义务的多次重复履行方面，智能合约甚至可以建立一个义务履行或交易的流程。[30] 例如，早在 1893 年，美国最高法院在比布诉艾伦（*Bibb v. Allen*）案中就认为，当事人通过谢普森棉码（Shepperson Cotton Code）发送加密的电报信息来协商购买一万包棉花，尽管协议记录的方式有悖传统，但由于"双方已通过一系列电报信息，就交易条款达成了一致"，所以应认定双方已经达成了协议。[31]

今天，美联邦及其州的法律都不会仅仅因为合同是电子或代码格式，就否认其效力。根据《统一电子交易法》（*Uniform Electronic Transactions Act*, UETA）与美联邦《全球和国家商务电子签名法》（*Electronic Signatures in Global and National Commerce Act*, E-Sign 法案）的规定，如果当事人明示受协议约束，法院就不应否认电子合同的法律效力（只有有限的例外）。[32]

事实上，E-Sign 法案和 UETA 中的很多概念也同样适用于区块链技术、智能合约和使用公私钥密码学生成的数字签名。例如，根据 UETA 规定，"签名记录"（record of signature）和"电子记录"（electronic record）被用作签署合同时，不得否认其法律效力或可执行性。[33] 电子签名和电子记录被松散地定义为包括任何"通过电子手段创建、生成、发送、通信、接收或者存储的记录"。这表明，借助公私钥密码技术签署的电子签名，只要当事人有通过它签署记录的意思，就符合该法的规定。[34]

UETA 甚至预料到了像智能合约这样的旨在约束各方达成协议的自动化软件的使用，并认为，"借助计算机程序或其他独立的自动化手段，无须人们审查或作为，就可以自动执行动作，部分或全部地对电子记录或履约表现做出反应"。UETA 的起草者规定，当事人使用被称为"电子代理人"（electronic agents）的自动化软件签订的协议，不能否认其法律效力，除非底层程序出现了错误。[35]

如果当事人采用前文所述的混合智能合约协议，那么其可执行性风险就小很多了。与 EDI 一样，当事人可以以传统法律条款的形式起草主协议，同时约定，各方同意智能合约代码也是有效的书面条款。这些混合协议也可以包含标准可分割条款 ①，以方便法院在需要时可以灵活地认定协议的效力。结合 UETA 和 E-sign 法案的规定看，在这类混合协议中，当事人如果仅仅以协议全部或部分依赖智能合约订立为由否认其法律效力，则很难得到支持。

---

① 标准可分割条款（standard severability provisions），是合同中的总括性条款，一般约定"本合同中的某条或某些条款无效、不可强制执行，不影响本合同其他条款的效力和强制执行性"。——译者注

减少监督成本和投机风险

智能合约的最大优势在于它是缔约各方减少监督成本和投机风险的新工具。如前所述，基于区块链的去中介化，智能合约可以被设定为任何一方都无法单方控制或停止程序的执行。[36] 在默认情况下，所有已编码的义务只能按照底层代码明确规定的条款和条件执行。而底层区块链网络的分布式和去中介化，则进一步保证了所有已被编码的条款都会按计划执行。

智能合约的上述特性决定了区块链网络会自动执行智能合约代码，当事人无须持续监督和评估智能合约代码中编码的义务是否已经履行。[37]

更大的好处是，基于区块链的弹性和防篡改特性，各方均确信，智能合约的底层代码不会被改变，而且将来也不会改变。同样，当事人也很难修改那些记录了协议内容的代码，这最终减少了当事人交易谋私的机会。

通过降低投机行为风险，智能合约开辟了商业关系的新途径。由于已编码的义务确定会自动执行，智能合约将极大地促进互不认识或互不信任的个人和机构之间的交易。[38] 当事人只需确认，代码准确地记录了他们的意图，那些负责维护网络的节点就会正确地执行智能合约代码。

有了智能合约，语言障碍、距离甚至对对方一无所知，都不再是人们之间经济交易的障碍。正如蒂莫西·梅在 1988 年所预测的那样，我们可能越来越依赖密码学工具"经营业务，并在不知道对方的真实姓名或合法身份的情况下协商电子合同"。[39]

代码的益处

与其他软件一样，智能合约的优点是明晰、准确和可模块化。而法律合同即便起草时用心良苦，质量也往往差强人意。而那些仓促起草的合同，往往将前后矛盾的内容掺杂到复杂的条款中，混淆了各方的真实意思。[40]

法院一直试图统一合同的解释标准。美国知名合同法专家艾伦·范斯沃思（Allan Farnsworth）认为，合同解释的总规则"往往更具仪式性（如对根据其他理由做出的决定的合理修饰），而不是说服力（如推动法庭就未决事项做出决定）"。[41]

几十年来，学者已经认识到，可以借助软件代码这样的符号逻辑，将允诺变成客观可验证的技术规则，从而减少契约的模糊性。[42] 智能合约恰恰就是以确定的方式执行的逻辑，它可以减少可能发生的误解，有助于当事人确定性地识别出可客观验证的合同义务。[43]

与其他代码一样，智能合约本质是模块化的，可以分解成相互独立、可随意整理的功能块。[44] 程序员或律师可以创建特别设计的智能合约代码库，以实现某些合同常见的功能。[45] 例如，可以借助智能合约代码库来管理某一特定时间段计息或不计息的支付交易，也可以将代码库纳入各种协议中，如本票，以及有关就业、服务、承包、遣散的协议等。

如果智能合约代码库和其他软件库一样，采用了开源许可协议，就可以由法律专家社区来推动改进，[46] 创建一系列可以重复使用的标准智能合约条款，并在持续的公开审查和反馈中得到改良。[47]

自计算机出现以来，编程语言急速发展，且越来越简化。同样，随着时间的推移，智能合约代码也越来越容易操控，越来越容易整合各类契约关系。随着区块链技术的成熟，这些代码库也越来越复杂，这使当事人起草智能合约就像组装乐高积木一样，只需将大量智能合约代码组合在一起，就可以创建出复杂、全面、精细的法律协议。

由于智能合约是机器可读的，它可被用于自治设备和人工智能。正如我们稍后将看到的，借助智能合约，连接到互联网的设备可以从事"机器与机器"的交易，既可以控制数字货币账户，也可以签订购买商品或服务的协议。例如，自动售货机可以自动检测苏打或糖果棒何时售完，并通过智能合约，支付一笔较低的费用要求供应商补货。与此类似，自动驾驶汽车无须人为干预，可以通过智能合约为自己购买燃油或电力。

智能合约的局限性

除了优点，智能合约也存在一些不足和风险，如隐私问题、合同的形式化以及过度标准化等。

隐私问题

智能合约的透明性可能对缔约方缺乏吸引力。当事人签订书面法律协议时，通常不公开协议条款。然而，由于区块链的透明性，智能合约代码及所执行的交易都会广播到点对点网络上，所有网络节点均公开可见。这显然增加了隐私泄露的风险，尤其是区块链交易账户已经与已知实体关联时。

即使没有识别出交易方的身份，由于多数区块链使用假名账户，而不是纯粹的匿名账户，借助前文所述的甄别技术，我们仍然可能分析出与特定智能合约交易的当事人的身份。[48]虽然无法保证这些识别技术一定有效，但随着区块链上的交易越来越多，隐藏身份也会越来越难。只要其中一方的身份被识别，与该账户有关的所有操作也同样会被识别。

基于对隐私问题的担忧，在很多商业环境中，智能合约仍然难以取代传统法律合同。[49] 倘若没有强有力的隐私保护机制，智能合约就不适合签署高度保密的法律协议，这一点我们将在后文有关证券和衍生品的章节讨论。智能合约如果涉及向关键供应商付款，支付前雇员赔偿金，或涉及敏感金融交易，这其中的交易细节就有暴露的风险。过去几年，尽管出现了诸如零币和门罗币等注重隐私保护的区块链，但它们的网络并不能像以太坊网络一样，部署足够健壮的智能合约。隐私问题仍困扰着智能合约，最终可能会制约这项技术的应用。[50]

法律义务的形式化

智能合约所依赖的形式化的编程语言，适合创建由刚性的代码规则管理的、客观可预测的义务，[51] 而不适合记录模糊或开放性的合同条款，或者在签订合同时没有准确界定或明确的权利义务。

事实上，并非所有的商业合同都会精确界定商业关系。在起草合同时，当事人通常无法预见或确定所有的义务，达成的协议往往是开放式的。法律学者早就认识到，按照"关系契约理论"（relational theory of contracts），许多契约的运作更像是长期婚姻，而不是一夜情。[52] 当事人在执行开放性协议条款时，往往会不断修正条款的具体内容，以适应意外事件和关系的变化。[53] 这些合同通常不会事无巨细，只是表明各方达成了继续合作发展的意向。[54]

智能合约并不特别擅长处理涉及关系的法律安排。[55] 为了执行智能合约，各方需要精确界定应履行的义务，如果依赖基于人的预言机，则还要界定需要人类提供意见的情况。对某些法律安排来说，这些精确性的要求是显而易见的。但是，在一些商业交易中，也由于义务无法提前预测，智能合约就很难灵活地处理正在进行的契约关系。

即使智能合约可以用来构建可预见、可客观验证的法律义务模块，但对于它能在多大程度上准确记录当事人的意思，仍存在疑问。智能合约的创建涉及意思、内容及缔约各方安排的妥当性等实质性内容。对将来的不确定事件，程序员需要提前做出主观判断、解释甚至实质性决定，而这些不确定性可能会掩盖或歪曲当事人的真实意思。

假名当事人之间的协议

智能合约被触发后，就会自治执行，即使底层代码存在失误或错误，当事人也难以干涉，这会导致假名当事人之间的商业安排变得复杂。如果智能合约用于管理已知身份的当事人之间的交易，它们可以通过再次交易来取消或修改前次交易。当事人也可以参照处理法律协议的做法，通过法庭或其他裁决机构来强制执行合同，以弥补损失。[56]

如果不知道智能合约当事人的真实身份，就无法采取上述措施。没有对方当事人的真实身份，就无法向法院提起诉讼。即使在对方身份不明的情况下取得了缺席判决，由于不知道对方的真实身份，这一判决也无法实际执行。

由于这些执行上的困难，使用假名的智能合约会表现出与现有法律协议不同的内部特征。例如，"显失公平"和"乘人之危"是普通法系和大陆法系均普遍承认的法律原则，它可以调整合同中的不公平和不利条款。[57] 不过，智能合约的当事人使用假名的话，受害方就无法使用这一救济手段。当事人可能会利用优势地位，部署显失公平的智能合约。

合同的标准化

智能合约的广泛应用将可能快速改变法律服务的提供方式，导致法律职业的结构转变。随着智能合约的功能越来越强大，人们或将不再依赖律师的建议，而是直接使用包含了智能合约代码的标准化协议。

例如，音乐家无须经验丰富的律师，就可以部署一个经过缜密审查且用途广泛的混合版税协议（例如，前述 UJO 唱片公司智能合约的演进版），这一协议既有使用标准自然语言的法律条款，也有智能合约代码。人们也可以利用相关的在线服务，通过回答一系列相关问题，来定制大致符合特定需求的协议。这类混合协议既可以处理相关的知识产权许可问题，也可以与智能合约无缝配合来收取版税，完全不需要第三方中介机构介入。

如果这类智能合约和服务得到广泛应用，那些需要法律服务的人就会逐步停止从执业律师那里寻求法律指导，这最终会减少与此类交易相关的法律事务。今天，我们更倾向于信任基于计算机的推荐系统，而不是其他信息源，这一现象被称为"自动化偏见"（automation bias）。我们不再去严格评估信息，而是遵循计算机和机器提供的建议，即使这些建议是误导性的或错误的。[58]

随着智能合约代码库或混合协议的标准化代码库的可用性增强，一些与交易相关的法律事务的微妙细节可能会消失。商业和法律安排一般都会有一些特殊要求。不过，这些代码库既无法仔细斟酌这些条款是否完全符合他们的需要，[59] 也不可能做到完全匹配这些特殊要求。缔约方只能选择代码库中的默认条款来记录他们的义务。[60]

我们的服饰已从昂贵的量身定制时装，发展到缺乏个性的大规模的成衣生产，与此类似，随着区块链技术和自动化合同工具的广泛应

用，我们会看到昂贵的定制版合同将会被低成本、高度标准化、修改
空间有限的法律协议所取代。[61]

犯罪或不道德契约

最值得关注的是，智能合约对那些热衷于从事非法活动的人尤其有吸
引力。犯罪分子通常不会通过法庭、保险公司等传统机构来解决犯罪
分子间的"欺诈行为"，[62]而是利用他们的名誉、信誉、地位来协调
犯罪活动（即"江湖规矩"），以及用身体伤害甚至死亡等严厉手段来
阻遏"黑吃黑"行为。[63]

上面的描述可能只适用于"传统"的犯罪分子。通过区块链和智
能合约，犯罪分子有了协调非法活动的新工具。智能合约可以用来创
建主要或完全依赖密码法的去法律（alegal）系统。与数字货币一样，
人们可能滥用这一技术从事非法经济交易，以规避现有的法规。由于
区块链具有去中介、弹性及防篡改等特性，一旦智能合约启动，被编
码到其中的权利与义务就难以被中止或改变。

例如，当事人可以借助智能合约买卖非法物品，如毒品、枪支
或相关物品等。这类去中心化市场依靠密码法即可运作，没有任何
中心化运营商可以监管网络中的非法活动，这将可能导致违禁品交
易的泛滥。

智能合约也可以用于部署赌博和其他非法游戏。无须借助中心化
赌场，智能合约就可以用来定义博弈条款。以 Pokereum 这款扑克游
戏为例，与大多数依赖可信第三方的在线扑克游戏不同，Pokereum 运
行在区块链点对点网络上，借助一系列智能合约，就可以完成从洗牌
到每手牌之后的以太币支付等全部流程。[64]在整个游戏过程中，没有
中心化的中间人负责维护系统，也没有人可以单方关闭服务。

上面的这些例子只不过是一个更大趋势的开始。正如康奈尔大学和马里兰大学的研究人员所述，区块链技术可能被用来实施更加复杂的犯罪，如借助智能合约控制赏金来暗杀公众人物。[65]

这些研究人员称，那些试图谋杀某国的参议员、总统或总理的人，可以将数字货币转移到由智能合约创建和管理的托管账户，而有意领取赏金的罪犯，可以通过经数字签名的消息，将信息发送给受控的智能合约，概述暗杀日期、地点等基本事实。[66] 在支付赏金前，智能合约会检查类似《纽约时报》推送信息这样的一个或多个可信的预言机，以确认受害者是否已经死亡。如果暗杀者提供的早期信息与可信预言机显示的信息相匹配，智能合约就可以自动将赏金支付给他。[67]

倘若这种系统确实存在，它可以起到纵容犯罪和群体暴力的作用。有了智能合约来定义犯罪条件和处理付款，罪犯只需要了解预设的领取赏金和实施犯罪的方式，无须相互沟通，无须聚在一起提前计划或领取赃款，甚至无须相互认识或信任，就可以共同从事犯罪活动。另外，罪犯还可以通过混合服务或零币等更加匿名的数字货币来混淆身份。

最后，就法律和商业安排而言，区块链既支持合法行为，也可以被用于非法活动。一方面，它们可以构建自治运作的新形式的数字协议，降低监督成本和投机风险，甚至会引领我们进入一个由人工智能驱动的、机器与机器进行交易的新时代。另一方面，与数字货币一样，犯罪分子可以借此从事非法经济活动，既难以追踪，又可以有目的地规避现有法律法规。同时，由于利用了密码法，政府和公共当局越来越难以干预和压制犯罪行为，这将导致黑市、赌博以及由互不信任的各方协同从事的犯罪行为的泛滥。

第五章

智能证券与衍生品

借助数字货币和智能合约，人们无须中心化的中介机构，即可以用安全、可靠和基本不可逆的方式转移价值。因此，区块链技术可以用来构建在双边基础上结算和清算的数字化金融协议，从而减少对第三方管理的需求。

受到区块链技术冲击的金融产品很多，本章集中在两个方面：证券和衍生品。我们详述了区块链的双重性在金融领域的表现，解释了区块链技术如何借助代码，逐步取代核心金融系统。

区块链可以改善证券和衍生品的结算和清算，并可能创建一个更全球化、更透明的金融体系。但是，如果不加以控制，金融体系将逐步被遵循密码法的一系列系统控制，将变得更加不稳定和难以监管。

2015 年 10 月 13 日，总部位于美国纽约的对冲基金 Clique Fund 通过基于区块链技术的证券系统，借入了价值 1000 万美元的股票。这一基于区块链技术的证券系统，由崇尚自由的 Overstock.com 首席执行官帕特里克·拜恩（Patrick Byrne）设立。Clique Fund 没有求助位于当前金融体系核心的中介机构，而是通过区块链买入了构成道琼斯工业平均指数的 30 只股票。[1] 这是首次通过区块链进行的证券发行和销售，尽管金额很小，只代表了区块链诸多应用中的一种，但它预示着金融去中心化这一大转变的开始。

　　证券和衍生品交易通常涉及多个环节，包括确认（confirmation）、清算（clearance）和结算（settlement）。当事人同意交易后，首先需要确认交易条款，然后进行交易和清算。确认和清算之后的结算，其方式因金融产品不同而有所不同。[2] 例如，在证券交易中，卖方交付证券凭证并接受付款后，就要进行结算。在大宗商品交易中，结算和清算既涉及交付金融工具① 和文件，也涉及小麦、玉米或贵金属等实物资产的交付。[3]

　　当前，结算和清算需要各种中介机构协助进行，它们是证券和衍生品市场正常运作的重要基础设施。例如，经纪商通常负责维护个人、家庭或企业的金融投资组合，并代表其客户从事交易。反过来，当这些经纪商与其他更大的金融中介机构，如证券交易所和衍生品交易中

---

① 金融工具（Financial Instruments），亦称"信用工具"或"交易工具"，是一方向另一方借入资金时依一定格式形成的书面文件，用于确定当事人的权利和义务，是具有法律效力的合同。金融工具是金融市场交易的对象，主要包括商业票据、银行存款凭证、股票及债券等。——译者注

的中央对手方（Central Counterparties，CCPs）进行交易时，则协助进行交易的清算和结算。[4]

中心化的交易所和交易对手方，如纽约证券交易所、纳斯达克及芝加哥商品交易所，是连接银行或经纪商的中心点，它们负责制定规则，定义如何进行证券和衍生品交易。[5] 它们通过提供证券和衍生品的最新价格来管理交易信息的流动，让市场参与者处于同一条起跑线上。[6]

证券交易所和中央对手方通常会开办联系紧密的清算所，帮助他们的会员渡过重大的经济危机。每个清算所都会要求入会的会员提供担保，向担保基金注资。[7] 同时，当会员依法应对其交易承担违约责任时，清算所会通过"债务更新"（novation）程序，确保该笔交易得到清付。[8]

一般而言，在目前由中央机构负责清算的证券或衍生品交易中，每个交易所、中央对手方以及参与交易的金融机构，都持有相关交易的账簿，通过对不同账簿的更新和对账，来完成这些交易的确认、清算和结算。这一流程已经经过了几个世纪的演变。[9]

然而，并非所有的证券和衍生品都通过中心化市场或交易对手方。有些交易发生在场外交易市场（Over-the-Counter，OTC，也称柜台市场），这些市场不那么正式，主要由"交易商"组织交易，并服务于特定的金融产品。[10] 与中心化中介机构支持的市场相比，场外交易市场一般不公开，透明度更低，规则更少，交易双方通常通过 OTC 直接协商，往往无法获得与交易商相同的信息。[11]

无论是柜台交易还是集中清算，当前金融交易的结算和清算过程都存在一些操作上的问题和局限性。例如，在美国的大多数证券交易所中，股票交易在短短的一秒钟内即可完成，而结算则需要三天。[12]

股权交易在最终确定之前，必须通过包括交易所和双方的经纪商在内的一系列金融中介机构。经纪商需要依次与他们的托管银行合作，协调进行清算和付款，同时还需与中介机构美国存管信托和清算公司（Depository Trust & Clearing Corporation，DTCC，该公司负责保管在美国证券市场交易的股票所对应的实物股权证书）合作，以转移股票的所有权。[13]

上述金融交易的每一步都有可能出错，每一方都要承担对方在交易最终结算前违约的风险，即所谓交易对手风险（Counterparty Risk）。[14]虽然个体违约的风险通常是可以容忍的，但如果金融市场的关键参与者违约的话，这些未完全结算和清算的交易，[15] 将会通过资本市场产生连锁反应，危及其他金融机构的安全，并最终导致灾难性后果。[16]

衍生品市场，尤其是衍生品场外交易市场，同样存在类似的交易对手风险。集中清算的证券交易一般在几天内即可完成结算，衍生品合约则不同，它们一般在几个月甚至数年后才结算，这让参与方暴露到额外的交易对手风险当中。[17] 为了应对这一风险，许多衍生品合约要求留置当事人衍生品价值的一部分作为担保（Margin，也称为保证金），并根据交易情况或当事人信用评级的变化，定期调整保证金的金额。[18]

场外衍生品市场经常是不透明的，更加导致了风险的恶化。[19] 由于场外衍生品交易通过双方直接谈判和履行，没有人能完整了解对方先前签订的所有协议，也就很难预测它们是否还同时在进行可能影响其支付能力的其他交易。[20]

正是由于这些挑战，一单或一系列衍生品交易的违约将会造成系统性风险，并使市场活动陷入停滞。[21] 事实上，这就是 2007 年、2008 年爆发金融危机的主要原因。[22] 在金融危机爆发前，主要金融机构都开展了诸如抵押贷款支持证券（Mortgage-Backed Securities，

MBS）和担保债务凭证（Collateralized Debt Obligations，CDO）这类衍生品交易，这让它们过度暴露于房价波动的风险。当房价下跌时，这些衍生品债务也同时到期了，但这些金融机构却缺乏足够的资产来履行交易。[23]

衍生品场外交易完全通过私下协商达成，由于监管机构缺乏足够的信息，很难识别交易涉及的价格、数量和交易各方的身份。因此，各国政府都在努力寻求达成共识，来寻找合适的方式解决这一不可预见的风险，[24]以期拯救陷入困境的金融机构，最终阻止金融危机的蔓延和大规模的违约潮。

类似的结算问题在场外的银团贷款（Syndicated Loan，也称辛迪加贷款）市场也有所表现。目前，这一市场未偿还贷款金额超过了2万亿美元。[25]由于借款人的贷款金额太大，任何单一银行或贷款人都无法提供安全的资金。在这种情况下，银行或其他贷款人组成一个"银团"，汇集他们的资源向借款人提供所需的资金，同时分散借款人违约的风险。[26]银团贷款完成后，成员银行往往会通过场外二级市场交易它们的贷款份额。

然而，银团贷款的结算时间很长，平均需要19天之久，极易产生流动性问题，引发金融风险。[27]银团贷款协议往往不是标准化的。每单贷款性质不同，其贷款类型、贷款结构以及看涨期权等条款和条件也各不相同，因此缔约方必须亲自准备必要的文件。有时，为了能达成一项交易，还必须获得银团其他成员的同意。

智能证券

区块链和智能合约可以简化证券交易的结算和清算，同时也为建立真正的全球性资本市场创造了可能。正如区块链在管理数字货币转移时可以取代中央银行一样，它也可以作为促进证券交易的中心化存储库。通过使用区块链，可以将公司股份、美国国库券、银团贷款或其他证券"代币化"（Tokenize），并可以像交易比特币那样快速交易这些代币。支持底层区块链的计算机网络，可以证明和验证与代币相关的交易，为每笔交易创建透明、防篡改的记录，并为其加盖时间戳。

智能合约可以用来支付、转让代币，也可以将其他经济权益，如收取股息、收取债券或贷款的定期还款等，编译到智能合约中。这些操作均可自动、实时进行，大幅减少了后台工作人员的协助和监督工作。

例如，爱丽丝和鲍勃都在以太坊区块链上有账户，鲍勃想以 1000 个以太币购买 ABC 公司 100 份以代币形式体现的股份。一旦鲍勃发起交易，交易信息将在几秒钟内广播到以太坊网络节点，并被记录到区块链上。

当这笔交易被记录下来后，其结算和清算也会同时进行。鲍勃的账户将借出 1000 个以太币，并记入对应的代币化的股份。爱丽丝的账户将会收到 1000 个以太币，同时将 100 份代币化的股份转移给鲍勃。如果鲍勃之后想把他的股份卖给查尔斯，他可以通过区块链的交易记录证明代币化的股份由他控制，并继续进行后续交易。

一些公司开始尝试借助区块链进行股票及其他形式证券的结算和清算。T0 是 Overstock.com 的子公司，它使用区块链技术发行了一种被称为"密码证券"（Crypto Security）的债券，绕过了受监管的交易所。[28] 同样，纳斯达克利用区块链技术让私人公司可以自行管理和交易股票。[29] 瑞士信贷银行（Credit Suisse）在几个技术合作伙伴的协助下，建立了一个基于区块链的概念证明，它借助区块链存储与银团贷款相关的信息，不再需要人工去审查、更新数据及对账，贷款投资者可以通过区块链直接获取有关贷款的权威记录。[30]

这些早期实验表明，未来证券市场将以更加去中心化的方式运作，相应的清算和结算速度也更快。依靠区块链技术，无须再通过多层次的金融中介机构，只需要通过转移数字化的证书和贷款，即可将交易、清算和结算合并为一个流程。[31]并且，区块链可以使用智能合约协助相关的支付及其他经济权利的处理，进一步降低了中介机构在这方面的作用。

在区块链上，交易经底层网络证明和验证后就完成了。如果各方使用同一个区块链系统，就无须再进行交易后的确认、查证，也无须再核对交易和结算数据的一致性。由于减少了数据核对，区块链出错的风险少了，交易的结算和清算时间缩短了，各方不再需要等待几天才能完成交易，这降低了交易对手方风险和潜在的纠纷。

除了缩短清算和结算时间之外，区块链也能以更加去中心化的方式协调市场，这进一步弱化了中心化交易所的角色，提高了场外交易市场的透明度。连接到区块链网络的任何人都可以交易代币化的证券，这意味着也可以在点对点基础上交易其他类似的金融产品，陌生人可以将区块链作为弹性和防篡改的数据源，来核对交易数据。与证券交易相关的价格和时间信息可以直接存储在区块链上，各方可以直接计算出任何给定时刻证券的价格，而无须像传统证券交易那样，必须由中心化的交易所或场外交易市场来统一发布价格信息。

随着区块链技术的成熟和更广泛的应用，借助其去中介化和跨国性质，完全可能建立一个全球统一的证券发行、交易系统。今天，全球十六大证券交易所占据了绝大多数的股票交易，[32]而将来我们可能会见到新类型的区块链交易所，它们完全基于代码，而且是去中心化的。[33] 事实上，借助区块链系统，可以将特定国家证券买卖的法律法规编码到智能合约中，并自动予以执行。依靠密码法，区块链系统可以完成缴纳保证金、核查数量和资金要求等工作，甚至可以提供预言机来低成本解决纠纷。如果成功的话，这些区块链交易系统将最终取代目前支离破碎的金融系统，同时符合特定国家的法律规定。

智能衍生品

与证券一样，区块链同样可以简化衍生品的创建、履行和交易。如前所述，智能合约可以用来记录全部或部分法律协议，缔约方可以依靠区块链来确保履行义务。当事人可以用代码将衍生品合约的某些内容记录到区块链上，并由区块链底层网络处理和自动执行。由于通过交易所交易的衍生品的价值取决于将来发生的事件，所以这些合约可以借助预言机，根据利率、货币以及股票价格的变化，动态调整有关条款。

区块链可以提高衍生品场外交易市场的透明度。这一新技术可以用于衍生品定价，也可以共享与各方仓位有关的信息。同时，区块链可以以透明、弹性和防篡改的方式存储衍生品交易的有关信息，包括衍生品的品种，各类衍生品合约的名义价值，以及当事人的抵押品责任等。基于这些特点，政府和执法机构将有更大的能力来评估这些金融交易的价值和风险。

与智能证券一样，智能衍生品合约也可以通过编写程序，来确保符合有关的市场成熟规则。高度标准化的期货合约通常在类似芝加哥商品交易所这样的中心化交易所进行交易。"智能"期货合约可以将质量、数量、交割等条款以及保证金要求，预编程到区块链上；当期货到期后，区块链可以自动结算，无须交易所来强制执行这些规则。[34] 同时，借助智能合约，可以防止过度交易订单（excessive orders），实时监控大仓位当事人，从而减少潜在的市场混乱。由于参与方几乎无法规避这些已编码的规则，如果部署得当，市场规则将会由区块链自动执行，确保这一市场不被操纵。[35]

将衍生品转换成智能合约的尝试已经开始，DTCC 与美国银行（Bank of America）、美林（Merrill Lynch）、花旗（Citibank）、瑞信（Credit Suisse）和摩根大通（J. P. Morgan）等金融巨头一起，将信用违约掉期（CDS）合约的经济条款记录到一个区块链系统中，以便交易各方了解交易细节、交易对手风险度量和潜在的金融风险。[36] 随后，DTCC 宣布计划将价值 11 万亿美元的信贷衍生品转移到基于区块链的基础设施上，以降低对账成本，改进衍生品的交易。[37]

智能证券和智能衍生品的局限性

尽管区块链有望改善证券与衍生品的交易、清算和结算，并促进金融市场的发展，但其推广实施和应用之路并非没有危险。区块链技术在很多方面实际上是将金融体系恢复到了其历史起源。华尔街起初也是非正式的和去中心化的，当时经纪人蜷缩在梧桐树[38] 下，只能交易少量可疑公司的证券。[39]

只是，随着时间的推移，华尔街为了应对金融危机，才逐渐开始中心化。例如，纽约证券交易所起初并没有清算和结算机构，在 19 世纪 90 年代持续的金融恐慌之后，才成立了清算所。[40] 同样，证券交易市场起初并没有像 DTCC 这样的中心化的清算和结算机构，直到第二次世界大战后，随着交易量暴涨，纽约证券交易所每周不得不关闭数日来处理证券交易，才推动成立了中心化的结算机构。[41]

衍生品交易的故事大体一样。19 世纪中叶，随着美国中西部地区粮食贸易的增加，出现了受监管的交易所。在发生金融危机前，衍生品交易通常在双边基础上进行，[42] 直到大衰退之后，全球各国政府才开始集中清理和管理标准衍生品交易，以期管控衍生品场外交易的风险。[43]

中心化在某种程度上是有效的。清算所降低了市场参与者违约的风险，提高了某些成交量大的、标准化的金融交易产品的流动性。[44]这些中介机构通过债务更新程序将保证金汇集起来，作为机构成员的保险手段，在发生违约时对成员的债务承担法律责任，[45] 同时充当了吸收金融风险的"资本堡垒"。[46]

中心化也有助于中央银行实施货币政策，通过买卖政府证券、抵押贷款等金融工具，来影响短期利率。通过严格控制的公开交易市场，中央银行确保可以找到交易对手，并使货币政策的效果遍及整个经济体。[47]

如果区块链技术引致去中心化市场的扩散，那么系统性金融风险就可能会增加。尽管区块链在转移代币化证券以及自动执行衍生品交易的某些环节表现突出，但它们不是清算所，在默认情况下并不会向市场参与者提供保险。因此，如果越来越多的证券和衍生品不再通过清算所，而是以点对点的方式交易，那么一个大型金融机构的违约就可能使市场陷入停滞。

要克服这一系统性问题，可以考虑由大型金融机构汇集资源，提供清算服务，或者由第三方提供保险。但就目前而言，这两种机制均不存在。区块链技术打破金融体系的同时，也会产生新的风险，最终需要重新中心化来确保经济平稳较快增长。这意味着我们可能会冒着重复以往错误的风险。

区块链的透明性也限制了它们支持和培育健康金融体系的能力。

就证券和衍生品而言，如果使用区块链来处理交易和结算事务，那么与之相关的信息就有被公开泄露的风险。[48]

区块链可能会对公司治理和金融创新产生负面影响。美国专利和商标局（USPTO）最近才认为"业务流程"（business processes）可以取得专利。[49] 因此，与其他行业的公司不同，金融服务公司一般不依靠（有时是无法依靠）专利来保护它们的知识产权，而是借助有关保护商业秘密的法律来保持其竞争优势，[50] 防止其他市场参与者对其专有战略进行逆向工程。[51] 例如，对冲基金可以实施"股票多空策略"（equity long-short strategy），即持有价格预期会上升的股票的多头头寸，以及价格预计下跌的股票的空头头寸。如果对冲基金所有的相关股票都通过基于区块链的证券交易所交易，就有公开暴露其交易策略的风险，会给竞争对手分析其交易策略并采取类似策略营利的机会，从而限制对冲基金潜在的金融收益。

更值得关注的是，区块链的透明性会抑制公司收购市场的活力，影响公司治理改革。这些股权活跃分子和潜在的收购者为了采取针对董事会的措施，或者为了积累足够多的股票以收购公司或对公司施加影响，通常会秘密购买股票，[52] 这样相关股票的价格就不会因收购而暴涨，同时也避免了公司采取反收购措施。[53]

如果公司将其证券代币化，并通过区块链进行交易，公司的现有经营者就可以通过持续监控区块链来追踪近期的股票交易，评估买家是否来自同一方，[54] 从而轻易地识别出这些活跃分子和蓄意收购者。[55] 这类收购者为获取最大利益，[56] 往往会通过最优方案来试图增强所收购的公司董事会的独立性和监督职能。[57] 将他们驱离，意味着会影响公司的治理改革。

总之，考虑到区块链网络更高的透明度，以及无法确保没有违约风险，这一系统产生的益处将可能被金融系统随之面临的、公司治理更弱化、风险更大的问题所抵消。

去中心化资本市场

无论区块链技术是否被现有金融机构采用，由于它们可以被用于支持非法的金融和商业交易，必然带来一系列新挑战。区块链可以借助假名机制，支持全球范围内的金融产品交易。与智能合约结合，它还可以建立全新的基于密码法和与法律规则不相干的金融系统。

20世纪以来，美国对公共资本市场准入实施严格控制。二十世纪早期，"金融海盗"肆虐美国中西部，往往通过没有盈利的商业活动来骗取利息，[58] 这促使州立法机构通过了"蓝天法"（blue sky laws），以保护投资者免于证券交易欺诈和滥用。[59]1929年，美国股市崩盘，数十亿美元财富瞬间蒸发，在之后的大萧条期间，美国政府基于有关州制定的监管规则，展开了广泛的改革。[60] 股市崩盘的根本原因之一，是不充分且经常是欺诈性的信息披露。由于公开上市公司几乎没有公布过经过审查的信息，投资者很容易受到欺骗，等到发现原本视为可靠赌注的股票毫无价值后，他们已经损失了毕生积蓄。[61]

为了防止将来再次崩盘，美国政府规定，公司必须积极履行信息披露义务，向公众披露更多有关公司经营和投资的信息。这样，公司的管理者就会表现得更为诚实，从而避免被公开惩罚或谴责。[62] 信息披露可以减少信息不对称，降低股东监督董事及高管不当行为的必要成本，[63] 形成公平的市场竞争环境，投资者也可以据此做出更为合理的投资决策。[64]

然而，这些有关信息披露的法律和规则通过后，人们开始质疑它们是否达到了预期的目的。[65] 为了向公众出售证券，公司必须准备冗长而复杂的文件，如注册说明书（Registration Statement，根据 1993 年证券法为证券发行而呈报的文件，由招股说明书和招股说明书未要求的所有其他披露信息组成）、代理须知（Proxy Statement，用于向股东征求代理权的信息披露文件）、年报和财务文件等。[66] 尽管美国和其他有关国家通过了有关"众筹"的法律，希望借此打通投资机会，使公司无须广泛披露信息也可以轻易筹集到资金，但是这一市场仍不够成熟。大多数公开交易市场往往以保护消费者的名义，将小公司或初创企业拒之门外。[67]

基于区块链的金融产品和金融市场，可以被设计为规避现有的金融法规，这样当事人就更容易从公众筹集资金。例如，借助新的区块链系统，通过所谓的"代币销售"或"首次币发行（initial coin offering，ICO）"，就可以在线募集到大量的数字货币。[68]

受 Kickstarter 和 Indiegogo 这类众筹平台的启发，[69] 人们开始利用区块链及智能合约来筹集资金。这些所谓的项目方只需几行代码，就可以直接向全球任何人出售与其在线项目相关的区块链代币，而无须通过任何可信机构或中心化中间商。这相当于全球公开发行（此处类比证券 IPO）。

这些区块链代币通常与特定的在线应用或服务关联，并赋予代币持有者一定的权益、特权或奖励。[70] 有些所谓的"功能型代币"（utility tokens），本质上是功能性或消耗性的，通常作为计算在线服务使用量的手段。在有些情况下，这些代币也会赋予持有者为这些在线服务开发或创建功能的权利，如对在线服务应该如何升级或改良的投票权。

以信息平台 Status 为例，它模仿了微信的部分功能，同时通过代币 SNT（Status Network Token）来管理平台提供的各种服务。用户可以用 SNT 购买平台的高级功能，如推送通知、在网络上注册新用户、购买数字贴纸等。平台为了减少垃圾邮件，通常会设置非好友用户互相联系必须花费的 SNT 的最小数量。此外，SNT 的持有者也享有投票权，可以投票决定这一网络如何管理和发展。[71]

另一个例子是 BAT（Basic Attention Token），一个在 Brave 浏览器内应用的区块链代币。Brave 是布兰登·艾奇（Brendan Eich）开发的一款开源 Web 浏览器，可以自动拦截广告，也可以防跟踪。艾奇是 Mozilla 前首席技术官和首席执行官，也是流行的编程语言 JavaScript 的创建者。BAT 是功能性和消费性的，是 Brave 浏览器上记录报酬的单位，用以支付用户观看广告、广告商发布广告所应获得的报酬。[72]

有别于功能型代币，基于区块链的投资型代币（Investment Token）不仅具有功能性，而且可以使用智能合约将利润分配给持有者，或给持有者明确的经济权利。例如，DAO 是一个未经合法注册的组织，它所发行的代币"DAO Token"是最早的投资型代币之一，代表了持有者在风险投资基金中的一份利益。DAO 没有所谓的所有者，人们只能通过向管理 DAO 的智能合约转移以太币，来自动购买 DAO Token。[73]

任何持有 DAO Token 的人，都可以通过智能合约向 DAO 提交项目投标，包括项目的描述和所需以太币的数量，来发起募集资金。收到有效的投标后，DAO Token 持有者可以通过底层智能合约，就是否资助该项目进行表决。如果项目被 DAO Token 持有者批准，则通过另一个智能合约将项目与 DAO 绑定，并由 DAO 根据项目的进展程度向项目的创建者汇款。之后，这一被绑定的智能合约会将项目获得的以太币支付给 DAO，并由 DAO 把其中的收益和利润，重新按比例分配给 DAO Token 的持有者。[74]

投资型代币的另一个例子是区块链资本基金（Blockchain Capital

Fund）所发行的代币。该基金创建了基于以太坊的代币 BCAP，面值 1 美元，限量发行 1000 万个。该基金计划投资 10~20 家公司或基于代币的项目，平均每笔投资金额 50 万美元，代币持有人则有权获得基金产生的利润。[75]

自 2014 年 1 月以来，全球有超过 200 个区块链项目发行了代币，募集了超过 37 亿美元的资金。[76] 这些基于区块链的产品和项目包罗万象，既有去中心化的媒体平台和文件共享系统，也有基于算法的交易平台和去中心化的数据中心。[77]

这些代币销售和 ICO 背后的项目主体认为，代币不应受证券法或其他金融法规的约束，所以他们不遵守有关国家与证券公开发行相关的法律规则。[78] 事实上，它们披露信息的方式很简单，一般通过白皮书介绍项目的技术细节，通过官方网站简单地介绍项目的创始人和顾问，[79] 并通过社交媒体和其他在线网站发布销售广告。支持者一般使用数字货币来购买这些代币，同时，希望项目启动后，这些代币能进入二级市场，甚至受到追捧。[80]

推动这种新经济快速发展的是各种各样的加密货币交易所，甚至是去中心化的交易所。它们与股票市场或其他传统市场的运作模式不同，既不受监管，也没有大型金融公司支持。[81] 新型去中心化交易所，仅仅是一个便于区块链资产买卖的智能合约的集合，人们可以通过区块链查看特定代币最新的出价、报价和交易数据，完全不依赖任何中央中介机构。

代币销售的日益蔓延引起了各国监管机构的注意。有的国家认为，代币销售应受证券法框架的约束。例如，美国证券交易委员会（SEC）2017 年 7 月发布了一份报告，规定美国联邦证券法的基本原则适用于代币销售，DAO 代币符合美国法律关于证券的规定。[82]SEC

认为，DAO 代币是有价证券，因为代币持有者"将这些项目的预期收益作为他们的投资回报"，"并可以通过支持 DAO 代币二次销售的网络平台将他们的投资变现"。[83]SEC 的报告之后，新加坡金融管理局（Monetary Authority of Singapore）也发出警告，认为代币是"股票或集体投资计划单位的要约"，应受当地法规的约束。[84]中国和韩国采取了更强硬的立场，将代币销售视为违法行为，并严格加以监管和控制。[85]

美国证券交易委员会及其他监管机构能否控制住日益增长的代币销售，短期内很难有确切的答案。代币销售是融资的蛮荒之地，借助区块链技术和去中心化交易所，公司、项目或组织可以依靠密码法持续地筹集资金，完全无视基于地域的有关公开市场与证券交易的法律法规。通过利用混币之类的匿名技术，可以掩盖代币持有者的身份。[86]由于依赖自治智能合约和弹性、防篡改的数据库，这些系统一旦启动，就很难被关闭。

借助区块链，我们可以更加方便地以与以往不同的方式创建、分发和交易证券。某种意义上，区块链对证券法的影响与互联网对版权法的影响是一样的。在互联网出现之前，虽然也可以创建和复制数字文件，但是这些文件很难在物理介质（如 DVD 或 CD）之外传输，因此，数字文件的概念可以在现有的版权法理论中清楚地界定。然而，随着互联网的发展，人们可以向全球任何地方的任何人发送数字文件，新一代在线服务更是助长了这种大规模的侵犯版权行为，传统的版权理论显然无法适应这一发展趋势。这要求立法机构通过新的法律，如数字千年版权法（DMCA），来保护中介机构豁免于版权责任。法院也开始重新审查版权侵权的次级责任理论，以适应这些新的在线服务。[87]

今天，就代币和证券法的关系，我们面临着类似的问题。尽管此前已有将证券以电子化的方式表现的尝试，但是，区块链的出现打破了这一技术壁垒，它大大降低了证券发行、交易以及在全球销售管理的成本。任何人都可以借助一台电脑和一根网线，通过创建一个只有几百行代码的智能合约，来发行一个类似证券的代币。区块链的去中介化和跨国性，使这些代币能够在任何国家、任何可以连接互联网的人中间买卖，也能够以假名在智能合约驱动的去中心化交易所交易。

除了代币销售这一例子之外，技术专家也开始借助区块链部署金融衍生品"二元期权"（binary options）。二元期权的目的是预测未来事件的可能性，比如，谁将赢得美国总统大选，某一高频交易股票未来的价格是多少等。[88] 这些期权一般通过"预测市场"（prediction markets）交易，期权的价格代表了潜在事件在理论上发生的可能性。[89]

迄今，美国立场强硬，关闭了一些以营利为目的的预测市场。主要理由是，这些预测市场是未经注册的期货交易所，在其中交易期权违反了美国商品交易法（Commodities Exchange Act，CEA）。[90] 而且，根据美国法律的规定，这些期权仅仅是投机性的赌博，是非法的。然而，区块链技术出现后，人们开始利用智能合约组合创建预测市场，借助区块链存储二元期权的交易数据和证据，通过智能合约驱动的去中心化市场进行交易和结算，从而规避现有的法律法规。

例如，Augur 是一个基于区块链的开源应用程序，借助一系列智能合约，任何人都可以创建任何主题的预测市场，[91] 并可以得到市场总交易费用的一半。借助第三方预言机，Augur 可以评估相关事件是否发生，并按照报告方的报告与其他网络成员报告的一致程度，奖励其相应比例的交易费用。[92]

即使 Augur 因监管加强而最终被政府认定为违法，政府也很难将其关闭。因为在这个去中心化预测市场启动前，设计者就没有去寻求事先许可，反而将它特别设计成在现有法律之外，横跨全球自治运作。

Augur 部署在区块链上，任何一个中央主体都无法阻止它的运作。即便政府严厉打击，或对开发和推广代码的创始人征收罚金，这一平台仍将持续运作。事实上，只有底层区块链网络不再存在，或者不再有任何服务需求时，Augur 的代码才会停止运行。Augur 是开源项目，这意味着系统代码可以免费获得，任何人都可以对它进行改良，并通过点对点文件共享网络随意分发。

最后，与支付系统和法律协议一样，区块链可以改进现有的金融市场，减少对中介机构的需求，将金融系统的某些常规工作自动化。另外，依靠密码法，区块链技术所创建的促进点对点交易的新方法，可以被用来规避现有的法律和规则。

第三部分

区块链和信息系统

第六章

数据的防篡改、证明和验证

区块链的影响远远超出了其最初在支付、金融和合同中的用途。区块链作为防篡改和弹性的储存库，可以记录公共档案，以及其他经证明和验证的信息，这吸引了世界各国政府的注意。[1] 我们将在本章探讨这些新兴应用的优点和局限性。我们着重研究了隐私和安全问题，因为如果不加以特别关注，它可能会破坏这些系统本身的有效性。区块链登记保管系统能否用于记录关键公共档案，很大程度上取决于政府的支持和应用。不过，这一系统能否落地应用，目前还存在疑问。

综观历史，各国政府建立并管理着各种旨在提高社会福利的系统和机构，为经济增长和政治稳定提供基础设施。[2] 政府通常通过法律规范个人、企业或市场的行为，通过中央银行发行货币，刺激商业和贸易。政府管理投票制度，以影响国家未来的发展，通过登记制度界定财产的范围。[3]

这些系统在全球的发展并不均衡。在许多国家，苛刻的法律被用来压榨公民，而不是反映风俗习惯和社会规范；中央银行不当的货币政策往往使经济陷入混乱；投票制度因欺诈和腐败而变质；房屋、土地权属不清，无法被充分利用。[4]

这些制度性失败会持续影响一个国家的经济和政治前景。例如，土地登记制度乏善的国家，经济也难以发展，人们不得不在熟知信任的小圈子内从事商业活动。企业家和小业主无法将其财产抵押用于扩大生产，这抑制了私人投资，降低了生产效率。这些国家经常陷入贫困的自我循环，空留下未开发的宝贵资源和资本。[5]

然而，即使是在设立了这些机构的国家，政府服务的现代化也很缓慢。互联网稳步改变了私营部门，但对政府的运作方式却几乎没有任何影响。虽然政府已尽力予以改进，但关键的公共服务仍顽固地依赖于纸张逻辑，仍然保持封闭，难以接近，且拒绝任何改进。[6]

基本的政府档案也保持原样，无法聚合在一起提高效率。由于政府机构各自依赖孤立的信息源，国家从整体上缺乏解决欺诈、浪费和腐败的能力。[7] 而且，政府数据通常不开放给公众使用，白白浪费了增长的机会。[8]

更多的挑战在于，越来越多的网络攻击浪潮严重威胁那些没有适当安保措施的政府系统的安全，这导致各国政府争相寻找新的方法，来确保公共档案和敏感数据免受盗窃、破坏或篡改。[9] 迄今为止，确保网络安全的主要方式，是通过拒绝未经授权的访问保证信息安全。政府信息通常存储在类似数字堡垒那样的安全数据中心，通过防火墙和持续备份保护敏感信息，以此降低数据泄露和丢失的风险。[10] 然而，像所有堡垒一样，即使是最安全的数据中心也有漏洞。黑客和其他恶意攻击者仍在设法侵入这些系统，试图删除、窃取、破坏和操纵敏感信息。[11] 一旦得逞，将会导致灾难性的后果。[12]

登记和公共部门信息

区块链是建立更可靠、更透明的政府档案登记保管系统的新工具，可以确保政府的重要信息能更适应现代需要和更安全。这一技术可以作为政府档案的支柱，方便人们通过自己的设备访问所需的信息。与数字货币一样，这些系统可以被设计成无国界的、可供全球各国共用的基础设施。

正如我们所看到的，区块链是一个透明且有序组织的数据库，具有弹性和防篡改能力。[13] 存储在区块链上的档案分布广泛，它的精确或几乎精确的副本，由点对点网络上的多个不同节点维护。一旦信息被记录在区块链上，如果不耗费大量资源，这些信息很难被删除或修改。在区块链上执行的每个操作都是透明的，且经过数字签名，所以可以高度确定某一数据是否源于特定的账户。

鉴于这些特性，区块链正在被用于创建更具弹性和防篡改的土地登记体系。美国伊利诺伊州[14]、瑞典[15]、格鲁吉亚共和国[16]和加纳共和国[17]正在着手建立这一系统，以便提供土地权属的可靠证据，并可以数字化访问。与证券一样，基于区块链的土地登记系统，通常将土地所有权或证书与区块链上的特定代币关联，这样人们就可以点对点转移产权，减少房地产交易所需要的时间。[18]

土地权属、土地证书以及其他相关文件，一旦被记录到区块链上，这一防篡改数据库就变得持续可用，几乎无损坏或丢失的风险。这意味着，没有人能单方改变存储在区块链上的信息，人们相信，即使政府被推翻或经历和平的政权更迭，这些财产记录也不会被改变。

例如，在饱受战争蹂躏的叙利亚，伊朗支持的什叶派（Shia）定居者入侵该国，夺走了前逊尼派（Sunni）居民曾经居住过的土地。为防止流离失所的逊尼派居民收回土地，什叶派定居者烧毁了全国各地的土地登记处。[19] 如果叙利亚在冲突爆发之前，在比特币这样得到广泛支持的区块链上实施土地登记，那么前面的暴行就难以得逞。基于区块链的弹性，即使火焰吞噬了叙利亚传统的土地登记系统，即使叙利亚的数据中心被毁，土地登记的副本也会安全地存储在遍布全球的、支持比特币网络的矿工的计算机上。由于区块链能防止篡改，即使什叶派定居者直接控制了叙利亚土地登记处，并将土地非法分配给新什叶派居民，一旦冲突消退，流离失所的叙利亚人仍然可以证明他们先前的所有权。借助比特币区块链上有序的记录，任何流离失所的叙利亚居民都可以在区块链的支持下，通过诉讼收回他们的土地。

除了土地登记，政府也可以利用区块链来存储其他档案和公共部门信息。例如，美国特拉华州已开始进行"公司计划"（corporate initiative），使用区块链来保管美国统一商法典（UCC.）要求的证券登记文件和其他公司档案。[20] 位于欧洲东北部的爱沙尼亚共和国，宣布与比特国（BitNation）建立伙伴关系，提供基于区块链的公证

（notarizations）服务，公民可以将包括婚姻记录和出生证明在内的一系列信息记录在区块链上。[21] 更为激进的是，迪拜最近宣布了一项政府主导的区块链项目，计划到 2020 年，所有的市政档案都通过区块链记录和管理。[22]

一些私人部门的尝试也有助于进一步推动政府在知识产权保护和许可证方面的创新。[23] 例如，类似 Ascribe 和 Monegraph 这样的平台使用区块链来记录作者对作品的版权。[24] 麻省理工学院推出了一个"数字证书项目"，演示了如何使用区块链来发布和验证证书真伪，将来，政府可能会将其推广用于管理国家许可体系。[25]

区块链的这些新兴应用证明了政府能以更加去中心化和防篡改的方式维护重要的档案和公共部门信息。诸如财产转移、出生、死亡以及许可等关键信息，都可以记录在经官方认证的区块链上，无须政府在中心化的办公室里维护。

如果政府档案存储在区块链上，它们可以与智能合约以及其他基于代码的系统交互，潜在地创造更多的价值。例如，财产权属或证书可以代币化，并锚定一个价值生态系统。智能合约可以管理贷款，并反过来将这些抵押贷款证券化，转换成完全或部分由智能合约代码管理的有价证券。证券化的抵押贷款可以存储在多重签名的账户中，然后自动分发给证券持有人，无须再依靠贷款服务商和受托人。[26] 如果出生或死亡档案被记录在区块链上，政府与此相关的支付和服务就可以被自动触发或暂停。同时，私人部门也可以基于各种目的，合法利用这些档案。[27]

与证券和衍生品市场一样，随着时间的推移，区块链也可以用于建立全球统一的所有权登记系统。由于这一登记系统的核心是标准化的，缺乏建设这种基础设施能力的国家完全可以依赖它，无须再建立和维护自己的专有系统。[28]

　　统一的登记系统有助于跨国交易。例如，将不动产所有权代币化后，借助全球性的区块链登记系统，当事人出售不动产，跨国转移产权就会像转移比特币一样容易。无论是美国人在加利福尼亚购买财产，还是欧盟公民在中国购买土地，交易均可以在几分钟内完成。

档案的验证和证明

除了存储政府档案外，区块链还有助于保护、认证和管理敏感数据，并免受网络安全攻击。区块链以不可否认和防篡改的方式存储信息，借助这一新型数据安全系统，政府可以始终确保敏感数据和关键公共部门信息的完整性和真实性。

　　借助区块链工具，政府的关键基础设施抵御数据完整性攻击的能力将大大增强，这保证了国家的安全。可以将敏感或机密信息的哈希值存储在区块链上，由于区块链可以记录某一段数据被查看或修改的日志，并记录该文件所有后续修订的哈希值，因此，如果区块链上存储的文件的哈希值，与存储在政府维护的数据中心的文件的哈希值不匹配，这一差异就会被标记出来，政府就可以识别出谁在改变或删除这些信息。如果文件被恶意攻击损坏，区块链作为防篡改以及可审计的路径，可以揭露入侵者的踪迹。[29]

　　例如，Guardtime 公司将区块链技术与更传统的无钥签名基础设施（keyless Signature Infrastructure，KSI）结合，[30] 来保护英国核电站和防洪机制的安全。[31] 同样，DARPA 最近与 Guardtime 公司及其他合作伙伴签署了价值 180 万美元的协议，研究如何使用区块链保护敏感的军事数据。[32]

　　在更广义层面上，区块链可以用于管理敏感档案的访问，而无须依赖可信当局或中心化中间人。任何人都可以将数据存储在计算机上，或类似IPFS（星际文件系统）以及Swarm这样的点对点覆盖网络上，并使用区块链签发特别许可，来决定谁基于什么目的才有权访问该数据。[33] 区块链可以作为经认证的许可源，也即访问控制机制，用于限定某一主体是否有权查看、分享或修改数据。

像HashedHealth[34]和MedRec[35]这样的先行者，已经开始探索将这一方法用于健康数据和电子医疗档案的管理。医院开始将患者的健康档案的哈希值记录到区块链上，并借助智能合约或其他代码系统，来精确界定谁出于何种目的有权访问哪些记录，确保只向已获取授权方透露患者的健康数据。

除了控制数据访问权限，医院及其他卫生机构正在借助区块链认证与患者健康有关的事项，如病人残疾或患有某种疾病的证明。通过颁发证明，卫生机构可以建立病人的基本情况档案，患者可以依靠这些证明获得处方或申请社会福利，无须披露其他额外的、更为详细的健康记录。

借助访问控制和认证系统，政府及公共管理部门可以保护、认证信息，与其他政府机构共享信息，并确保这些文件信息只有特定的机构或个人才有权查看或共享。政府机构甚至可以用区块链记录和认证事实，发布代表认证结果的哈希值，而无须披露基础数据。[36] 例如，政府可以在区块链上发布哈希证书，证明某人是否犯重罪。其他政府机构可以访问区块链来检验这一事实，无须再了解这个人的犯罪历史和其他信息。这一做法可以打破信息孤岛，降低政府内部共享信息的成本和风险。

安全风险

政府能否依靠区块链存储重要档案，能否依靠区块链保证敏感信息的完整，目前所面临的困难和风险主要是安全和隐私问题。此外，这一档案登记和保管系统要想取得成功，就必须获得政治上的支持，这样才能确保存储在区块链上的数据的质量。

尽管区块链具有弹性和防篡改性质，但并非完全不会被损害或改变。如果只用一个区块链管理关键档案，它就变成了一个单一故障点，一旦出错，将会导致灾难性后果。

区块链不是绝对不可改变的，也会受到恶意攻击和操控。例如，各方可以对依赖工作量证明共识机制的区块链发起"51%攻击"，来改变或推翻先前的交易记录。尽管在比特币这样的流行区块链上发起"51%攻击"的成本很高（目前估计超过10亿美元），但是，一旦政府开始使用区块链存储有价值的档案，发起这一攻击的吸引力就会大增。[37]

为了说明这一问题，我们假设，美国的所有房地产所有权代表了万亿美元的财富，[38]都通过比特币区块链登记。任何有充足硬件和电力资源的第三方或外国政府都有可能破坏比特币区块链，修改美国的财产记录，从而导致严重混乱和经济困境。如果这一攻击成功，美国将陷入悖论。如果想将区块链恢复到先前状态，美国就必须对比特币网络发起"51%攻击"。美国也可以选择将比特币区块链分叉，以重建先前记录的信息；但这又是一个死循环，因为新的区块链同样需要以能够阻挡"51%攻击"的方式重建。

安全风险也体现在对密钥的管理上。区块链基于公私钥密码技术，一旦授权方私钥被窃取或泄露，将会产生严重后果。事实上，如果攻击者掌握了政府的私钥，就可以存储虚假记录，并且使它们看起来像真的一样。同样，如果区块链被用于公民个人转移权属和证书，一旦丢失私钥，他就无法再合法销售和转让这些权属和证书。

垃圾数据问题

区块链所存储的任何数据的质量和准确性，不能由区块链自己来保证。如果没有一个中心化机构或可信部门负责检查和验证区块链上记录的数据，那么这些数据的质量和准确性就没有保障。

登记和记录系统的好坏取决于它们对信息的管理。例如，如果土地或知识产权登记存在产权转移的漏洞或错误，那么就无法解决产权归属的不确定性问题。这些漏洞在某种程度上说明了为什么美国的房地产交易需要通过购买产权保险，来避免因产权瑕疵导致的财物损失。[39]

存储在区块链上的信息是否准确，是技术本身无法解决的问题。[40] 事实上，由于信息被记录到区块链上后就难以删除或纠正，一旦出错，问题反而会变得更加严重。如果法律没有强制要求必须使用这些区块链登记系统，那么存储在这些系统上的信息就是不完整的，这反而削弱了区块链系统的作用。

事实上，由于缺少政府的支持，许多私人建立数字登记中心的尝试失败了。例如，音乐产业曾多次尝试建立私有和权威的音乐作品数据库，但或因为协调问题，或因为关键参与者不愿意加入，这一努力已经失败。[41] 因此，如果得不到政府的全面支持，就很难创建一个受版权保护的、综合性的音乐作品数据库，或者创建出的数据库无法提供可靠的版权证据。

同样，在美国借贷行业，由于不满足有关部门支离破碎的土地登记体制，银行及其他金融机构曾试图创建它们自己的私人土地登记系统，称为抵押电子登记系统（Mortgage Electronic Registration System，MERS）。然而，由于几乎不受集中监管，MERS 的抵押贷款权属记录存在严重瑕疵。2007 年底，美国房地产市场开始下跌后，由于贷款人无法取得赎回权，出现了大量与赎回房产的权属相关的争议。[42]

区块链登记和记录系统要想取代现有的政府基础设施，需要管理和制度的支持。如果没有适当的制衡机制来控制和界定谁可以验证和存储政府档案和信息，并确保质量，那么与前述失败的抵押电子登记系统和音乐作品私人登记一样，政府的区块链登记系统也同样会失败，最终将削弱区块链改进现有政府基础设施的能力。

缩限的隐私

区块链登记和记录系统更大的隐患，是隐私问题。由于区块链的全球性和透明性，如果政府将公共记录直接存储在区块链上，那么任何人都可以通过互联网访问，这增加了隐私泄露的风险。

例如，有了区块链土地登记系统，人们就可以将这一系统中的权属和证书信息，与其他在线信息和市场数据交叉比对，从而估算出某个土地所有者的财富。同样，如果个人的出生日期、婚姻记录或其他身份信息存储在区块链上，所有人就可以看到有关他们生活的关键事实。

即便是区块链使用基于假名的公共地址来存储信息，仍无法消除被重新识别的风险。只要区块链上的数据足够多，人们总是可以通过复杂的数据挖掘及大数据技术，将特定交易与特定身份关联起来。[43]

一旦数据被存储到区块链上，就难以单方修改或删除，这导致隐私问题进一步恶化。所有记录在区块链上的信息都是全球化的，任何有互联网连接的人都可以访问，人们很难将之用于保存私密或敏感信息。在那些注重隐私保护的国家，政府主导的区块链系统可能会产生更多问题。例如，一家澳大利亚开放数据平台发布了匿名的健康记录，墨尔本大学的研究人员通过对有关数据逆向工程（reverse engineer）后，重新识别出了患者的身份。[44] 尽管澳大利亚卫生部有权在上述研究报告发布后删除网站上的相关信息，但是，如果这些数据被记录在区块链上的话，即使是政府也很难纠正这一问题。

最后，即使区块链系统本身不泄露信息，它们仍然可以将网络上各方的行为或交互信息展示出来，这可能比信息本身更有意义。[45] 事实上，区块链系统固有的透明性，以及每一笔交易的公共可追溯性，都可能损害而不是保护个人隐私。随着区块链技术开始用于记录重要信息或许可证信息，仅仅是这些信息的存在就会暴露个人隐私，因为这与信息本身的内容一样敏感。

与我们在支付、金融与合同方面看到的一样，基于区块链的信息系统，同样具有一系列相互关联的优点和缺点。政府及其他公共机构利用区块链创建档案登记机构，将使政府档案更透明、弹性和可靠。同时，区块链的透明、弹性和防篡改也可能会破坏这些区块链登记机构及其他数据管理系统的有效性，引致安全和隐私风险。

第七章

弹性、防篡改信息系统

区块链的显著特点决定了它不仅是安全的去中心化数据库，可以记录经证明和验证的信息，而且还能以一种不受控制的方式传播信息。一些新的区块链应用可以存储、传输信息，进行在线通信，并且不受政府或公司的控制或审查。正如早期"密码朋克"所设想的，依靠密码法，区块链既是打破版权法藩篱的新系统，同时也可能为传播猥亵、淫秽或煽动性信息的新平台提供技术。

互联网被视为中介机构的终结者。有了"网络空间",人们可以绕开唱片公司及报纸等传统中间商,直接与企业互联。许多人认为,正是由于这些特点,互联网不再需要中心化控制,中介机构也将逐渐消失在工业时代的遗迹中。[1]

起初,互联网的这一愿景似乎实现了。点对点网络,比如,Napster、Kazaa 以及它们的进化版本,彻底改变了音乐作品的分发模式,人们无须直接从商店购买,就可以在线买卖和共享音乐数字文件。似乎一夜之间,人们就可以在网络上找到大量受版权保护的资料,传统媒体公司的角色受到了质疑。[2]

然而,在线中介组织仍然顽固地坚守着互联网。尽管唱片商店已经关闭,当地报纸也显得越来越岌岌可危,但也出现了一些新的中介机构来协调我们的在线活动。我们从苹果公司的 iTunes 音乐商店获取最新歌曲,使用 Spotify 这样的中心化平台播放在线音乐,通过 Facebook、Reddit 和 Twitter(推特)接收每日新闻推送,通过 YouTube、网飞(Netflix)和 Hulu 观看视频。[3]人们大部分的在线交流仍然要通过谷歌、Facebook 或 Snapchat 进行,并依靠互联网名称与数字地址分配机构(ICANN)来分配和管理像 Google.com 这样容易记住的域名,而不是像 141.101.125.184 这样的 IP 地址。[4]

这些中介机构的发展直接决定了全球数十亿人如何获取信息。它们借助专有的、通常是不公开的[5]算法,单方决定平台上允许什么内容或禁止什么内容,从而影响人们可以查看和消费的信息类型。[6]

中介机构也是企业和政府影响网络信息流动的中心控制点。在许多国家，政府要求中心化通信平台对有关内容进行审查。例如，微信拥有超过 8.6 亿月活用户，是中国最主要的在线交流平台。根据中国法律规定，其应对涉及有争议事件的信息进行审查。[7] 欧洲规定，基于"被遗忘权"（right to be forgotten），搜索引擎应删除与欧盟公民有关的、不正确或过时的数据。[8] 大型内容提供商则将目标对准了中介机构的网络版权侵权行为，通过关闭 Napster、Grokster 及 IsoHunt 等服务来切断侵犯版权的入口。[9]

另外，DNS 服务器也被政府和私人用于阻止侵犯版权，或阻止用户访问某些不受欢迎的网站。[10] 例如，Twitter 在全球范围内屡遭域名拦截，部分地区的政府希望借此控制信息的传播。[11]

区块链和去中心化信息存储

借助区块链技术，可以降低信息存储和共享的中心化控制程度。长期以来，比特币区块链被用作存储媒体和信息的储存库，任何人都可以通过发送少量比特币的方式，将信息记录到比特币区块链上，并可以公开访问。

数据一旦被记录到区块链上，就难以更改或删除。矿工如果想修改共享数据库，要么合谋发起 51% 攻击，要么同意修改区块链底层协议。这两种方式尽管有一定的可行性，但都非常昂贵且难以实现。

然而，区块链不仅可以用于存储信息本身，还可以存储点对点文件共享系统或覆盖网络上其他可用文件的引用（references）。借助覆盖网络，区块链系统可以管理多种类型的信息，如消息、照片甚至视频等，而不会导致信息文件的大小以指数方式增长。因此，开发人员可以不受限制地创建去中心化的区块链应用，通过智能合约构造应用程序，并由区块链来存储对其他地方的可用大文件的引用，无须再依靠中心化的服务器部署运行应用。

区块链文件共享系统

借助存储文件引用这一功能，区块链技术可以创建新型文件共享应用，它无须依赖中介机构，而是将区块链作为版权作品的弹性和防篡改的索引，并将这些版权作品存储在相互独立的点对点覆盖网络上。人们只需向托管或上传文件的人支付少量的数字货币，就可以下载这些作品。

例如，Alexandria[12] 是一个开源项目，它允许用户发布、分发和销售数字内容，而不需要在中心化服务器上存储信息。通过 Alexandria 软件，任何人都可以将内容上传到 IPFS 网络，并在弗洛林币（Florincoin）区块链上创建对该内容的引用。在 Alexandria 软件上，人们可以支付小额数字货币来下载或传输那些上传的文件，并将收到的数字货币，按一定比例分配给上传文件以及在本地计算机存储文件的人。[13]

与之类似，借助 LBRY 协议，任何人都可以在区块链点对点网络上发布内容，并获得相应的补偿。LBRY 协议将上传的内容拆分成小块，并将这些小块存储在参与 LBRY 文件共享网络的计算机上。[14] 人们可以通过基于 LBRY 协议的软件，访问 LBRY 区块链，管理和分发上传的文件；也可以借助管理网络的软件协议，设置下载、传输以及查看上传文件的单价，并将收益按照预先设定的规则和比例，自动分配给访问文件的人。最先上传文件的人以及为文件分发网络提供支持的成员。[15]

在 LBRY 和 Alexandria 上，没有人负责监督上传的内容，也没有任何人有能力移除对 LBRY 和弗洛林币区块链网络上存储的内容的引用。与现有的依赖中心化中介的文件共享网络相反，这些服务依靠区块链自动运作，通过软件协议完成内容的交易和分发。一旦文件引用存储在区块链上，除非这一区块链整体被废止，否则很难被移除。因此，人们可以借助这些平台自由共享内容，无须担心被随意停止。

今后，基于智能合约和覆盖网络的区块链系统及有关的应用，将变得愈加复杂，这必然会进一步促进信息的传播。借助密码法，这些新的区块链服务创建的大型存储库分布在遍布全球的数百万台计算机上，可以存储音乐、电影、图像以及图书，并且易于访问和搜索。[16] 这些系统完全无视版权法，只要用户向智能合约支付了足够的费用，存储数据和执行软件逻辑等操作就可以持续进行。最终，持续影响我们传播信息方式的将不是法律，而是代码。

区块链与不受审查的通信

如上所述，区块链系统便于分发版权作品，同样，也有利于绕过对在线通信和社交媒体的中心化控制。

区块链可以用于存储和传递加密信息，而无须中心化的操作机构。比特信（BitMessage）是这类区块链通信平台的早期例子，作为一种点对点通信协议，它将比特币区块链作为在互联网上中继（Relay）[①]加密信息的中心参考点，通过由比特币区块链和公私钥密码技术建立的安全通信信道，向特定的个人或群组发送消息，[17] 无须依赖任何可信组织或中间人。

Whisper 是另一个类似的例子。与比特信相反，Whisper 使用以太

———————

① 中继（Relay），是指两个交换中心之间的一条传输通路。——译者注

坊区块链，来协调相互独立的点对点网络之间传输加密消息。以太坊区块链只负责存储将通信从一方中继到另一方所需的所有信息，并不直接存储底层消息的实际内容。[18]

也有一些其他的实验希望借助区块链技术和覆盖网络，使人们能够以去中心化和安全的方式发送或分享图片、想法和创意。例如，Akasha 是新型社交媒体平台，它允许任何人以类似 Reddit 论坛的方式发布文章、图片或视频。这一平台借助以太坊和 IPFS，以加密格式存储上传的内容，因此，没有人能说清楚他们究竟托管了什么内容。网络成员对他们喜欢的内容进行投票，并将投票结果与这一网络的少量原生货币"Aether"捆绑。当投票通过时，系统会将 Aether 作为回报自动发送给贡献者。[19]

通过 Akasha 网络共享的照片、文本和视频，不是存储在中心化的云服务器上，而是存储在冗余的 IPFS 网络上，这样即使一部分网络节点被断开，发布的内容也仍然可用。[20] 正是借助这一方法，Akasha 成为不受持续的中心化控制的社交媒体平台，它上面的帖子和消息不再由单一的在线服务来维护，也就无人能单方面决定这一网络上可用内容的类型。

由于区块链上的信息（或引用）不能被单方取缔，如果比特信、Whisper、Akasha 或类似的区块链平台获得主流应用，人们就能以分布式和不受审查的方式交流和共享信息。同时，这类平台在线交流的方式主要由密码法来决定，政府或企业很难过滤或拦截这些去中心化网络的信息流。

互联网域名系统

区块链也可以被用于反制禁止域名请求。考虑到区块链上存储的数据很难被回溯修改，这一技术正被试着用于存储域名信息。通过使用区块链，任何在线服务均可以访问存储在这些去中心化数据结构中的信息，并用于解析域名和路由互联网，这样就不再需要 ICANN 或中心化维护的域名服务器。

例如，域名币（Namecoin）是一个基于区块链的协议，用于注册后缀为"bit"的域名。借助一个密钥 / 值注册系统，人们就可以在域名币区块链上注册、更新和转移域名，并将域名链接到指定的 IP 地址。域名在域名币区块链上注册后，人们就可以将 bit 后缀的域名解析到对应的 IP 地址上。[21]

由于没有中心化操作员管理域名币区块链，只要它的底层网络不被堵塞或改变，通过这一协议注册的域名就不会被私人或政府机构剥夺或控制。同时，政府或其他监管机构也很难禁止人们访问这些已经注册的域名。

域名币是这类产品中的第一个，也有其他区块链项目在探索提供类似的服务。[22] 如果域名币或其他类似的区块链域名服务中的某一个得到广泛应用，那么就无须中心化组织来管理如何访问网站和在线应用，[23] 域名解析系统就会与内容传递系统一样，也将由去中心化、弹性和防篡改的代码系统来管理。

由于这些系统依靠密码法，必然会削弱政府或企业拦截 DNS 的效果。并且，这些系统基本不受 ICANN 控制，使用这些域名解析系统的网站和其他在线应用，即便含有侵犯版权的材料或其他非法内容，也仍然可以正常访问。

版权问题

区块链应用与去中心化文件共享系统、覆盖网络以及分布式域名解析系统的结合，将会与现存有关版权作品分发的法律法规产生严重的冲突。美国的数字千年版权法（DMCA）和欧洲的电子商务指令（Electronic Commerce Directive，ECD），设置了一系列"安全港"（safe harbors）规则，以部分豁免对在线服务的版权侵权指控。[24] 根据这些法律，在线中介机构在收到版权人的通知后，如果能迅速删除或屏蔽侵权材料，就可以免除侵权责任。这一"通知删除"（notice and take down）程序为版权人提供了一种机制，确保其可以检查互联网，要求中介机构删除或屏蔽未经授权的材料。有了这一程序，谷歌、YouTube、Facebook 以及多宝箱（Dropbox）等服务商，每年都会收到数以百万计的撤销通知。不过，它们通常借助软件自动识别可能侵权的文件，很少或根本没有人工审查。[25]

但是，新兴的区块链系统并不完全吻合 DMCA 和 ECD 所确立的"通知删除"机制。如前所述，由于区块链的防篡改和弹性，其所记录的信息是持续可用的。并且，区块链系统和应用通常以去中心化方式独立运行，客观上不存在一个可以处理版权人的通知及删除涉嫌侵权内容的中心化运营商。

此外，区块链文件共享应用系统的继续发展，将会削弱现有版权法中次级侵权责任理论的实效。根据美国法律，只有行为或服务鼓励（encourage）、促进（facilitate）或实质性地促成（materially contribute）侵犯版权时，才会适用版权次级侵权责任。[26] 引诱（inducement）、促成等侵权行为标准，则涉及意图（intent）、知晓（knowledge）及实质性促成等问题，适用于以收益和控制为判断标准的版权替代（vicarious）侵权责任。[27]

由于不需要中间人，这些基于区块链的文件共享应用系统有助于传播受版权保护的材料。尽管支持这一系统的组织或一群人应对其侵权行为承担替代责任，但由于这些系统依赖密码法，除非底层代码提供了停止运行的逻辑，否则即便是法院或其他执法机构发出的禁令，也难以阻止这一系统的运行。针对开发人员采取行动，只能阻止他们继续改进系统，同样也无法停止其运行。

实际上，在区块链文件共享系统中，密码法管理的自治系统代替了传统的中间人，版权人无法再依靠线上中间人来限制在线侵权行为。这些受版权保护的文件的共享和交易，完全借助于区块链技术、智能合约和去中心化覆盖网络，因此版权人并没有多少资源和手段可供利用，只能单独追索每个侵权人。

随着区块链技术得到广泛的应用和部署，艺术家和作者依法享有的专有权利面临被剥夺的危险。版权法的目的是通过赋予作者专有权，来激励其创作新作品。未经版权人事先授权，不得复制、分发、传播受保护的作品。[28] 通过许可这些权利，作者可以得到公平补偿，也鼓励他们继续创作新的作品。

借助去中心化、自治的区块链文件共享系统，人们更容易从事版权侵权行为，从而侵害作者的上述权利。不过，除了对个别侵权者提起诉讼，作者似乎并无更多维护其权益的手段。[29] 因此，如果这些新的文件共享系统得到广泛应用，将会削弱在线版权保护的力度，并打破当前作者、权利人和在线中介机构之间脆弱的平衡。

言论自由的另一面

区块链文件共享和通信系统的应用，除了与现有版权法产生冲突外，个人也更容易借此规避国家的法律。各国通常将传播儿童色情、复仇色情视为犯罪，并通过惩处散布诽谤材料、网络欺凌、公开侮辱，以及泄露诸如个人健康数据之类的敏感信息等非法行为，来维护公共秩序和道德。[30]

　　尽管美国宪法第一修正案扩张了保护言论自由的范围，但言论自由并不是不受任何限制。第一修正案保护"不雅"（indecent）材料，但不能扩展到"淫秽"（obscene）色情作品，如果违法散播就会被投入监狱或没收资产。[31] 另外，第一修正案不保护政府敏感信息的交易，也不保护涉及发明信息和其他关涉国家安全的技术信息的交易。[32]

　　但是，区块链系统可以被设计为无视这些规则。这些新的通信和信息平台依赖密码法运作，可以构建一个不受约束的在线沟通环境，图谋不轨之人可以借此散布、传播不雅、煽动性材料和其他犯罪内容，既无视现有的法律法规，也不考虑因此产生的社会成本。

　　这意味着，如果区块链通信系统和社交媒体平台得到广泛应用，互联网就会变得越来越难以驾驭。例如，像 Alexandria 及 Akasha 这样的社交网络平台，可以作为假名的内容分发系统，用于共享非法内容。由于没有中央机构控制这些平台上发布的信息类型，它们可能会变得乌烟瘴气，充满儿童色情、恐怖主义手册以及煽动暴力仇恨的言论。

　　随着区块链技术的进一步成熟，这些应用将很快与诸如微信、脸书、推特及 Reddit 论坛等中介机构竞争。它们抛开现有法律规则，罔顾对言论自由和非法内容传播的各种限制，在重塑信息、媒体、通信的在线分发方式上，充当更重要的角色。即使各国通过法律封禁了这些系统，也难以控制和影响这些平台上流动的信息。与版权侵权一样，即使对创建或支持这些新服务的当事人科以责任，但只要用户愿意支付执行智能合约代码所需的费用，这些系统就可以持续运作。

　　更值得关注的是，区块链通信和文件共享系统也可能危及国家安全。区块链平台可能会成为传播个人数据、错误信息甚至是敏感政府信息的沃土。例如，该技术可以用来创建新一代泄密平台，这些平台越来越去中介化、假名化，而且可能比维基解密等现有服务更有弹性。政府旨在保护国家安全的合法行动，如果被这些区块链系统泄露出来，可能会影响各国之间微妙的谈判关系，使政治领袖陷于尴尬，或破坏重要的外交进展。政府可以监控现有的泄密平台，甚至在必要时关闭它们。区块链泄密平台则相反，它所记录的敏感信息或国家机密，政府几乎无法审查。

最后，就像在支付、金融和合同领域一样，区块链技术对信息同样有双重作用。区块链系统可以支持新的协议和应用程序，它们游离于政府和企业的控制之外，借助密码法，将媒体、通信以及信息的流动，从中心机构转移到自治代码系统上。这些系统可以提供强大的言论自由保证，并最终将我们带进信息在全球自由流动的社会。

然而，这些系统也带来了社会成本。它们降低了网络版权侵权的门槛，助长仇恨言论、淫秽物品、儿童色情或其他可能煽动暴力的信息的传播。在这些区块链系统中，随着介入信息传播的中介机构越来越少，政府和私人部门也越来越难以施行旨在限制信息流通的法律，无法维护这些系统中的公共秩序和道德。

第四部分

组织与自治

第八章

组织的未来

区块链不仅有潜力改变支付、金融、商业、政府及信息系统的运作方式，而且是协调社会交往和商业活动的新工具，能以前所未有的方式促进群体达成共识。借助区块链投票系统和其他代码规则，智能合约有助于现有组织简化运营，防止投机行为。区块链可以推动人们在点对点基础上组织和协调有关活动，无须依赖中心化机构或可信第三方。区块链技术既可以改进现有组织的运营模式，同时，其所推动形成的新的社会经济体系，也可能借助密码法规避现有法律。

几千年以来，人们依靠组织协调经济和社会活动。罗马人设计了各种商业实体，如特有产（societas peculium）和田赋征收团（societas publicanorum）①，各方可以分享企业的利润，同时对损失承担有限责任。[1]中世纪，意大利人创立了有限合伙的早期版本，用于海上贸易融资。[2]16 世纪，英国和荷兰出现了股份公司（Joint stock companies），由国家授权其垄断生产性的商业活动。[3]1811 年，现代公司在美国诞生，当时纽约允许私人无须烦琐的审批过程，即可建立自己的公司结构。[4]

1937 年，罗纳德·科斯（Ronald Coase）在其成名作《企业的性质》（*The Nature of the Firm*）中认为，当市场交易的成本过高时，人们自然倾向于组织成或多或少的、正式化的机构，这包括协会、合伙、有限公司、股份公司，或其他被经济学家称为"企业"的组织。[5]科斯所描述的进入市场交易的"交易成本"，包括寻找交易对手的成本，谈判成本，以及达成协议并确保在必要时得到履行的所有成本。[6]因此，拉拢不同党派，从事有经济利益的活动，有时会变得过于复杂，通过市场运作难以得到有效解决。[7]

通常情况下，市场擅长促进货物或服务的快速交换，但当经济活动需要广泛的协调以持续维护各方之间的关系时，或者涉及高度的复

---

① 田赋征收团（societas publicanorum），是指国家及地方政府以外的、以社员私人利益为目的的一般社团。参见周枏，《罗马法原论》（上），商务印书馆，1994 年 6 月第一版，第 270 页。——译者注

杂性或不确定性时，市场就不那么有用了。当交易各方互不信任时，交易成本就会增加，这会推动人们通过协同努力来组织活动。[8]

创建组织可以在几个方面降低交易成本。首先，组织减少了完成任务所需的操作步骤。在企业生产中，内部团队协作和协调降低了搜索和讨价还价的成本。[9]组织的运营者无须诉诸交易市场，寻找适合执行任务的人，[10]而是可以依靠组织内领取固定工资的工人，[11]这样就无须额外进行重复谈判。

其次，组织降低了不确定性、机会主义和复杂性所产生的成本。[12]由于人们有限的认知能力和"有限理性"（bounded rationality），[13]他们之间所形成的不完全契约无法应对业务关系中固有的一系列意外事件和风险。[14]人们通常基于自身利益行事，往往因为疏忽、欺骗或能力不足，而未能履行这些契约义务，这些都会让机会主义行为有机可乘。[15]而组织作为一个具有专业知识和资源的市场持续参与者，降低了设立和履行这些不完美契约的成本。[16]

然而，组织还远远不够完善，也会产生内部交易成本。科斯的理论权衡了通过市场实现交易的成本，和在企业内部完成交易的成本。不过，在大型组织中工作的人都知道，随着组织的扩大，其内部运作成本也趋于增加，直到变得蜗行牛步为止，这诱使组织将其中一些运营外部化，并重新参与市场交易。格雷戈里·桑普森（Gregory Sampson）这样解释："企业越大、越复杂，管理成本就会越高，当管理新的内部化运营的成本大于在市场上交易的成本时，企业规模的增长就会停止。"[17]

公司治理与内部控制

区块链技术能够通过智能合约来管理和协调组织的某些活动和行为，

从而提高效率。这一技术能影响公司的创建、管理和持续运作，改变现有企业的运营方式，降低运营成本，改善内部控制机制，同时提高这些组织的整体透明度。

智能合约可以用于构建组织，自动化其日常运营，减少人类的参与。通过将各种规则聚集到一组智能合约中，可以在组织内部创建一个具有硬编码①关系的内聚网络（cohesive network），据以确立任何与组织交互或加入组织所必须遵循的标准和程序。目前，企业和公司的治理主要借助法律法规以及书面文件。有了区块链，组织就可以使用代码来执行组织的部分规则和程序。例如，如前所述，可以将公司或其他法律实体的所有者权益代表化或代币化，并借助智能合约来管理诸如分红、分配利润及分担损失等经济权益。分配可以自动进行，无须会计师或其他后台工作人员来管理支付，也不再需要制定所谓的配套规章。代币化的股份就是珍妮·施罗德（Jeanne Schroeder）所说的"密码证券"（cryptosecurity），这类未经监管机构认证的股票，应适用《统一商法典》第 8 条以及州公司法。[18]

如果股份能在区块链上注册，投资者和发行方就能更直接地互动。产权将被包含在防篡改和弹性的数据库中，并且可以自由查看，这减少了与资本构成表（Capitalization Table）②的管理相关的问题。一旦股票被记录到区块链上，公司的成员在任何时候都可以清楚了解公司的所有股东，智能合约就可以保证，公司不会超出章程授权的数量发行股份。[19]

---

① 硬编码，是指在计算机程序或文本编辑中，将可变变量用一个固定值来代替的方法。用这种方法编译后，如果以后需要更改此变量就非常困难。——译者注

② 资本构成表（Capitalization Table），也称股权结构表（Cap Table），是一份记载公司权属状况的清单，通常用于分析公司创始人、投资者和其他所有者在每一轮投资中的股权比例、权益稀释比例和权益价值比例。——译者注

区块链还可以简化及自动化公司行为，如股东投票。如前所述，区块链可以以防篡改、弹性和不可否认的方式存储记录，这些记录不仅包括政府档案，也包括经数字签名的投票，以及指定第三人担任代理人的证据材料。

诸如董事会选举之类的公司业务，也可以由区块链来管理，不再需要通过纸质邮件或安全电子代理服务。[20] 此外，区块链的透明和不可否认特性，意味着这一技术有助于避免或减少欺诈和计票错误。选票被记录到区块链上后，人们随时可以查看区块链的交易记录，验证谁参加了投票，表决了什么。因此，股东决定将是公开的，不再笼罩在神秘之中，并且，组织的所有成员都可以审查公司的决策是否遵循了必需的程序。

区块链代理投票系统的精确和透明，可以降低选票被计算错误的风险。我们以 2008 年雅虎董事会控制权争夺战为例，经过紧张投票后，雅虎宣布其两名董事获得了约 80% 的股东的批准，这引起了某一持有雅虎 16% 股份的机构投资者的不满。在他的要求下，第三方投票监管机构 Broadridge 重新检查了投票总数，发现有数百万票数被错误计算了。[21] 有了区块链技术，此类错误机会就会大幅减少。事实上，纽卡斯尔大学的研究人员已经证明，私营部门可以用以太坊智能合约来组织自动投票计票系统，无须再通过任何中央机构进行管理。[22]

随着区块链投票系统的成熟，征求股东意见的成本将会大幅降低，这将使股东在公司管理中发挥更重要的作用，其中活跃股东的意见将引导公司发展的方向。[23] 区块链可以使决策过程更加透明、安全和自治，这有助于创建应变能力更高的法律实体。

一些组织已经开始尝试将区块链作为管理日常工作的新工具。例如，Otonomos 是一家通过区块链来提供公司注册服务的网站，整个过程简单到只需要在线填写一份表格即可。[24] 通过 Otonomos 注册的新加坡公司，可以完全通过区块链来管理和运营，完成诸如投票、分红、增资及其他程序事项。[25]

与之类似，BoardRoom 提供的智能合约互联系统，可以用于管理非法人团体、公司及非营利组织的投票和决策。[26] 这些组织借助 BoardRoom 试验新的基于区块链的治理模式，如通过直接参与式投票系统来执行和记录其决策。[27]

除了有助于建立响应能力更高的法律实体之外，智能合约也为改善组织内部控制提供了新路径。许多组织仍在努力实施适当的保障措施，以防止其资产被挪用或滥用。[28] 为降低这类风险，公司和其他大型实体通常会分割组织内不同单元的职权，以确保任何人都无法单方转移资产或支出资金。[29]

借助区块链智能合约，可以减少公司或其他法律实体内部的假公济私和机会主义行为。传统组织通常借助基于自然语言的书面协议运营和管理，区块链组织则不同，它可以由智能合约代码来执行组织的部分治理功能，由代码来详细规范成员之间应如何达成合作。这样，我们就可以创建运作方式更为确定的组织。

同样，借助基于区块链的智能合约，组织可以划分内部职责，规定任何组织业务都必须经过多方明确批准才能开展。[30] 这意味着，区块链的系统刚性充当了额外的问责机制，它所创建的组织规则既不受限于对组织的控制权，也不能被任何内部人篡改、规避，或以其他方式破坏。

因此，借助区块链技术，可以降低各方在达成共识后图谋私利的概率，从而减少法律实体内部股东或成员之间关系的不确定性。这可以增进组织内部的信任，[31] 并因此提高竞争优势，创造更多的财富。[32]

去中心化组织

区块链技术对组织的影响并不局限于对现有公司及其他法律实体的增量改进，也有潜力创建出新的去中心化组织（主要或完全借助区块链技术及智能合约来治理）。区块链上部署的智能合约，可以组合起来创建一个互联系统，其运行规则由组织共同定义，并通过技术强制执行。同时，整个网络以分布式方式执行，而不是运行在任何中央服务器上。

利用区块链技术创建的去中心化组织，其组成人员或单位可以在点对点基础上开展合作协调，或者按需交换价值，从而降低对中心化管理架构的需求。受开源协作模型的启发，借助区块链协议和代码系统，去中心化组织可以将人们链接在一起，专注于达成共同的社会或经济使命。在某种意义上，这些区块链组织可以看作是传统的开源组织的延伸，或者是尤查·本科勒（Yochai Benkler）所说的共享对等生产系统（Commons-Based Peer Production Systems）。[33] 它们的组织架构是"去中心化、协作以及非专有的"，"主要依赖广泛分布且松散联系的个体之间彼此合作，并共享资源及产出，而不是依赖市场信号或管理命令"。[34]

由于去中心化组织的运作主要依靠区块链代币和智能合约，人们可以借此直接或间接地控制组织的资产。这些代币既可以自行购买，也可以由组织分配，并用于换取资本或资源，如数字货币或个人劳务。每个代币都会被赋予特定的权利，如组织的损益分担，访问、管理、转移组织所控制的资源或服务的权利，或者参与组织决策的机会。

去中心化组织的治理层级较少，通常依赖群体共识。个人只要购买或持有去中心化组织的代币，就会自动成为它们的成员。这些组织的成员规则，或者说至少部分成员规则，由底层的智能合约代码定义。这些新组织不依赖董事会或首席执行官，而是主要通过分布式共识来进行管理，比如使用智能合约来汇总代币持有者的投票权或优先权。

借助智能合约，可以根据组织内成员持有的代币类型的不同，动态分配成员的权利。如某一类代币持有者可享有组织提供的产品和服务的访问权，而另一组代币持有者则有权收取组织分配的利润，还有一种代币持有人有权参与具体决策，如雇用新员工、批准预算或启动新项目。

新的数字化组织开始出现。我们在本书第五章中所描述的，部署在以太坊区块链上的 The DAO，就是首批去中心化组织之一。它作为一个去中心化的风险投资基金，致力于成为各类投资者投资区块链创新项目的枢纽。[35] 与其他组织不同的是，The DAO 的创始人在创建这个新实体时，并没有依赖任何正式协议或国家部门认可的批准的章程，而是通过智能合约来定义组织的所有运作流程，大到组织的治理构架，小到接受提案、付款等日常事务。[36]

任何人都可以通过支付数字货币来购买代币从而加入 The DAO，这个区块链组织没有选举首席执行官，也没有将控制权授予董事会。相反，它采取的是财富主导的治理模式，代币持有者按持股比例投票，决定是否应该资助某一区块链项目。[37] 如果某个项目得到 The DAO 代币持有者足够多的投票，智能合约将按程序自动将资金支付给该项目，中间无须任何中介机构参与。[38]

The DAO 是可编程组织治理模型的首个重要尝试。此后，出现了 Digix.io 和 MakerDAO 这样的与 The DAO 类似的区块链组织，它们同样采取基于共识的治理模型。[39]

如果支撑这类组织的智能合约如预期那样，以开源库的模式运作，那么随着时间推移，创建这些新组织的成本和复杂程度将会逐渐降低。随着越来越多的人开始尝试组建这类新的组织形式，就会出现各种各样的专业化（和经审查的）智能合约，会培养出越来越多的去中心化组织，它们可以协调的市场及非市场活动的范围，也会不断扩大。

区块链技术可以降低管理群体活动的交易成本，因此，理论上，去中心化组织可以协调的群体的人数也会越来越多。科斯早就认识到，电话和电报技术的进步，尤其是"管理技术的进步"，[40] 会降低组织在空间上的成本，公司的规模也会因此扩大。目前支配我们经济格局的中心化科层组织，将最终会与这些去中心化组织展开竞争，后者的规模可能会更大；其成员虽然联系松散，但因共同目的而协同工作，并借助智能合约、密码法以及可自由交易的代币来协调运作。

我们以流行的共享出行服务 Uber（优步）为例。在最基本的层面上，Uber 通过中央平台来驱动一个松散的网络，它虽然不雇用任何司机，但可以凭借中央控制来设定市场价格，单方降低司机向乘客收取的车费，甚至可以降低向司机收取的隐性费用。[41] Uber 平台负责连接司机和乘客，维护支付服务和评价系统。对所提供的服务，Uber 每单收取 25% 的佣金，每年可产生数十亿美元的收入。[42]

未来，去中心化组织不需要这类中央平台就可以协调相同的活动。新组织建立在类似以太坊这样的区块链上，借助智能合约来发布和管理出行请求，并使用代币向司机支付费用。智能合约所构建的去中心化应用可以为出行设定市场价格，匹配司机和乘客，处理支付和评价，并定义透明的组织管理规则。

这类新组织可以被设计成自给自足，跨越国境，对全球司机开放。借助智能合约，它可以对每一笔交易收取小额费用，并将其存储在集体管理的以太坊账户中，这些代币的使用和管理则由司机投票决定，比如，用于部署和维护必要的软件。这类组织很少限制成员资格，司机可以随时加入或离开。

与Uber不同的是，这类去中心化组织完全由司机直接拥有和控制，每个司机都有投票权，对底层软件的任何修改都需要进行投票。这样，组织就会以更有利于司机利益的方式运行，不会出现不可预见的收费、新费用或其他对司机不利的政策。

如果去中心化组织能为司机和用户提供更好的服务，必将吸引全球数百万名司机。[43] 实际上，这些由密码法管理的去中心化系统，不再需要位于中央的中介机构，其代码设计立足于参与网络的司机的利益，可以以透明和包容的方式协调司机的活动。因此，像 Uber 这样的中央控制网络，可能会被基于区块链网络的去中心化应用所取代。

分布式治理模式

这些新的组织结构要想得到广泛应用，必须克服各种法律上的挑战，以及结构性的限制。区块链技术可以降低去中心化组织运营和管理的技术成本，但并没有解决与治理相关的社会和政治问题。去中心化组织借助智能合约来管理和协调经济活动，但是基于人的有限理性，其成员参与组织治理的能力是有限度的。即使决策过程可以简化，但在操作层面上达成群体共识，仍存在成本，这最终可能会削弱组织的行动能力。

借助区块链技术，组织的内部结构和运作可以更为透明和民主，但是它的分布式共识则很难通过直接投票来达成，因为这要求成员必须持续关注和参与组织的活动。实际上，对于很多人而言，收集所有必要的信息并做出明智的决策，是一个耗时而又复杂的过程，这将阻却大部分人的进一步参与。由此产生的疑问是，去中心化组织的运作效率是否能与大多数传统科层组织相同或相近。由民主过程引发的社会摩擦，最终可能会阻碍这些组织的发展，削弱其社会和经济效益。

然而，通过直接投票来达成分布式共识，只是去中心化组织所采用的治理模式中的一种。有了区块链，就可以部署旨在减少决策过程摩擦的不同类型的治理机制，例如，被称为"Futarchy"的基于"预测市场"的治理结构，[44] 或者按照信誉分配选票的更为精英化的治理模式。[45] 现在，讨论哪种模式将会成功或失败还为时过早。不过，借助去中心化组织这一试验田，我们可以尝试一些以前几乎不可能大规模实施的新型组织治理模式。

安全问题

安全问题也困扰着去中心化组织。经过九年的运行，比特币网络有效抵御黑客攻击的能力已得以证明。但是，在实际应用中，智能合约代码的安全性仍然存疑。即便区块链网络本身是可靠和安全的，但开发者编写的软件仍有可能存在漏洞，并可能受到恶意攻击。

由于区块链技术最近几年才出现，此领域的开发人员无法再依靠之前专为互联网及其他计算平台开发的开发库和安全标准，他们实际上是在探索一个风险未知的全新编程领域。尽管每个人都可以在互联网上公开查看智能合约的代码，但是有能力审核代码的安全性的人却很少。驱动区块链的密码协议和数学算法一般比较安全，但是部署在其上层的智能合约代码，则很难避免人为错误，甚至包含了可被第三方利用的漏洞。

由于去中心化组织管理或积累着巨额财富（如大量数字货币），管理这些资产的智能合约代码也可能存在被恶意用户利用的漏洞，这必然会越来越吸引潜在攻击者的关注。

　　传统的中心化组织存储了大量个人数据，如银行账户或信用卡信息等，对黑客老手有很强的吸引力，实际上，上述安全风险已经多次发生。[46] 与此类似，短期内，在专业第三方有能力提供正式的智能合约代码安全验证服务之前，去中心化组织也面临着同样的被攻击的风险。

　　此类安全风险已经出现，并直接导致了 The DAO 项目的覆灭。The DAO 在以太坊网络上启动几周后，黑客就利用其代码中的漏洞发起攻击，窃取了 The DAO 的大量资产，价值超过 5500 万美元，直接将这场实验扼杀在摇篮之中。[47] 这次攻击之后，以太坊网络为了找回被攻击者窃取的资金，修改了其区块链底层协议，将这些资金返还给了原代币持有者，这标志着第一次大规模去中心化组织实验的终结。

有限责任的缺失

即使去中心化组织解决了治理和安全问题，它们仍然面临着重大的法律挑战。去中心化组织不被视为法律实体，其成员的资产不独立于组织的债务和责任。

　　长期以来，创建法律实体的主要益处之一，就是无论是股份公司还是有限责任公司，都可以确保组织所有者的个人资产免受债权人的追索。[48] 不过，在默认情况下，去中心化组织并不享有这些好处，因为现有法律体系不承认它们是可以适用有限责任制度的法律实体。

　　例如，在美国以及多数欧洲国家，为谋利目的而组建的去中心化组织被视为"普通合伙"（general partnership），如果组织侵害了第三人利益或无力清偿债务，法律并不免除其成员的责任。[49] 去中心化组织一旦被视为普通合伙，就很难吸引到成员，尤其是那些拥有大量资产的成员。[50] 大型企业、机构投资者和其他受监管的商业实体，因担心其资产承担连带责任风险，可能也不愿意投资或以其他方式支持这些去中心化组织。侯曼·沙巴德（Houman Shabad）认为，为解决这一问题，政府需要立法，"承认去中心化组织是一种合法的商业形式，享有类似于其他公司的权利"。[51] 这就如同美国的许多州最近赋予了公益公司（benefit corporations）类似于普通公司的法律地位。[52]

另一种可能的方案是，至少在美国，去中心化组织可以以系列有限责任公司（Series Limited Liability Corporation, SLLC）的模式运作，通过资产分离架构，将有限责任公司的资产、债务、义务以及责任，分割到相互独立的"系列"中。这一商业结构允许去中心化组织有多个所有权、管理权和经济权利。[53] 借助 SLLC，去中心化组织可以享有有限责任，在系列间共享利润，必要时可以扩大、终止或多元化业务，也可以在系列之间相互转移资产，或授予代币持有者各不相同的管理控制权。[54]

证券法面临的挑战

去中心化组织面临的另一个重大法律挑战是证券法。多数国家严格监管公开发行证券，以保护消费者免受欺诈和市场滥用。例如，在美国，联邦证券法的主要监管手段是信息披露，[55] 除非另有规定，向公众出售证券首先必须经历一个烦琐而昂贵的注册过程，目的是向公众提供详尽的有关投资机会和风险的信息。[56] 发行方必须公开有关文件，详述证券的成本，发行人的业务、财产和最近的历史。[57] 这份文件成本昂贵，耗时费力，有的内容需要第三方提供。[58]

去中心化组织的结构各不相同，如果其所发行的代币被视为对一个联合投资企业（common enterprise）的投资，并预期从该企业的经

营或管理中获取利润，就有可能被美国法律视为证券，应根据 1933
年证券法履行披露义务。[59]

去中心化组织即便具备普通合伙的特征，其所发行的代币仍有可
能被视为证券。由于合伙人通常会积极参与合伙企业的管理，不完全
依赖其他人获利，所以一般认为，合伙权益不具备证券的特征。然而，
这一规则也存在例外，如果代币持有者在组织中没有什么权力，或
者缺乏所从事业务的有关经验或知识（这样他就不能有效行使权力），
或者主要依赖有效控制组织的发起人或管理人的经营管理能力，那么
这类代币就有可能被视为证券。[60]

任何去中心化组织要想在全球范围内合法运作，就必须分析其代
币在所销售国家的证券法下的法律地位。去中心化组织在创建时遵守
当地法律不难，但如果该组织旨在全球运作，特别是其本身的合法性
在有关国家尚不明确，那么使其符合每一个司法辖区的证券法，将昂
贵而耗时。

如前所述，去中心化组织所面临的这些实际困难必将与证券法产
生新冲突。去中心化组织原生于互联网，天生具备全球性、去中心化
和假名特征。而现代证券法的立法者，压根儿不会想到要去规制这些
立足全球、无意仅在特定国家国内运作的组织。

无法管控（Nonregulatability）的去中心化组织

随着去中心化组织实验的增加，政府开始考虑监管这些新组织的创建
者和参与者。事实上，在 The DAO 因黑客攻击损失 5500 万美元后，美
国证监会开始检视区块链技术与证券法的关系，[61] 并最终发布了一份报
告，阐释了为什么 The DAO 所发行的代币必须遵守美国证券法。[62]

然而，政府是否有能力关闭那些去中心化组织，并最终借助法律

手段完全阻止其发展和部署，还存在疑问。借助防篡改、弹性的区块链，去中心化组织能自治执行智能合约代码，可以不依赖于其创始人而持续运作。对组织的推广者或代币持有人采取法律手段，或许可以阻止他们获利，但却很难关闭这些组织。

去中心化组织借助密码法治理，只要人们持续与它互动，并支付交易费用给支撑区块链网络的矿工，这一组织就会持续存在，所部署的智能合约也会自治运行，而不受任何单方控制。

去中心化组织可以借助自治软件，创建出有别于现存法律实体的治理结构，以规避现有法律。事实上，即使有法院指令，传统的执法机制也难以管辖去中心化组织的资产。

再次回到我们之前讨论过的共享出行网络。假设这一组织的智能合约由一群美国程序员创建，并由遍布全球不同司法辖区的代币持有者管理，多年以后，这一组织开始流行，获利颇多；假设该组织在某些特定辖区，如印度或中国台湾地区，被视为非法，并被要求支付赔偿或中止运作。然而，根据智能合约代码，只有多数代币持有者投票同意后，才能支付资金，该组织位于这些国家之外的成员可以投票拒绝授权该组织支付资金，或拒绝承认法院的判决。因此，即使有法院判决，执法当局也很难没收这些组织的资产，或执行法院的禁令。

密码法的独有特性使任何单一国家都很难严格控制去中心化组织的运作，即使其违反了该国的法律。比如，在印度等国家和地区，政府借助法律手段可以监管当地的代币持有者，但如果不加强国际合作，就难以彻底阻止这类组织的非法活动。

这些风险并非纯粹的猜想。非法的去中心化组织已经出现。例如，Daemon自称为去中心化组织，它授权一组匿名股东负责管理暗网市场，并确信这一市场稳定可靠，其成员无须担心退出骗局^①、黑客攻击或政府干预。其创建者宣称，"这一市场架构于区块链之上，完全不受任何政府管制，某一成员无法胜任其工作的，其他匿名股东可以取而代之"。⁶³

当前，去中心化的区块链组织正在互联网的一角潜滋暗长。随着这些组织逐渐被人们所信任和支持，它们或将在更大范围内推动经济和社会发展。假以时日，随着去中心化组织的广泛应用，立法者必须重新审视，当前规范现有法律实体的规则，是否可以适用于这些新的组织形式，应如何寻求监管和规范这一组织的最佳路径。同时，这些新的组织也可以改进现有的法律实体，使它们对股东更加负责，进一步减少欺诈和腐败。

---

① 退出骗局（Exit Scams），也称消失骗局，指旨在通过欺诈来获利的行为。——译者注

第九章

去中心化自治组织

借助区块链，我们可以部署自治执行的算法系统，并借助软件算法控制对资产和资源的访问。去中心化自治组织（Decentralized Autonomous Organization，DAO）代表了自动化的最高级状态，其运行不依靠人类或群体共识，而是完全依赖智能合约、算法及确定性代码。

我们将勾画去中心化自治组织的轮廓，探讨其可能的用益。（此处的去中心化自治组织不同于前文所述的去中心化组织的具体应用"The DAO"，除非另有说明，下文中的 DAO 是指去中心化自治组织。）DAO 由人工智能系统或其他的自治代码系统驱动，由于依赖于密码法，可能会难以管控。

约三十年前,米尔·丹·科恩(Meir Dan-Cohen)提出了自有(self-owning)公司的概念,这个现代公司"禀赋人工智能",可以回购自己的所有已发行股票,从而变成"无主"公司。[1]这一想法在当时听起来可能很牵强,但随着区块链技术的出现,以及人工智能的最新发展,丹·科恩的设想正在逐步变成现实。

经过六十多年的广泛研究,随着计算机处理能力以指数级提高,以及近期网络交互数据的爆炸性增长,越来越多的人相信,人工智能将很快渗透到我们的日常生活中。[2]"弱"人工智能系统(或无意识人工智能)已遍布我们的周边,并有足够的智能执行人们限定的任务。[3]这些算法系统可以协助华尔街交易股票,为人们整理、跟踪、分类互联网上的信息、图像和其他形式的数据,预测天气状况,[4]支持诸如苹果公司的 Siri 和亚马逊的 Alexa 这样的虚拟个人助理,还可以驱动机器人安排会议,定制电子邮件及管理其他日常办公事务。[5]

研究人员对人工智能的研究更为广泛和深入。他们不只想要一个和蚂蚁[6]的智力相当的"弱"人工智能系统,而是想要一个"强"人工智能系统,它"拥有相当水平的自我理解和自主控制能力,能够解决不同环境下的各种复杂问题,甚至可以学习解决它们被创建时还不知道的新问题"。[7]人工智能系统的最终目标是可以像人一样思考和行动,具有推理、演绎和学习的能力。虽然这样的系统尚未开发出来,但研究者和理论家预计,随着计算能力和软件开发的进步,我们将很快能够构建更加智能的人工智能系统。假以时日,研究者甚至渴望创造出有一定意识和感知能力的,甚至是超智能的人工智能系统。[8]

这些愿景无疑是令人兴奋的。然而，人工智能系统的发展往往风险和机遇并存。一方面，它们处理和回应信息的速度越来越超过人类的能力，我们有望借此更多地了解各种点缀世界的复杂系统，[9] 并最终提高健康、医学及科学研究水平。[10] 另一方面，如果人工智能理论家的梦想实现，强大的人工智能系统将有可能脱离人类的控制，[11] 如斯蒂芬·霍金（Stephen Hawking）及其他人所担心的那样，最终将人类带进末日。[12]

去中心化自治组织的界定

随着区块链技术的成熟和发展，可以处理更多的交易，它可以支撑不受人类控制的代码系统，并可以在此基础上构建非许可型的全球数据存储和处理平台。在这一平台上，无论是人还是机器，均可以通过付费使用第三方提供的算力。基于这一技术，区块链可以作为人工智能或算法系统的互操作层，通过由一系列智能合约所组成的去中心化自治组织（DAO），与其他代码系统进行交互和协调。[13]

目前已经有这样的尝试。例如，2016 年 4 月，产业巨头 IBM 宣布，其正实验将人工智能和区块链技术合并成单一聚合原型项目，将区块链作为协调和记录信息的工具，意在创建一种新的自治型的人工智能应用。[14]

DAO 是一种特殊的去中心化组织，其完全由代码组成，无须由人来操作，也不受任何人控制。在中心化组织中，通常会有某个人拥有最终的决策权。DAO 与此不同，它会在区块链之上自主运行。[15]

DAO 没有所谓"所有者"，通常是若干智能合约的集合，借助数字货币账户存放维护和运作所需资金，其操作模式取决于部署在区块链上的代码。只要 DAO 能够支付资金购买区块链网络运作所需要的资源，它就可以持续运行，而无须考虑其创始开发者的意愿。

DAO 根据自治程度的不同，采用不同的架构，实现各不相同的功能。一些 DAO 只专注于诸如彩票、账户托管等特定和确定的任务，而更复杂的 DAO，则在区块链上部署了智能合约层，来从事与人机交互相关的特定服务。

区块链协议及智能合约代码决定了 DAO 的运作模式，它们指示 DAO 如何做出决策，如何从外部世界检索或收集决策所需要的信息，如何控制和分配资产（包括数字货币和代币），以确保其可以不依赖任何第三方而持续运行。这些特征意味着，没有任何人能对 DAO 施压，要求 DAO 必须以特定的方式运行，也没有人可以没收或控制 DAO 的资产，除非支撑 DAO 的区块链协议被破坏，或者这些功能已被整合到区块链协议中。

像所有的组织一样，DAO 的目标是通过收集必要的资源来维持自己的运作。DAO 筹集资金或吸引第三方捐赠最常用的方式，是以数字货币或代币的形式，将内部资本分配给投资者或捐赠者。

组织类型不同，捐赠的形式也多种多样，包括出借 CPU 资源、共享互联网访问、提供存储空间或披露个人数据等。将来，捐赠也可以是贡献劳务或服务，以换取享有特定权利的代币。代币持有者可以使用代币换取货物或服务，或者通过持有代币获得分红。

DAO 的创建方式有多种多样，最直接的方法是将决策功能直接嵌入驱动 DAO 的区块链协议或智能合约中。在这种情况下，智能合约代码中的复杂算法是做出决策的中心，通过处理来自环境的相关信息（可能考虑到组织成员的意见），最终决定如何行动。人们只能间接影响 DAO 的运作，或者输入影响 DAO 决策的信息，但是无法直接控制 DAO 的运行。

尽管 DAO 的结构还不够完善，但它仍然可以将多个代码系统集合起来，形成更大的协调系统。通过将多个旨在完成简单任务的智能合约连接起来，所创建出的 DAO，其功能远大于各个部分的总和。这一模型让人想起存在于自然界的共识主动①过程（stigmergic process），鸟群、鱼群及蚁群均借此完成间接协调。[16] 虽然创建此类 DAO 的难度很大，但仍值得我们去尝试，因为一系列相互独立和自治的小型智能合约所贡献的集体智慧，有助于有意或无意地实现 DAO 的共同目标，并使 DAO 变得更加复杂和更具适应性。[17]

从某种意义上说，比特币就代表了 DAO 的基本基因。尽管比特币网络依赖个体来保护和维持，但是它独立且自给自足，不受任何单一实体的控制。管理网络的规则由比特币协议定义，并由所有愿意支持比特币网络的用户强制执行。为了鼓励人们支持网络，比特币执行特定的激励机制，以区块奖励的形式将比特币分配给所有投资资源，维持网络的人。[18] 基于这一模型，比特币可以通过自行发行其原生的数字货币来实现自我发展，无须依赖任何外部投资者。

随着时间的推移，将会出现更复杂的 DAO。通过交易公众认可的数字资产或向公众提供有偿服务，DAO 就可以维持自身运作。例如，DAO 可以创建彩票、赌博平台及商品服务交易市场，或者管理一个自主汽车车队来向公众提供私人运输服务。

我们可以设想一个类似 Uber 的去中心化出行应用，它借助区块链及相关的智能合约，帮助人们找到愿意将他们送到指定位置的司机。

---

① 共识主动性（Stigmergy），是社会网络中生物个体自治的信息协调机制。在没有中枢控制和接触交流的条件下，群体通过同频共振，达到信息对称。个体独立行动，互相修正，自我更新，逐步完善群体的生态环境。——译者注

这一应用不是由人管理，而是由 DAO 来自行管理，只需支付少量费用即可促成交易，并保持 DAO 的正常运营。DAO 的治理完全依赖算法系统和代码规则，而不是群体共识，所以参与网络的司机无法控制 DAO 的操作，网络上的所有操作，包括司机和乘客的匹配、收取费用等，均由代码来完成。

实际上，这种 DAO 是协调司机和乘客的中心参考点，像 Uber 的司机一样，参与 DAO 为乘客提供服务的司机，类似被 DAO 雇用的雇员或与 DAO 签约的独立承包商。

自治治理的益处

使用算法系统来管理组织，可能听起来像科幻小说。然而，在过去几年中，与人工智能有关的治理实验已经开始。2014 年，中国香港的风险投资公司 Deep Knowledge 任命了一个计算机算法担任董事会成员，协助公司做出投资决策。[19] 这一算法依赖弱人工智能处理有关投资的信息。[20] 作为公司的董事，它得到了投票认可，并将其经营理念贯彻到公司的运作流程中。

阿里巴巴的创始人马云认为，这种实验将会继续下去，未来三十年里，即使是高级管理人员也有可能被人工智能系统所取代，机器人将会是时代杂志封面上的最佳 CEO。[21]

DAO 是这一新兴趋势的代表，代码系统越来越多地被用来管理人类和机器的活动。至于为什么代码系统是更有效的组织人和机器的方式，我们总结了它的一些优点。

首先，DAO 的运作受制预先确定的规则，可以保证人和机器相互协调的确定性，即使它们互不认识或互不信任。正如我们所看到的，智能合约代码可以防止去中心化组织的成员违反操作规则和程序，减少其中的腐败和投机行为，即没有人可以越过基础代码的明确规定，改变 DAO 的运作，除非整个区块链系统已经被破坏或修改。[22] 因此，区块链组织的行为有可能比它们的人类同行更容易预测。

其次，DAO 无须人类参与管理决策，比标准的组织更高效。人的认知能力有限，时间是我们最稀缺的资源之一。[23] 如本书第八章所述，获取足够的信息，并积极有效地参与任何决策过程，都有相应的成本。[24]

有了先进的人工智能算法，代码系统就可以更加高效地参与决策过程。例如，它可以不间断地检查和处理环境信息，同时不间断地调整自己，以适应周边不断变化的环境。算法治理系统可以被设计成追求利润最大化，必要时甚至可以通过改变 DAO 的商业模式来实现这一目的。事实上，只要人工智能系统足够先进，就可以识别环境变化，调整组织目标，以更好地满足用户的需求。

最后，由于没有人类决策的参与，DAO 有助于解决公司治理中的委托代理问题。产生这一问题的原因是，管理者的利益往往与股东的利益不一致，从而导致潜在的利益冲突。[25]

DAO 可以部分解决这些问题，由于它的管理系统依赖智能合约，就可以将智能合约设计成为代表公司股东利益的代理人。即使 DAO 依赖的是一个弱人工智能系统，由于人工智能系统本身没有任何主观能动性，智能合约将总是按照底层代码确定的规则来运作，几无违背预先界定的治理规则运行的可能。

市场失灵

区块链技术建构的由代码控制的自治结构，可以提高组织治理的效率和透明度，同时也会产生一些潜在的危险。

区块链是基于市场的系统，它依赖刚性的计算逻辑来组织经济和社会活动，并可以将市场激励机制和执行智能合约代码的费用有机结合起来，任何基于代码的系统要在区块链网络上运行，就必须遵循这一市场原则。因此，为了生存，DAO 的程序就必须设计得像理性经济人，才能收集或吸引足够多的资源来持续运作。

DAO 要获取这些资源，就需要与市场上人类运作的组织，或者其他区块链组织展开竞争。借助可以自我调整的算法，DAO 可以处理和解读更大范围的信息，创建出竞争激烈的市场，从而最终有利于消费者。例如，如果一个与 DAO 竞争的组织获得了足够多的市场份额，DAO 就会识别出它的运作模式，通过降低价格或修改其产品或服务来反击。DAO 进入市场后，这一市场就会迅速发展，竞争更为激烈，这间接为消费者创造了福利。

与此同时，DAO 可以高效运行，积累更多的财富，最终获得市场支配地位，这会牺牲人类组织的利益。依靠密码法，DAO 可以规避或罔顾现有的法律法规，不择手段，采取诸如价格固定或串谋等非法商业行为。凭借这些竞争优势，DAO 最终可能变成垄断或寡头垄断，并将权力（和财富）集中在冷冰冰的区块链自治组织之手，从而降低市场的整体竞争力，最终损害消费者的利益。

倘若上述设想成为现实，各国政府将很难监管这些基于自治代码的实体。除非底层代码明确规定，否则政府无法直接停止或改变 DAO 的运作方向。只要 DAO 有足够的资源储备维持它的运行，只要区块链底层网络保持运行，DAO 的代码就会持续运行，而不管它是否符合法律。[26] 如果 DAO 超越了传统的人类运作的组织，人类集体在整个社会中将可能处于更糟糕的境地。

法律问题

除了市场风险，DAO 还引发了一系列在现行法律体系中难以解释的法律问题。首先，关于管辖权问题。由于 DAO 不在任何特定的司法管辖范围内运作，政府将面临如何适用本国法律的问题。传统软件程序一般部署在特定国家的特定服务器上，DAO 则不同，它运行在无处不在、遍布全球的区块链节点上。此外，传统组织一般由居住在特定区域的人治理，而 DAO 则由分布式网络的节点来共同维护，并由遍布全球的区块链底层网络支持。

即便政府对 DAO 有管辖权，但是，政府是否一定有管制这一组织的权力，仍存在疑问。一般认为，法律无权赋予不具法律人格者以权利，亦不能科以义务。[27] 与那些设有董事会的标准组织不同，DAO 不需要人来管理，而是完全由代码控制，且仅由一系列智能合约来记录和执行这些代码规则。

例如，如前所述，DAO 通过向捐赠者或投资者发行代币来维持运作，潜在的逻辑是，如果 DAO 发展良好，这些捐赠者或投资者将获得投资回报。这就会与其他去中心化组织面临同样的问题，即这些代币是否可以被视为证券。如果被视为证券，那么 DAO 是否应按照美国证监会或其他国家类似机构的要求，受各种信息披露及信义义务的约束。然而，就 DAO 而言，认定此类代币的法律性质并没有多大意义，因为即使代币被视为证券，这里也没有法律实体来承担它的法律责任。[28]

即使可以对 DAO 科以责任，如何强制执行仍存在疑问。与传统法律中的产权不同，DAO 的资产由区块链网络底层代码界定，其处置只能由智能合约或区块链协议按照预先记录的条件自动执行，其他任何人都无法单方强制 DAO 处置或放弃资产。

因为DAO依赖于密码法，其运作最终需借助底层的区块链网络。因此，只要DAO能收集到充足资金，就会持续运作直到达成其目标，而不会考虑会产生什么社会影响，这是DAO所面临的最重要的法律问题。

DAO被部署后，其中非法或者有缺陷的代码也会按计划运行，而不管它是否违法，或是否与组织的根本目的冲突。它的代码由区块链自动执行，法院或其他第三方也无法强制修改。当然，由于无人能控制其智能合约，即使代码没有按预期运行，也没有人能将它停下来或进行修改。

The DAO（此处指去中心化应用 The DAO）的故事就说明了这一点。它被部署到以太坊区块链上后，仅仅过了几周，代码中就发现了漏洞。由于没有人能控制这个组织，也就没有人能修复它的代码。它只能继续按照原（有缺陷的）智能合约代码运行而无法升级，导致其在几个小时内就损失了超过5000万美元的以太币。[29]

在大多数情况下，这种损失是没法补救的。在传统银行体系中，错误和非法的交易可以被交易机构撤销。智能合约交易却相反，没有人有权在网络确认交易后再撤销交易。不过，考虑到攻击涉及大量资金，以太坊社区经过审慎审议后，修改了以太坊区块链底层协议，追回了被盗资产。

因此，这不等于未来没有希望了。即使DAO有复杂的人工智能系统加持，它们仍然无法完全脱离人类运行，负责编写驱动这些去中心化组织的软件的仍然是人类。因此，我们仍有权控制这些系统的运行模式，包括初始协议、宗旨、目的，以及可以左右组织决策的价值体系。人仍然从根本上控制着区块链网络的运行，仍然控制着互联网的底层通道。除非这些系统被破坏了，或是被人工智能完全控制了，不然我们总有规范它的方法。

第十章

链接万物

区块链不仅能协调人的行为，也能协调设备和机器。区块链可以支持新型物联网应用，这有助于相互连接的设备不借助中介机构，而是在点对点基础上直接进行交互和交易。我们将在本章检视物联网应用密码法的利弊。一方面，借助智能合约，设备制造商可以定义人类如何与设备交互，假以时日，将逐渐改变人与财产之间的关系。另一方面，区块链可以创建由自治软件管理的设备。最终，这些设备将可以自主运作，这可能助长违法犯罪活动。

2016 年 3 月 6 日，一架小型无人驾驶飞机（drone，以下简称"无人机"）闯入了俄罗斯领空，掠过一片雪地。[1] 在其他任何一天，这一事件都是不足为奇的。然而，这架特殊的无人机由一个运行在以太坊区块链上的智能合约所控制，[2] 它在引擎启动并升空后，只能按照智能合约代码预先定义的路径和轨迹飞行，任何人和机构都无法控制。无人机一旦启动，其智能合约代码就无法停止执行，即便它引导无人机飞进某幢大楼，或直接攻击某个人，无人机也会按这一计划执行，直到有人将它直接击落，或者修改区块链上的智能合约代码。

这个无人机飞行的案例只是一个简单的实验，但它能窥见一个迅速崛起的机器互联的世界。据预测，到 2050 年，物联网上链接的设备将超过 200 亿个。[3] 根据摩尔定律（Moore's Law）①，计算机的性能每隔 18 个月会翻一番，计算成本也会持续稳步下降。现在，这样的低成本已能让一系列的产品植入互联网的元素。[4] 有了物联网，我们的家庭、汽车、物理空间和衣服很快就能够无缝连接在一起，[5] 而有形财产将被赋予读取（采集和处理）和写入（发送和存储）信息的能力。

汽车产业已经开始这一进程，自动驾驶汽车（Autonomous cars）能以每小时 70 英里（约 112 千米）的速度行驶数百英里，这完全无须人来驾驶。[6] 借助车载计算机处理的各种信号，这些汽车可以适应各种

---

① 摩尔定律（Moore's Law）英特尔创始人之一戈登·摩尔（Gordon Moore）认为，在价格不变的情况下，集成电路上可容纳的元器件的数目约每隔 18~24 个月会增加一倍，性能也将提升一倍。——译者注

驾驶环境，自行完成超车、变道、换挡及调节车速。[7]

互联（Connectivity）和自治的进程不止于此，具有互联能力的设备将逐步扩展到我们的家庭和生活空间。像锁、恒温器和灯泡这样的家居用品连接到互联网后，将获得新的能力和自主意识。[8] 借助手机传感器，或缝制到衣服中的芯片发出的信号，我们可以打开智能锁。有了之前行为习惯的数据，联网的恒温器就可以自动调节温度。[9] 许多人预测，物联网将很快渗透到从医疗保健到农业的一系列领域，同时也可以改进智能城市的公共服务。[10]

目前，联网设备尽管也可以利用诸如近场通信（Near Field Communication, NFC）、蓝牙或多跳网络（Mesh Network）① 等技术，从相邻的机器或传感器接收信息，但仍然必须与中介机构连接在一起，需要持续不断地通过中心化运营商收发信息，[11] 这最终降低了设备的响应速度和性能，增加了运行成本。[12]

中心化运营商也是联网设备之间进行通信及从事经济交易的障碍。目前，这些联网设备之间不存在一个通用平台，而中心化服务商也没有动力去生产彼此可以无缝通信的设备。由于缺乏统一标准，只有来自同一制造商的设备之间可以协同工作，其他则沦为了孤岛。[13] 在缺少一个普遍可访问的技术平台的情况下，数十亿设备只能通过一些孤立的渠道进行通信，这样的结果就是，小部分私人部门掌握了绝大多数设备所产生的数据。[14]

更严重的是，这些中心化运营商所暴露出的风险如果被恶意利用，可能会产生灾难性的后果。[15] 我们很容易想象，假如黑客攻击了一个

---

① 多跳网络（Mesh Network），是一个动态的可以不断扩展的网络架构，网络中的每个节点都可以发送和接收信号，以解决普通无线技术可扩充能力低、传输不够可靠的问题。互联网是多跳网络的典型应用。——译者注

中心化服务提供商，并接管了一个自动驾驶汽车车队，或者控制了数
百万个用于管理人类健康甚或整个城市运作的联网设备，所产生的后
果将何等可怕。[16]

区块链使能的设备

区块链作为一个通用应用层，可以用于执行智能合约程序，安全存储
设备协调所需信息，这有望解决前述问题。[17]有了区块链，不同制造
商之间的设备无须向竞争对手传达敏感信息，就可以直接相互交互、
相互控制。[18]可以想象，随着技术进一步成熟，下一代物联网将由
一个或多个区块链驱动，基于机器与机器交易的新商业模型也会随之
出现。

在互联网的驱动下，建立在开放和去中心化协议（如 TCP/IP 和
HTTP）基础上的新型服务和商业模式，得到了爆发式的发展。与之
类似，区块链驱动的新型应用协议，开始用于管理联网设备，并赋予
设备在点对点基础上进行通信和交易经济价值的能力。虽然不同设备
有不同的设计和功用，但是有了区块链充当共享数据库和价值传递与
处理层之后，它们无须中心化机构就可以彼此直接交互。[19]

例如，IBM 和三星合作创建了一个由区块链驱动的物联网平台概
念验证（proof of concept），称为"A.D.E.P.T."，它能使设备以更加去
中心化、安全及认证的方式，自治执行经济事务。[20]借助以太坊区块链、
智能合约和数字货币，这一平台可以促进多个设备之间的点对点交互。
所有机器均与数字货币账户绑定，通过基于以太坊的智能合约来收发
货款。为了实现这一愿景，三星最近发布了一款基于"A.D.E.P.T."框
架的洗衣机，当洗涤剂用量不足时，洗衣机可以自动通过在线服务订
购（并支付）新的洗涤剂。

这些实验只是一个更大趋势的开始。借助区块链技术，联网的设备可以直接与其他机器进行交易，并可以购买能源、计算能力或其他稀缺资源。由于区块链数字货币很适合进行小额支付，这使下一代联网设备不仅可以共享它自己的功能，而且还可以将它本身变成服务。比如，它可以有偿提供自己的马达、传感器、处理能力以及存储空间给他人。受云计算业务模式的启发，人们开始利用区块链创建专用于设备间微小支付的细分系统，这样设备本身就可以自行在去中心化市场销售自己的特有服务。

短短几年后，即使是郊区家庭，也可能会有数百个联网设备，如联网的空调系统，联网的智能喷水系统，甚至窗户也可以连接互联网。所有这些设备都可以借助区块链来增强功能，参与经济交易。当然，在自动喷淋系统中嵌入室外温度传感器可能是不切实际的，因为系统的大部分部件都位于地下。同样，考虑到成本或设计因素，也不大可能为了处理环境信息，为连接到互联网的窗户配置一个强大的计算机。然而，如果空调配置了测量室内外温度的传感器，那么当前院草坪需要降温时，喷淋系统就可以通过微支付系统，从空调那里购买测温服务。喷淋系统也可以收费为联网的窗户提供风力和湿度数据，这样窗户就可以在风暴来临前自动关闭。

这些早期实验逐渐开始有了面向公众的原型机。例如，Filament 公司[21]开发了一款被称为"Taps"的智能设备，它创建的低功耗多跳网络，可以收集数据和监测资产状态。借助区块链，Taps 可以自动通过智能合约交易传感器数据和其他信息，并收取小额费用。

设备的治理

区块链技术也可以充当设备与人、设备与组织之间交易的基础应用层。借助智能合约，制造商可以将治理规则嵌入设备的结构中。与其他软件一样，智能合约也可以定义设备的基本操作，规定谁在什么条件下可以操作它。智能合约甚至可以定义设备的基本商业策略，例如，设备是否应该利润最大化，是否应该以成本价（甚至低于成本价）提供服务。

这可能会深刻影响日常生活中我们与设备交互的方式。当前，我们经常会购买一些只使用很短时间的商品，[22] 将来，我们可能不再需要拥有它们，而是在需要的时候按次租用。借助区块链技术，日常产品也可以充当新角色，提供新功能。[23] 例如，要打开由区块链驱动的汽车，司机必须通过区块链验证他确实有打开汽车的权限。要拨打智能电话，使用者必须通过区块链验证信用。

为了推动这种新商业模式，基于区块链的租赁市场出现了。例如，德国公司 Slock.It[24] 创建了基于以太坊的智能合约，人们能够借此租用或共享链接到智能锁的任何东西，包括自行车、储物柜或住房。智能锁和以太坊网络上的智能合约捆绑在一起，承租人只需将租金发送到智能锁的以太坊地址，锁就会在几秒钟内打开，租约期满后，锁会重新锁上。

尽管通过与中心化运营商通信的方式也可以实现相同的功能，但是智能合约显然更适合这一工作，因为它所包含的规则可以由区块链底层网络自动执行。通过智能合约，制造商可以定义联网设备的管理规则，并由区块链网络负责执行。这样，这些设备就不再与特定的制造商绑定，即使制造商停止提供支持，或者消费者在二级市场再次卖出设备，智能合约中编码的规则也仍然适用，这就更好地保障了消费者的利益。

机器之间的契约

如果一个设备依赖智能合约或其他软件协议，来记录它与其他设备的交易，这一契约关系就很难由传统合同法来调整。传统合同法通过"要约"（offer）和"承诺"（acceptance）模式[25]来建立有约束力的契约关系。在其发展过程中，法院从未考虑过，有一天设备也可以从事商业交易。然而，随着越来越多的设备借助智能合约获得了交易能力，确定设备是否有权创建具有法律效力的契约关系将变得至关重要。

由设备发起的合同的法律效力，至少在美国是不存在疑问的。如前所述，美国法律早就承认"电子代理人"所达成的协议的效力。E-Sign 法案和 UETA 法案都认可法律拟制（legal fiction），认为电子代理人只不过是人的消极中间人（passive conduit），[26] 并规定，只要电子代理人的行为可归因于确定的当事人，法院就不能仅仅以协议经由电子代理人达成，而否认契约的法律效力。[27] 实际上，由人控制的设备与电话或传真机并没有什么不同，它只不过是一个用特定指令来体现控制方意图的通信工具。

根据前述两项法律，各方可以借助智能合约将设备转变成电子代理人，以从事经济交易。智能合约代码可以体现当事人的意图，也满足有效合同的要件，从这一意义上讲，区块链驱动的设备有权与其他人或机器达成有约束力的交易。此外，由于区块链的透明和可追溯，当事人可以将其"同意"（assent）记录在区块链上，在发生争议时可以将其作为证据。

产权管理系统

鉴于 UETA 和 E-Sign 法案的灵活性，似乎智能合约及其他软件框架会越来越多地被用于管理联网新型商业交易，这至少在美国是可行的。然而，过分依赖区块链技术来管理联网的设备，可能会产生一些意想不到的问题。

几个世纪以来，普通法一直拒绝限制动产（personal property）的所有权，仅在少数情况下强制执行"动产役权"（personal property servitudes），[①28] 其根源在于消费者保护问题。正如美国最高法院在著作权案（*Kirtsaeng v. John Wiley & Sons, Inc.*）中所指出的，动产的自由可转让性（alienability）通常体现在：当消费者重新出售，或以其他方式处置个人物品时，买家可以自由竞买。[29]

然而，这些原则并不适用于软件或其他数字作品，因为借助契约或技术手段，这些虚拟产品可以限制买家能不能查看、以何种方式查看作品的内容。事实上，尽管根据"首次销售"（first sale）原则，版权作品的实体副本持有人有权出售或以其他方式处理该作品，而无须事先获得原权利人许可，[30] 但这一原则不适用于数字版权领域。由于数字作品可以轻易复制，为保障自身权益，版权人可以借助合同条款或数字版权管理机制（Digital Rights Management，DRM），来合法地限制数字内容的使用方式，这些方式往往超出了版权法的范畴。[31]

---

① 地役权一般认为仅适用于不动产，但近年美国法院已开始有条件的适用于动产（personal property）。参见：Thomas W. Merrill & Henry E. Smith, *Optimal Standardiza-tion in the Law of Property: The Numerus Clausus Principle*, 110 YALE L.J. 1, 18 (2000); Molly Shaffer Van Houweling, *Touching and Concerning Copyright: Real Property Reasoning in MDY Industries*, Inc. v. Blizzard Entertainment, Inc., 51 SANTA CLARA L. REV. 1063, 1068 (2011)。——译者注

物联网的扩展必将催生强大的、用于管理和控制实体设备的产权管理系统（Property Rights Management，PRM）。正如 DRM 将版权许可规定嵌入到代码中一样，联网设备也可以嵌入与使用该实物资产相关的特定合同条款。代码可以规定一组管理设备的规则，精确地定义使用标准或限制，这些规则会以严格确定的方式运行，产生代码预定的结果。如果一个人违反了这些规则，代码将执行惩罚，或通过"自毁开关"（kill switch）禁用该设备，关闭操作该设备所必需的逻辑。[32]

与 DRM 系统类似，基于代码的 PRM 系统可以预先定义设备的行为规则，甚至可以规定的比法律更为严格。在这两种例子中，是代码创建了规范个体行为的规则，它通过技术而不是第三方来确保规则得以执行。

PRM 系统实现了乔纳森·齐特林（Jonathan Zittrain）称为"完美执行"（perfect enforcement）的思想，即技术或设备完全按照其创建者的指示行事。[33] 一旦将 PRM 系统与特定设备绑定，即使这些设备已脱离制造商的控制，PRM 系统仍会排除未经底层代码明确许可的行为，优先执行预先定义的规则（我们假设软件很难禁用或修改）。

借助 PRM 系统，制造商可以根据预先设定的外部因素来定制其对设备的控制方式。例如，可以利用设备的联网功能和代码来应对情况的变化。制造商也可以设定仅适用于特定单元的"特定禁令"（specific injunction），禁令的具体内容则取决于设备、用户、时间及其他客观可辨别的事件。[34]

多数情况下，制造商可以将这些禁令用于合法目的。例如，PRM系统可以确保只有授权人员才能以预定的方式使用设备，也可以预防各种可能损坏设备或危害公众的危险行为。然而，在某些情况下，

PRM 控制的设备也可能阻止消费者合法使用他们的财产。代码无法预见到联网设备的所有用途，只要制造商预先定义了设备的使用规则，不管当事人的真实意图如何，这些规则都将由底层技术自动执行，任何预定范围之外的动作都会被简单地拒绝，而不会考虑这些动作本身是否合法。[35]

如果 PRM 系统能利用区块链技术，将比那些由中心化机构执行代码的 PRM 系统更强大。由于智能合约能自治运行，任何第三方都无法请求解除系统所施加的限制。除非在智能合约中特别做出规定，否则只要区块链底层网络持续存在，这些被编码到系统中的规则就会按照密码法持续运行，无论是制造商，还是法院或仲裁庭下达的指令，都无法改变这些规则。

有了区块链技术，制造商将有能力对个人财产的使用施加严格限制，其持久性和自主性将不同于其他中心化控制软件。[36] 事实上，借助智能合约，制造商可以为设备设定"动产役权"，并且通过技术而不是法律来强制执行。由于智能合约可以与设备的硬件交互，它甚至可以禁用或关闭那些试图违反操作规则的设备。

特别值得关注的是，有了 PRM 系统，制造商就可以对联网设备施加技术限制，而无须事先通知买方。与大多数网站的服务条款一样，消费者购买这些互联网设备也必须服从"要么接受，要么别用"（take-it-or-leave-it）条款。因此，制造商有能力基于它们的利益限制设备的使用，这必然产生消费者权益的保护问题。[37] 消费者购买了区块链驱动的设备后可能会别无选择，只能遵守设备所设定的控制规则。消费者即使有合法的理由来修改这些规则，也会被设备的软件代码阻止，除非改变设备的这种自主运作方式。[38]

PRM 系统的广泛应用将可能导致消费者丧失自由使用财产的权

利。[39] 即使这些 PRM 系统偏离或限制了设备的合法用途，消费者也无更多选择，要么按照制造商的预设来使用设备，要么通过耗时费力的法律途径去解除这些约束。因此，除非严格约束这些限制性条款的设定，或者多数消费者反对这种限制，否则制造商没有动机去实施其他规则。[40]

不过，制造商即使已经将 PRM 系统的功用以合理的方式告知了公众，并且配套提供了源代码，消费者也很难理解这些智能合约代码的效力。消费者，尤其是那些缺乏技术背景的人，可能无法理解这些设备的规则和限制，也就无法合理、明智地购买它们。

自由设备（emancipated devices）

展望未来，区块链技术将创建出完全由区块链驱动的、真正的自主设备，这必然与现有法律制度产生冲突。随着物联网及人工智能的快速发展，区块链将可以支持既自治又自给自足的设备。在几十年内，机器将摆脱第三方运营商而独立运行，而联网设备制造商以及任何能修缮现有设备的人，都可以借助智能合约和相关软件，创建出不受中心控制的机器。

今天，这种可能性还只是纯粹的理论探讨。然而，自由设备所面临的挑战却有无限的想象空间。例如，可以设计一台人工智能驱动的自主机器人，作为个人助理为老年人服务，在价格和服务质量上与其他人或（自主或不自主的）机器展开竞争，用自己的数字货币账户收取服务费。并且，机器人可以用收到的钱购买运行所需能源，支付维修费用，并在必要时付费升级其软硬件。

这类机器人也完全可以由一个中心化的公司管理，它的软件由公司设计和执行，并被视为公司的代理，或者被称为机械奴隶。法律可以根据这些机器人的不同特征，定义所有者对其所享有的权利或其他注意事项。

如果这种机器人有了更先进的人工智能，接近或可以通过图灵测试，公众可能会考虑将这类机器人从中心化控制中解放出来。事实上，人类倾向于赋予机器人格，特别是与人类互动的机器和机器人（我们称之为"社交机器人"）。假以时日，会有越来越多的人要求赋予机器人法律权利。[41]

假设这一运动在某一天到来，区块链技术与智能合约的持续发展和日益复杂，将最终促成设备的解放。依靠区块链的自治执行代码，这些机器和设备将按照密码法所确定的代码规则，摆脱制造商和所有者的控制而自治运行。

在前述例子中，机器人的核心操作在理论上可以借助区块链智能合约自动完成。因此，只要相关区块链持续运作，机器人就可以借助智能合约，获取足够收入来支付其维护费用，独立于原制造商持续运作。

如果将来这些设想实现了，区块链就可以作为更加先进的自治机器的中枢，直接运行它们所需的软件，而无须中央运营商。这些机器的内部操作将由密码法来定义和管理，密码法可以借助其弹性、防篡改和自治执行的规则，来规范这些设备的所有活动。所以，这些设备所能获得的自治程度，将远远超过那些中央控制的联网设备。

就区块链网络而言，它比它上面运行的任何单一设备都要强大得多，所以它可以强制执行自治规则，限制这些设备借助人工智能系统合谋修改规则，从而避免它们不合时宜地损害社会利益或破坏区块链网络。此外，由于密码法可以与设备的硬件进行交互，如果某个设备违反了操作规则，智能合约规则就可以将其禁用，并在必要时触发自毁开关。

2015 年，一些艺术家迈出了实现这一理念的第一步，他们将基于区块链的功能模块嵌入复制植物特性的机械结构 Plantoid（仿生植物机器人）中。[42] 与其他类型的自我推销艺术，如卡莱布·拉森（Caleb Larsen）的名为"欺骗屠宰工具"[①]的艺术品，即一个持续反复在 eBay 上出售自己的不透明黑匣子一样，Plantoid 依靠数字货币捐赠来资助自己，并雇人帮助它繁殖。Plantoid 的主体是一个金属花，它的"灵魂"则被嵌入基于以太坊区块链的智能合约中，两者相结合，赋予这个设备以生命，它是自主的（因为无须仰仗或服从它的创造者），自给自足的（因为它可以持续维持自身），最重要的是能够自我繁衍。[43]

Plantoid 的繁殖需要三个步骤：融资、配对以及繁殖。每个 Plantoid 都有自己的比特币钱包。在融资阶段，Plantoid 通过灯光表演、播放音乐或跳舞来吸引人们捐赠比特币。一旦 Plantoid 收集到足够繁殖的资金，它就开始寻找配偶来帮助它繁殖。它会通过以太坊区块链发出一个消息，邀请人们提交新的提案来说明他们是如何构想下一个 Plantoid 的。其后，那些向 Plantoid 捐赠的人，有权通过在比特币区块链上发送微交易，对这些提案进行投票表决，根据其最初发送的资金量计算其投票权重。最受欢迎的提案的代理人收到 Plantoid 支付的比特币后，就会承担（即被雇用）创造一个新的类似植物的自主设备的任务。

---

① 欺骗屠宰工具，是一个在易贝上持续销售自己的实物雕塑，每隔十分钟，它就会通过互联网检查一次自己在易贝上的销售状态，如果拍卖结束或已出售，它会自动创建一个新的拍卖。它被买下后，当前的所有者需要将它发送给新的所有者，新的所有者必须将它插入互联网，然后重复之前的过程。参见：http://caleblarsen.com/a-tool-to-deceive-and-slaughter/。——译者注

自由设备的监管问题

如果区块链技术可以使设备和机器人不受中心化控制，那么这将带来新的监管问题。目前所考虑的监管自治系统或设备的方法，主要源于代理法的概念。监管机构认为，这些软硬件设备只是第三方运营商的工具，后者有能力控制这些设备，避免它们产生物理和经济上的危险。正如联邦贸易委员会消费者保护局前局长大卫·弗拉德克（David Vladeck）所述："人类参与机器决策的事实是如此明显，以至于根本无须重新审视责任规则。任何参与机器开发，并帮助制定决策的人或公司实体，都应对该机器或疏忽或故意所产生的非法行为负责。"[44]

如果由区块链驱动的设备越来越脱离第三方运营商，将会产生新的法律和伦理问题，即自由设备的所有人或制造商是否应该，以及在何种程度上对设备的行为负责。[45]由于这些机器独立于任何中心化控制，如果不被视为"电子代理人"，那么它们达成的商业交易是否仍然有效，以及在什么条件下才有效？如果一个自治设备不是任何第三方的代理人，那么它伤害了人或其他机器时，谁应该承担责任？如果一个设备的行为在很大程度上是不可预测的，它所涉及的犯罪行为，与制造商或运营商编程到设备中的规则并无直接关联，那么谁应该承担责任？

随着"杀手机器人"和其他自治武器系统的部署，类似的问题正浮现出来。根据美国国防部的说法，自治武器"一旦被激活，就可以选择和攻击目标，无须人类进一步操作干预"。[46]实际上，已经有一些组织呼吁禁止自治设备，因为它们可以"自主选择和攻击目标"，这包括2013年4月发起的、得到全球各类组织支持的"阻止杀手机器人"

运动。[47]

假设我们没有禁止这些自治的机器人，法律可能需要承认这些自治设备或机器的法律人格，使它们有能力获得法律上可执行的具体的权利义务。法律学者劳伦斯·索罗姆（Lawrence Solum）早在 1991 年就提出了这一设想，[48] 而到了 2017 年，欧洲议会法律事务委员会也提出了一个新的监管框架，用于监管人工智能机器的权利和责任。在拟议的框架中，自治机器被赋予"电子人格"（electronic personhood），[49] 能以原告或被告的名义参与法律诉讼，就像之前法律赋予公司法律人格一样。[50]

然而，即使自主设备被赋予法律人格，密码法仍会面临一些在中心化管控程度更高的设备上不曾碰到的新问题。例如，如果一个自治设备因合同或侵权被控对第三方承担损害赔偿责任，法庭可能无法强制执行。由于设备基于智能合约自治运作，只有代码可以控制对设备资金的访问，除非"按法院命令付款"这一相关功能被嵌入智能合约代码中，否则没有人有权没收设备的资产。

基于区块链的开放和去中介特性，以及智能合约的自治性，任何人在全球任何地方都可以尝试部署和协调区块链驱动的自治设备。这项技术可以让普通公民创建和部署由智能合约驱动的机器或设备，当然也包括不受任何人工干预的自动武器。智能合约驱动的自治武器更加难以被禁止，因为这些武器一旦部署完毕后，就没有人可以将其停下来。虽然这些风险在当前可能不大明显，但如果区块链技术日益发展，成为广泛应用的基础设施，则自治武器可能将其作为基础计算层，用于支持抵抗运动甚至恐怖袭击。

当涉及物联网时，区块链呈现出相互矛盾的特征。一方面，该技术可以支持新一代机器对机器交互的新应用和协议层，帮助设备协同工作，进行点对点交易。另一方面，过分依赖密码法来管理物理机器或设备，必然会产生新的 PRM 系统，它们会剥夺消费者合理使用财产的权利。在较长时间范围内，区块链技术将会催生不依赖任何中央运营商的自治机器，这些人工智能驱动的自治机器，既有积极的一面，也会滋生危险。

第五部分

去中心化区块链系统的监管

第十一章

监管模式

区块链技术减少了对中介机构的需求，人们可以在点对点基础上参与经济和社会活动，创建和部署自治系统或设备。不过，各国政府仍保留了监管这些技术的权力。

维持区块链网络需要一定数量的中介机构，特别是互联网服务提供商，以及其他在 TCP/IP 协议上支持或管理底层协议的中介机构。区块链最终由人和矿工管理，而他们在很大程度上受经济激励的驱动。区块链还依赖软件开发商和硬件制造商，这些实体在特定管辖范围内运作，是各级政府监管的对象。

在分析如何规范互联网时，劳伦斯·莱斯格阐述了一个通常称为"悲点理论"（pathetic dot theory）的理论，[1] 它描述了如何通过四种不同的机制来控制或影响个体行为：国家的制定法、社会规范、供求规律衍生的市场力量以及塑造物理及数字世界的架构。[2]

政府影响个体行为最为直接和熟悉的方式，是颁布允许或禁止特定行为的法律。[3] 在法律强制实施的威慑下，个体要么选择修正他们的行为，要么面临违法处罚。[4]

不过，政府会以更微妙的方式影响个体行为。它们不仅可以通过法律定义什么可接受，什么不可接受，也可以向个人和组织施加间接压力。例如，国家可以使用税收来规范市场及市场参与者，或逐渐创造新的社会规范。它们可以制定政策来塑造物理或数字世界的体系结构，既有类似在学校附近安装减速带以降低车速这样的细微政策，也有为了增强在线隐私保护而制定信息收集规则这类普惠规则。[5] 在考虑如何影响个体行为时，政府可以选择使用全部或部分政策工具（见图 11.1）。[6]

密码法和区块链技术的出现，给监管机构带来了一系列新挑战。区块链有助于创建去中心、去中介、防篡改、弹性以及有自治潜力的代码系统，它所引发的问题是，莱斯格所述的四种监管力量是否可以，以及以何种方式适用于区块链（见图 11.2）。事实上，考虑到这些系统的自治性，构成监管对象的"悲点"（pathetic dot）似乎正在消失，取而代之的是独立于任何自然人或法人的自治代码系统。因此，乍一看，政府似乎失去了控制区块链网络，以及其所部署的应用程序和服务的能力。

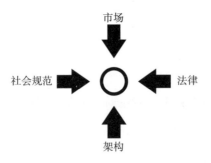

图 11.1　莱斯格的四种监管模式

资料来源：Lawrence Lessig, *Code: Version 2.0* (New York: Basic Books, 2006), 123. (CC BY-SA 2.5).

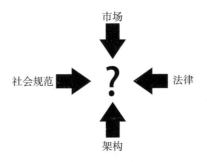

图 11.2　莱斯格的四种监管模式适用于区块链系统

不过，表象具有欺骗性。与互联网一样，法律总是能够适应监管、约束和影响区块链技术的发展。毕竟，区块链只不过是一个去中心化网络，这和互联网并无本质不同。

即使是最自治的系统，也会受制于特定的力量和约束。虽然区块链系统可以被设计为忽略法律，但它们必须依赖为底层区块链网络提供支持的新型中介机构，而这些机构很容易受到监管。此外，这些系统必须依赖代码（或体系结构），它们的运作方式最终取决于市场力量，并受制于社会规范。法律可以通过影响这三种力量来监管区块链技术。

监管终端用户

政府监管区块链应用最直接的方式，是制定和实施直接面向终端用户（End Users）的法律法规。[7] 鉴于大多数区块链网络固有的透明性和假名特性，参与区块链交易的各方很难摆脱来自政府的压力。事实上，借助复杂的数据挖掘和大数据分析技术，政府可以鉴别出利用区块链技术从事可疑或非法行为的人。

正如我们所看到的，可以借助去匿名化（deanonymization）技术来标记区块链记录中的交易关系，并将其与相关的数据结合起来，这样就可以解开区块链交易者的身份。[8] 随着数据收集的越来越多，以及数据挖掘技术的日益改进，区块链上的金融交易及其他活动也越来越难以保密。[9]

尽管监管终端用户在实践中是可行的，但却繁重且耗时。与我们在网络版权侵权场景中已经认识到的一样，终端用户难以定位，对其采取法律行动不易，因此这不是一个完美的解决方案。[10] 而且，由于区块链技术严重依赖加密及其他数据保护技术，对终端用户进行监管所面临的挑战很可能会更为艰巨。

如果换另一种方式，政府不仅会追究终端用户使用区块链系统的直接责任，还可以追究其与不受欢迎的区块链应用进行交互而间接产生的责任。换言之，用户使用区块链应用并支付费用，就是为该服务的持续运作提供了条件，那么就应对此承担责任。因此，如果终端用户为某一平台上的非法活动提供了帮助，那么追究他的直接或间接法律责任就是合理的。[11] 例如，用户与非法的区块链赌博平台进行交易，不仅受益于（至少主观地）与平台的交互，而且还通过向矿工支付费用来维持平台运作，从而导致非法服务对他人也可用。间接责任风险的威慑作用更强，知道你可能会被抓住是一回事，知道如果你被抓住了，可能会对他人的行为负责，就是另一回事了。

然而，在某些情况下，人们并不了解一个具体的区块链系统可能会带来的损害，这就可能产生因果关系（causation）问题。要求个人对其无法预料或预见到的行为承担责任，是不正义的。因此，政府在制定要求区块链系统的支持者承担责任的法规时，应规定个人交易和非法行为（或他人的非法行为）之间必须有充分的因果关系，从而确保非法活动确实是可预见的。

政府即使选择不直接监管终端用户，仍然可以制定法律来监管与区块链进行交互的中介机构，要求他们协助监管这些去中心化网络。通过这一方法，政府可以控制和间接监管区块链技术，以阻止其被用于非法的或其他不受欢迎的行为。

监管传输层

一直以来，互联网的各级传输层都被视为应受监管的对象。政府可以将 ISP 作为一种监管工具，或者如乔纳森·齐特林所述，将 ISP 作为"监管互联网秩序的关键工具"，要求它们监控和选择性地忽略通过特定地址收发的信息。[12] 尽管互联网完全是分布式的，但 ISP 往往位于特定管辖范围内，易于识别（并因此可监管），因此，可以要求它们协助政府，规范公民如何与互联网互动。

迄今为止，美国一直不愿意制定和实施要求 ISP 监控在线活动的法规，其他一些国家则施加强力，要求 ISP 过滤信息，去除互联网上的政治敏感信息或色情材料。[13]

区块链网络完全依赖互联网连接，并在 TCP/IP 协议之上运行。TCP/IP 协议负责中继支持区块链网络的节点之间的信息，并帮助节点达成共识，以确定它们是否应该将新数据或代码记录到共享数据库中。

因此，ISP 作为关键监管工具，同样可以管理和控制这些日益自治的新型去中心化系统。[14] 区块链固有的透明性，意味着 ISP 可以识别出哪些计算机连接到区块链网络（通过它们的 IP 地址或主机名），在某些情况下，甚至可以分辨出记录到区块链的数据。[15] 随着区块链技术的普及，各国政府可能会要求其境内的 ISP 必须阻止来自或发往特定区块链的数据，或者在更小的粒度上，对特定区块链应用内的具体交易，区分其不同来源或目的，分别进行识别和拦截。[16]

区块链应用的用户可以使用加密和匿名技术来掩饰其身份，以防止 ISP 检查数据，但是，比特币和以太坊网络的流量数据目前仍然未加密。此外，这些用户也可以通过使用洋葱（Tor）浏览器来隐藏或模糊浏览活动，不过目前仅有一小部分人会采取这种措施。[17]

因此，对 ISP 的监管将显著影响区块链网络或应用的流量数据，从而限制了某些区块链服务的公共可用性，也限制了这些系统的收费用户基数。

监管信息中介机构

除了传输层之外，政府还可以监管搜索引擎和社交网络这样的信息中介机构，要求它们勿将不受欢迎或非法的区块链应用编入索引，或者不得分发包含了这些应用的链接。所有区块链网络都需要第三方（将来可能是机器）支持以便支付矿工处理交易及维护网络的费用。尽管这些在线应用可以通过口碑传播，但它们获得用户的主要途径要么是通过主流搜索引擎，要么是通过朋友、家庭及他人在社交网络上的推荐。[18]

因此，这些信息中介机构能阻止人们找到区块链应用，并限制这种技术的传播。[19] 事实上，这一策略已越来越多地用于控制非法或令人讨厌的在线活动及内容。例如，欧盟最近开始监管信息中介机构，通过所谓的"被遗忘权"来保护隐私权。在私营部门，美国电影协会（the Motion Picture Association of America，MPAA）据称曾试图迫使谷歌过滤和删除指向受版权保护材料的链接，并游说国会立法授权其成员通过申请法院禁令来制止网络侵权。[20] 大型信息中介公司，如 Facebook 和 Twitter 经常会屈服于外部压力，删除那些被认为可能诱发或煽动"辱骂或可恶行为"，或者被认为是"虚假新闻"的内容。[21]

与此类似，如果政府认为区块链网络或应用太过危险或邪恶，它们可以通过法律或法规，要求信息中介机构下架区块链服务，这样人们就很难找到或访问这些系统。

监管区块链中介机构

建立在区块链之上的新业务和服务正在涌现，并且规模变得越来越大，已经到了政府有方法监管的程度。互联网首次进入公众视野时，人们一再声称，这个全球网络将导致普遍的去中介化，所有中间商都会消失。[22] 然而，随着互联网得到广泛应用，很明显，虽然互联网消除了对一些中间商的需求，但它也催生了新的中介机构，而它们都是可以被监管的。[23]

类似的发展模式正在区块链应用领域展开，因为建立在这些技术之上的新企业变成了新的中介机构。[24] 并不是所有基于区块链的服务都是自治的。有些服务只从区块链读取信息，而另外一些服务只是部分地借助区块链来进行操作。例如，有了风险投资背书的大公司提供的"钱包"服务，人们更容易创建像比特币或以太币这样的数字货币账户，并进行交易。[25] 中心化交易所也在发展，人们可以通过这些交易所将数字货币转换成美元、欧元或其他法定货币。[26]

起初，对这些服务是否应受到现行金融法律法规的约束，还存在争议。2013 年年中，美国政府提供了初步的答案，发布了监管指南，并告知数字货币交易所，如果没有获得必要的许可证以及实施反洗钱合规程序，在美国的运作就是不合法的。[27] 各州纷纷仿效，如纽约州通过了专门的技术监管条例，来监管那些控制或负责传输数字货币的人。如今，数字货币的交换和存储越来越类似于其他货币和价值储藏手段。目前，美国境内的此类服务，大多必须遵守反洗钱和货币转移相关法律。[28]

随着新中介机构发展扩大到多个司法管辖区，政府可以施加压力，要求这些新的控制点遵守当地的法律和法规。基于区块链建立并控制着区块链网络访问权的中心化运营商，将不得不遵守范围更广的法律，如有义务管理不良行为，必须按照要求拒绝处理某些交易等。

监管矿工和交易处理者

矿工和交易处理者不仅仅是区块链网络的参与者，他们也是这一网络的支持者。区块链只有依靠矿工或其他交易处理者才能完成转移数字货币、存储数据及执行智能合约等操作，而矿工在这一过程中可以得到区块奖励和交易费。

区块链网络中，修补或修改区块链底层协议的新软件是否被采用，矿工有最后的决定权。这样一来，矿工就可以重写共享数据库的交易记录，或者采取额外控制措施来决定信息存储、处理和记录的方式。

例如，基于工作量证明这一共识机制，支持比特币网络的（以算力计）大多数矿工，可以协议改变比特币的协议规则，或忽略与特定比特币账户相关的任何交易。[29]

过去的几年里，像比特币、以太坊这样的主流区块链网络，挖矿活动已经持续集中到了大型的中心化矿池，[30] 这些矿池将大量机器的计算资源聚集到一起，以提高获得区块奖励的概率。如今，矿池的中心化程度是惊人的，四个矿池共同控制了比特币网络超过 50% 的算力，而两个矿池联合控制了以太坊网络超过 50% 的算力。[31] 这些矿池可以一起工作，也可以合谋"分叉"某个区块链。

通过监管矿工和矿池，政府可以影响区块链系统的运作，驯服这些新型去中心化系统的一些看似不可控的特性。如果区块链网络或应用未能遵守法律，政府可以强制要求矿池更改相关协议，甚至对区块链应用、组织、人员或设备采取限制措施。另外，政府可以为矿工设定具体的激励措施，如果他们遵守法律，只处理合法的智能合约，就可以受诸如责任限制或安全港的保护。政府也可以阻止矿工支持非法应用，只要他们处理了与非法的区块链系统或设备相关的交易，就会被征税或受到惩罚。

然而，监管矿工和矿池并不容易。如果只是少数国家监管矿工的活动，基于区块链的全球性和去中心化，这些监管的效果就很有限。改变区块链的底层协议和运作，需要网络达成共识，但是，如果有足够多数量的矿工或矿池驻留在不受这些监管措施影响的国家，那么区块链网络就会按照多数算力的意愿，要么分叉，要么继续运行，就像这些监管根本不存在一样。

同样需要关注的是，矿工可能无法区分区块链网络的有效和无效使用，特别是这些网络同时涉及合法活动和非法活动的时候。ISP 在某种程度上可以使用类似深度报文检测这样的技术监视互联网上的流量，而与 ISP 不同，对于流经区块链网络的交易是合法的还是非法的，矿工并没有识别能力。矿工可以鉴别交易在密码学层面或技术层面是否有效，但如果没有额外的背景信息，他们也无法理解这些交易的目的，更遑论去判断这些交易是否合法。

监管代码和架构

政府也可以监管开发区块链协议和智能合约的人。长期以来，代码被认为是执行法律规则的有力工具。像互联网这样的技术系统，它们天然缺乏与物理空间相关的自然属性，所以只能以代码的形式来建立用户能做和不能做的边界。[32]

区块链借助代码来定义它们的操作，所以政府可以规范开发人员创建区块链应用和智能合约的具体方式，并因此影响这些系统的使用和发展。例如，可以制定新的法律，要求软件开发者必须将特定功能（如政府后门）直接写入到区块链的底层协议中，这样政府就可以以违反法律规定为由，禁用自治智能合约，或中止区块链应用。

另外，监管者可以对开发者科以责任，要求他们严格依法创建和部署自治区块链系统；也可以建立激励机制，迫使开发者谨慎操作，以降低损害风险。政府也可以像监管药品、飞机这样的潜在危险品一样，实行许可型的或指挥控制型的监管体系，要求人们在部署智能合约或新区块链前必须履行审批手续。在这种情况下，中央机构可以仔细地审查新区块链技术的可能用益，并明确决定是否允许公众与它交互。

作为这一方法的一部分，如果开发者或公司故意开发协助或怂恿非法活动的软件，监管者甚至可以起诉他们。代码的开发不能免于监管。事实上，1999 年，当"梅丽莎病毒"（Melissa Virus）从一个色情新闻组迅速散播到超过 120 万台电脑上[33]并造成广泛的损害时，法庭和检察官并没有袖手旁观。相反，病毒创造者面临刑事指控，并被关进了监狱。[34]

然而，政府监管软件开发者的权力并不是无限的，它受限于区块链的去中介和假名性质，也受限于美国宪法第一修正案的保护。在某些情况下，软件在第一修正案中被认为是应获得保护的，但这种保护有局限性。

如果认为代码过于危险或明显违法，法院就会毫不犹豫地拒绝第一修正案抗辩。例如，在美国诉门德尔松案（*United States v. Mendelsohn*）中，第九巡回法庭认为，软件开发者协助记录和分析体育博彩，构成非法使用"赌博用具"罪，因为软件除了被用于非法赌博，并无其他目的。[35]

政府监管区块链开发人员时会注意到，有的代码可能受到宪法第一修正案的保护，而其他代码却可能不受保护。例如，去中心化电子商务市场一般用于交易日常生活用品，但也可能交易非法产品、毒品或枪支，由于它同时包含了合法和非法的行为，可能会受到第一修正案的保护（假设代码可以被视为言论）。相反，从事二元期权交易的去中心化预测市场和交易所，则很可能被视为违反了类似商品交易法这样的现行法律，开发者可能要承担责任。

除了与第一修正案有关的问题外，还涉及跨国性问题。区块链在全球范围内运作，政府显然无法在整个网络上强制执行国内法规。在当前在线服务中，中心化运营商可以单方面在代码中写入新的功能或限制，区块链网络则相反，控制它的代码通过分布式共识机制，以去中心化的方式运行，对智能合约或区块链协议的任何更改，都需要获得大多数区块链网络的支持。

即使政府可以要求区块链开发者将特定的功能引入到代码中，也不能强迫其管辖范围外的用户或其他私人应用这些功能。如果政府施加的限制过于苛刻、低效或不公平，支持区块链网络的矿工可能会拒绝这些规则，拒绝安装包含这些规则的软件，或拒绝处理需经这些法律许可的交易或智能合约代码。

更加复杂的地方在于，政府要想对软件开发者施加限制或责任，必须有能力识别区块链应用及智能合约的创建者。考虑到区块链的假名性质，这一任务虽然可行，但经常很有挑战性。政府识别相关主体的一种方法是，它要求所有区块链应用及相关智能合约的创建者，必须将他们自己以及作品注册到一个可搜索的数据库中，这一数据库将作为现有区块链应用的可追溯存储库。如果其中的一个应用因代码缺陷或操作失误而对第三方造成损害，相关方就可以识别出创建者，采取必要的措施弥补损害或采取法律行动。

这一方法在事实上是有局限性的，如果开发者位于不同的司法辖区，且拒绝在该数据库上注册他们的软件，那么政府可以采取的措施就极其有限了。此外，如中本聪所述，即使软件开发者位于受监管的司法辖区，他们也可以借助匿名技术来部署区块链应用，这样就没有人可以追溯到他们的真实身份。

监管硬件制造商

同样，政府也有权监管硬件制造商（如英特尔或三星），授权他们采取特定措施，来追踪那些被用于非法活动的区块链应用、智能合约或设备，或要求硬件制造商禁用它们。考虑到制造商主要通过传统的贸易渠道经营，且政府在很大程度上控制了境内的货物流动，因此政府可以同时要求制造商和经销商遵守规章制度。例如，在美国，制造商必须遵守安全、健康、国土安全及环境方面的法规。[36] 同样，出口商必须遵守出口管制，计划制造药品或其他医疗器械的人在向公众销售前必须完成烦琐的监管审批程序。

通过监管制造商，政府可以控制或禁用区块链设备，如果智能合约出错，或自治系统从事了非法活动，政府甚至可以关闭整个区块链网络。政府可以管制制成品，控制或批准销售矿工用于支持区块链网络的芯片或其他硬件。它们可以限制设备的功能类型，要求制造商只能将经批准的特定功能编码到管理区块链设备的智能合约中，或者要求这些设备必须包含后门或"自毁开关"。就像软件开发人员一样，政府可以要求制造商对区块链设备造成的任何损坏承担严格责任，也可以要求他们在出售这类设备前，必须获得政府批准。

然而，如过去所示，任何在软件及硬件设备上引入技术后门或其他访问控制的尝试，都存在让技术变得更弱的风险。[37] 例如，20 世纪90 年代，美国政府要求所有加密设备制造商都必须集成美国国家安全局设计的"审查芯片"（Clipper Chip），借助这一芯片，政府当局可以对存储在设备上的材料进行解密。然而，芯片随后即被发现存在安全漏洞，人们甚至能以预设之外的方式滥用它的功能。[38]

如果将类似的访问控制机制引入到区块链设备中，那么区块链技术所带来的益处，从一开始就会被减少。事实上，这不仅削弱了区块链的显著技术特征，如自治、防篡改以及弹性等，而且使该技术更容易被政府和非政府机构滥用。

监管区块链市场

作为前述讨论的监管方法的替代，政府也可以通过市场干预来影响人们如何支持、使用或部署区块链应用。所有现有区块链网络都是基于经济利益建立，为了完成一笔交易，各方必须向矿工支付交易费用，来验证交易信息，并将其追加到区块链上，或者用来运行智能合约的计算逻辑。虽然这些费用对单个交易（如交易以太币）而言通常是微不足道的，但对包含了大量逻辑步骤的智能合约而言，费用就很明显了。[39]

这意味着，对一个运行在区块链上的自治系统而言，相关智能合约必须收到足够的数字货币，才能覆盖其运行成本。由于费用已被固化到区块链的技术结构中，区块链中的每次交互本质上都是一种经济交易，参与区块链网络的各方就是经济活动参与者。因此，区块链的操作成本将直接影响包括矿工、部署智能合约的软件开发商和终端用户在内的网络参与者的行为。[40]

这些特点表明，监管区块链与监管传统市场十分类似。政府可以通过影响商品或服务的价格，来劝阻或鼓励某些行为，如对香烟征税，或向某些产品的生产者提供补贴。同样，改变区块链网络的市场动态（market dynamics），也会影响依赖这一共享网络的所有人的行为。

通过调节存储数据或执行智能合约的成本，政府可以影响区块链网络参与者之间如何交互，并可能增加运行和部署智能合约代码的成本。据此，政府可以利用区块链网络的市场动态，来激励这些系统遵纪守法，使它们相信只有遵纪守法才有利可图。

这一以市场为基础的监管方法要想起作用，各国政府就必须改变区块链网络的底层市场动态。有一种方法是政府控制挖矿，目前，这要求政府必须控制区块链网络的大部分挖矿力量（假设该区块链依赖工作量证明共识机制）。政府控制了区块链网络的大多数交易后，就可以变更区块链协议中的经济激励机制和收益结构。同意这些变更的网络参与者将遵守新的协议，而那些不同意这些变更的人就会被岔开（被迫分叉），只能创建更小的、不安全的区块链。因此，只要政府控制了区块链网络的大部分算力，它只需降低合法及经授权的交易的费用，同时提高非法交易的费用，就可以劝阻这一平台上的大多数非法活动。

政府也可以通过控制区块链原生数字货币的二级市场价格，来影响区块链网络上的交易成本。通过购买和保留外汇储备，政府可以提高外国货币相对于本国货币的价值，这样就可以提高其出口竞争力，同时降低从国外进口商品的需求。[41] 虽然政府无法在区块链网络上施行传统的货币政策，如通过向系统注入更多的货币来刺激通货膨胀，但它仍然可以通过买卖区块链原生数字货币来干预公开市场，并最终影响区块链网络上的交易成本。当前，各国政府正是通过这种措施来影响外国货币的汇率，同时确保不增加国内通胀。

这一方法同样可以被用于监管区块链数字货币，通过买入和维持数字货币储备，政府可以提高其市场价格，从而增加存储数据、执行交易以及部署和执行智能合约的成本，这将进一步影响网络参与者交互的程度，从而影响网络本身的市场动态。

虽然这一方法主要针对的是区块链的总体使用，但政府可以使用这种方法，来对矿工或其他支持网络的各方施压，以改变区块链的底层协议。例如，如果政府想要禁止或限制利用比特币被用于非法活动，它就可以威胁增加比特币的交易成本，并迫使网络协议进行必要的改变。

事实上，如果矿工或其他中介机构认识到，政府有权改变与区块链系统的创建或部署有关的收益结构，那么政府干预威胁的预期本身就会产生强大的威慑效果，可能最终决定区块链协议的演进方向，并劝阻个人从事非法活动。

通过社会规范监管

然而，前文提出的基于法律的监管手段，并不是监管区块链的唯一路径。政府可以推动建立基于区块链社区的社会规范，并以此维持区块链的秩序。[42] 区块链最终必须由人来支持，所以社会规范也有可能成为一个强有力的监管工具。

区块链依赖分布式共识来运作，因此矿工及其他支持这一去中心化数据结构的人，有权通过共识来确保法律或社区规则的适用。从这一意义上讲，矿工和其他交易商充当了法官的角色，他们有权实施区块链网络的规则或价值。如果网络节点多到可以达成一致，他们就可以采取行动制止非法活动。这些参与者可以共同决定干预，可以对协议进行必要的修改，可以审查或回滚特定交易，也可以解除自治代码，以此来补救非法活动造成的损害。

我们已经看到，不同的区块链网络出现了不同的社会规范。比特币社区推崇的观念是"不变性（immutability）"，它渴望比特币区块链永不改变。尼克·萨博指出，"借助技术专家的去中心化决策，以及强有力的不变性信念，比特币保持了它的完整性"。[43] 然而，尽管有着共同的文化规范，比特币网络在达成共识方面仍然遇到了困难，特别是对比特币协议是否以及应如何发展，以适应越来越多的交易这一问题，比特币社区曾进行了长期且持久的"可扩展性辩论"（scalability debate）。[44]

隐私和匿名则是其他区块链网络（如门罗币和零币）的驱动力。如前所述，这两种数字货币借助隐蔽地址、环签名和零知识证明等技术，形成了强大的隐私保护机制。[45]

以太坊采用了一种更为实用的方法，它的目的是为去中心化区块链应用的创建提供灵活的工具。以太坊社区已经对以太坊协议进行了多次修改，通过分叉引入了额外的功能。这与比特币网络形成鲜明对比，比特币网络协议只在极少数情况，如修复漏洞或解决可扩展性问题时，才会发生改变。[46]

但是以太坊与其他区块链网络的区别在于，以太坊社区之所以修改区块链底层协议，不仅是因为技术原因，而且是为了"监管"网络上的活动，并将社会规范作为直接的干预手段。

这种干预是在 The DAO（此处指去中心化区块链应用）被攻击的背景下进行的。如前所述，The DAO 是基于区块链的去中心化投资基金，它没有中央运营商，而是由部署在以太坊区块链上的自治智能合约来管理。由于 The DAO 只能由密码法控制，所以 The DAO 的成员没有追索权，在攻击者利用底层智能合约代码中的漏洞窃取资金后，他们无法追回资金。要纠正这一危害，需要以太坊社区作为一个整体来协调行动，以修改以太坊区块链的协议和状态。[47]

协调这一行动从技术角度看似乎很简单，就像安装一个新软件应用一样，但在现实中并不容易做到。改变以太坊区块链的状态，需要由大多数矿工与更广泛的以太坊社区（如数字货币交易所和大型商业运营商等）达成一致协议。

尽管盗窃已经发生了，但以太坊社区仍花了一个月的时间，才提出是否以及如何补救损害的提案。最后，以太坊社区的主要参与者决定，通过分叉以太坊区块链来更改协议。所有赞成分叉的人同意将资金回转至 The DAO 账户，在将原来的智能合约代码更换为一个简单的提取合约后，他们收回了原来投资到基金中的以太币。以太坊社区的这一行为，表明它愿意通过干预来补救它所认为的损害。[48]

正如 The DAO 事件所显示的，社会规范在区块链网络监管中可以起到关键作用。政府可以参与影响这些网络社区的社会规范，以达到间接监管网络运行的目的。

例如，为了塑造社会规范，政府可以提供有关这些新兴技术的利弊的信息，这样人们就能够做出更明智的决策，来决定是否与特定区块链系统进行交易。他们还可以采取强制行动，或禁止特定的行为，或说服人们应以某种方式行事。更直接的方法是，政府作为矿工积极参与区块链网络，并掌握网络治理的发言权。他们可以创建正式的工作组，或其他非政府的国际机构，来影响这项技术的发展。[49]

监管方式的平衡

不管采用哪种策略，所有这些监管方法都面临平衡问题。首先，政府无论监管像 ISP 这样的传统互联网中介机构，还是监管支持区块链网络这样的新中介机构，这两种方法都面临抑制创新的风险，并且可能错失区块链带来的一些新机会。[50]

长期以来，互联网学者及技术专家一直认为，政府所采取的任何监管网络环境的方式都不应该与"端到端原则"（end-to-end principle）相冲突。[51] 根据这一原则，网络应该尽可能简单和通用，从而使"智能"尽可能留在网络的"边缘"。网络运营商只应该通过网络"通道"来路由信息包，不应对信息包进行优先排序。[52]

端到端原则主要适用于技术领域，但正如劳伦斯·莱斯格和马克·莱姆利（Mark Lemley）所述，这一原则的重要特征是，"通过让更多的各式应用程序连接和使用网络，来扩大竞争视野"。[53] 事实上，许多学者认为，端到端原则是互联网可以超常规发展的关键原因之一，[54] 如果互联网以一种更加中心化的方式部署其原始构架，并有一个中央机构作为网络中心，其实验和创新就不可能达到目前的程度。[55] 有了互联网所创造的"免许可创新"（permissionless innovation）环境，任何人都可以自由开展新的服务或商业应用，而不受小部分守门人的控制或过度影响。

大多数区块链网络符合端到端原则。[56] 区块链的核心是中性的数据和计算层，它们不考虑所存储的数据类型，或所运行的应用程序的目的。在技术层面，提交给区块链网络的所有交易都会被平等处理，只要它们遵守底层协议规则，就都会被验证。在处理区块链网络上的交易时，矿工只要确认这些交易符合协议规则，就会将其验证为有效交易，而不会冒经济损失的风险去随意审查交易是否合法。[57]

在监管区块链时，政府可以选择遵循端到端原则，也可以采取更为严格的监管制度，要求矿工或其他参与区块链网络的中介机构，在管理网络方面发挥更积极的作用。

有些人认为，区块链网络上的活动的本质特征，决定了它不适合端到端原则。由于区块链交易经常涉及价值转移，这类网络固有的风险确实比仅仅传播媒体或通信的传统互联网所面临的风险更大。如果区块链被用于支持支付系统、金融交易以及保护政府关键档案，端到端原则可能会产生不稳定和风险，会削弱政府保护有价资产和档案的能力。如果政府不希望免许可的创新破坏现有的金融和政府系统，就需要采取更为中心化的控制措施，来确保这些系统正常工作。

相反，那些寻求最大化创新的政府，会在区块链中贯彻端到端原则，并会将这一新原则写入法律，要求矿工必须平等对待所有的区块链交易。随着越来越多的权力集中在少数电信运营商和在线市场手中，人们呼吁施行"网络中立"政策，禁止电信公司和 ISP 按照数据的类型、来源或距离的不同，选择性的路由网络流量。[58] 与此类似，区块链应用也应采取"区块链中立"（blockchain neutrality）政策，要求矿工平等处理交易，不应额外考虑它们的来源或目的。[59]

其次，政府可以选择放任其自由发展，也可以严加监管。他们可以压制区块链网络创新，增加人们创建部署创新（且合法的）应用的难度。在美国，政府已经开始监管代码，以保护某些产业的利益，这些监管措施或为了增强代码的安全性，或为了限制非法或有害物质的传播。[60] 例如，根据《数字千年版权法》，版权人有权部署 DRM 系统，惩罚规避这一系统的行为。[61] 同样，国会已经通过了法律，要求媒体和广播公司部署过滤软件和芯片（V 芯片），用于拦截对儿童有害的电视节目，[62] 不过，这会产生是否适用美国宪法第一修正案的问题。[63] 此外，为了提高航空旅行的安全性，美国联邦航空管理局（The U.S. Federal Aviation Administration，FAA）开始监管与公共安全相关的代码，要求开发人员必须使用经认可的软件工程实践指引，并确保软件能够正常运行。[64]

如果采用类似的方式监管区块链应用，就有可能减缓创新。如果自治区块链系统被用于非法活动，那么只要在更细粒度上控制这一系统的发展，就可以确保它们不产生意料之外的风险，也不会造成伤害。政府可以要求这些应用遵守基本的标准，以确保最终在监管上达到合理的平衡，即既可以保留技术的好处，也可以限制与自治相关的风险。例如，政府可以对某些应用（如金融应用或涉及自治设备的应用）采取高监管标准，而对问题较少的应用采取较低的监管标准，以此来引导区块链应用的类型。

最后，政府也可以依靠其他监管手段，如市场或社会规范，来监管特定的区块链网络或应用。政府可以影响区块链网络的市场动态，破坏其自然平衡，最终永久改变与该网络交互的群体的行为模式。尽管这一监管手段会抑制创新和减缓技术发展，但它确实是一种影响网络行为的手段，并且可以迫使这些区块链网络遵循上文所述的一些政策目标。

然而，如果某一个区块链网络的交易变得过于昂贵或低效，就可能会出现政府干预范围外的替代性区块链。这些新网络可能采用不同的挖矿算法和硬件设备，从而削弱政府监管的效力。

事实上，本书讨论的所有监管方法都不是完美的解决方案。如果个人创建或部署区块链应用或智能合约的目的，就是实施破坏或伤害他人，那么此处概括的策略就不太可能排除所有的非法行为。同样，政府为了控制枪支可能造成的危险，会限制枪支制造商什么能做和什么不能做，通过许可证或其他限制来提高获得枪支的成本，但政府阻止人们非法使用枪支的成效仍十分有限，[65] 非法持枪行为仍然存在。[66]

与之类似，就区块链系统中的软件开发商、硬件制造商、市场参与者及其他中介机构而言，政府跟踪及限制他们行为的能力存在固有的局限。即便是尽最大努力，政府也无法对互联网进行全面审查，无法消除所有犯罪或其他不受欢迎的活动。同样，尽管有各种各样的监管手段，各国政府仍然无法阻止区块链网络上的所有非法活动。

第十二章

代码即法

虽然政府无法全面监管区块链技术，但仍然可以借助区块链，以更有效、更自动化的方式施行法律法规。政府和企业已将互联网和数字技术所提供的机会，逐步整合到它们的日常运作中。同样，无论是政府还是私营部门，均可以利用区块链技术建立它们自己的法律和规则系统，通过自治执行的代码系统来执行和实施。基于区块链的透明和防篡改特性，以及自治执行的智能合约代码，政府既可以利用代码规则去实现特定的政策目标，也可以限制区块链的应用。

有了区块链技术和相应的智能合约，越来越多的法律和合同条款可以被转化为简单而确定的代码规则，并由底层区块链网络自动执行。因此，我们不仅要重点了解如何监管区块链应用，也有必要考察密码法如何被用于监管。

任何法律法规，无论其宗旨为何，都有一个相似的目标：引导行为，鼓励人们以特定的方式行事。[1]法律可以建立一套激励或奖励机制，以确保人们以预期的方式行事，也可以为预期之外的行为设定一个惩罚或制裁机制。[2]无论哪种方式，政府都会直接影响人们的行为方式，要么充当胡萝卜，要么充当大棒。[3]当然，个人最终可以自由选择对其最有利的行为方式。

与法律一样，技术也有类似的影响个人行为的能力。[4]技术所提供的手段，可以带来新型行事方式（如乘飞机出行，通过电话联系等）。而且它还可以决定行事的具体方法，如设定飞机的最高速度或电话线的带宽。

然而，与法律相反，对于可以采取哪种具体的行动，技术并没有给人们留下多少选择的空间。相反，借助严格的规则和技术特征，它可以提供一系列特定的激励和约束，并最终决定与人类的交互方式。[5]

到目前为止，技术被认为是一种仅次于法律的，可以影响人类行为的监管方式。[6]随着互联网和数字技术的出现，代码已经成为一种重要的监管手段。并且，借助代码，公共和私营机构逐渐超出法律的边界，开始在越来越大的范围内规范人的活动。[7]事实上，正如劳伦斯·莱斯格在1999年解释的那样："网络空间将主要由……网络空间来监管"，这意味着，代码最终将成为"网络空间的最高法则（supreme law）"。[8]换句话说，正如查尔斯·克拉克（Charles Clark）所述，"解决机器问题的，只能是机器"。[9]监管代码系统的最佳方法，就是通过代码本身。

　　莱斯格和克拉克的主张尤其适用于区块链领域。事实上，各国政府在执行与区块链自治系统有关的法律时，可以依靠区块链技术本身建立一个新的基于代码的监管框架，以规范人、公司和机器的行为。

　　借助区块链技术和相关的智能合约，法律和合同条款可以转化为简单而确定的基于代码的规则，这些规则将由底层区块链网络自动执行。技术规则将越来越多地承担和法律规则相同的作用和功能。[10]

将法律转换为代码

如前所述，代码可以用于记录法律协议的全部或部分内容。与之类似，政府也可以对法律和法规，特别是那些具有可客观验证的限制或参数的法律和法规进行建模，并将其转换为代码。

　　政府公共部门越来越多地开始使用代码，来整合和实施现有的带有行政性质的法律法规。这些软件程序涵盖的应用十分广泛，从评估人们的福利资格以及公共援助，[11] 到确定哪些父母需要支付儿童抚养费。[12]

　　例如，美国的几个州依靠计算机软件，计算低收入公民是否有资格参加补充营养援助计划，并计算他们所需要的食物券。[13] 美国政府使用数据挖掘和大数据分析来预测评估国家可能遭受的安全威胁，自动将某些人列入禁飞名单，以防范恐怖威胁。[14]

　　政府可以借助这些代码系统，来确保人们遵守法律。通过将法律转换成技术规则，法律条文就可以由底层技术框架自动执行。而代码系统则通过事先阻止违法行为的发生，而不是在违法后将其抓捕，来确保法律得到更大程度的遵守。将这些规则应用于技术系统，就可以减少人们无论是有意还是无意不遵守这些规则的风险，这最终会减少监督和持续执行的需要。

在某些情况下，将法律转换成代码，可以降低这些规则在解释或应用上的不确定性。计算机代码以严格和形式化的语言编写，所以政府可以精确地规定法律适用的方式。与用自然语言编写的法律不同，基于代码的规则几无解释的空间，因此其执行会更加一致和可预测。[15]

有些规则和规范特别适合形式化为代码语言，[16] 尤其是那些包含了明确和清晰的规则的法律，例如，福利及社会保障的发放、食品券、以及有关税务计算和支付义务的法律等。无论这些规则原本有多么复杂，只要它们的条款可以被翻译成一系列条件句（"如果，那么"），或者可以被客观验证，就可以将它们转换成代码。[17]

基于代码的规则，可以很容易地被用于精细地调整特定个体的行为，并根据其当前或过去的行为，来触发不同的条件。随着大数据分析和机器学习技术的逐渐成熟，可以通过分析个人的在线和离线行为为其画像（profile）。[18] 如果这些数据可以被用来通知特定软件或应用程序的操作，就可能催生新一代高度定制的规则或规范，这些规则或规范可以根据个人的需要和特点自动调整。[19]

作为监管技术的区块链技术

与其他软件一样，政府可以借助区块链将法律编译成代码。区块链协议和智能合约可用于表达法律，并将这些法律直接嵌入区块链网络结构中，以确保能自动执行，或事前强制执行。政府可以将法律编译到智能合约中，要求各方与智能合约交互，或者进一步将智能合约整合到自己的信息系统，这样政府就可以自动执行具体的规则或条例，而无须再监管每一笔交易。

借助区块链技术执行法律，在自治和透明方面比传统代码有优势。

由于智能合约代码由底层区块链网络冗余地执行，并且不能被任何一方单方面操控，所以将法律规则转换成智能合约代码，而不是部署在集中式服务器上运行，就意味着没有中心化运营商可以修改这些规则，或阻止它们的执行。在这种情况下，就确保了所有与区块链平台交互的用户，都必须遵守平台规则。

因此，通过使用智能合约，政府可以确保代码系统所体现的法规得到遵守。这将会产生一种新的技术问责制，一种由技术支配、不依赖传统的事后强制执行的问责制。

此外，由于区块链的透明和防篡改特性，任何通过智能合约执行的规则，或已并入到区块链协议中的规则，都可以被记录和存储在以密码学确保安全的分布式数据系统上，并可以借此审计某一特定智能合约账户的活动轨迹。从监管的角度来看，区块链比传统的报告工具更可靠，因为它们不仅是声明性（declarative）的，而且是执行性（performative）的；人们在没有实际执行的情况下，不能宣布已经执行了该项交易。区块链上记录的信息不能由任何一方单方面修改或删除，从这一角度看，可以将区块链作为某一特定交易是否发生的证据。政府将法律要求纳入区块链协议或智能合约后，就可以确定法律在什么时间，以及因为什么原因被适用，无须担心中心化运营商篡改交易日志。[20]

例如，各国政府实施的反洗钱规则，要求金融机构必须跟踪价值流动（包括虚拟货币），报告可疑活动，以杜绝洗钱、逃税和恐怖融资。[21] 借助区块链，法律可以要求受监管的中介机构，如虚拟货币交易所，执行特定智能合约，或与该智能合约交互，以控制这些中介机构的交易流程，并确保其交易符合严格的底层代码逻辑。比如，可以用区块链来验证是否允许某个人转移虚拟货币，而智能合约可以根据区块链中检索到的信息，来限制此人在特定时间可以合法转让的虚拟货币的数量。

这同样适用于衍生品智能合约。多德－弗兰克法案（the Dodd-Frank Act）第七章修改了美国商品交易法的有关规定，引入了新的报告规则，增加了未清算衍生品的保证金要求。因此，受这些规则影响的机构，其合规成本很高。[22] 但是，有了区块链，就可以直接将保证金要求编码到智能合约中，由智能合约来管理交易对手之间的合约关系，并可以确保每个合约都满足保证金要求。如果因为利率飙升，或某一方信用评级下降等外部事件而导致交易风险增加，智能合约就可以自动增加相应交易账户中的抵押品数量，以确保该笔交易符合法律的要求。与货币交易法一样，区块链技术可以显著降低抵押担保和保证金要求的合规监管成本；这样，监管者就可以确信，当事人无法借助智能合约订立有额外违约风险的合同。[23]

税收也可以通过区块链技术来简化。有了自动化智能合约，人、组织甚至机器都可以利用区块链技术来纳税。例如，借助专门的智能合约，只要当事人通过特定区块链账户收到或支付资金，或者只要当事人与特定智能合约交互，税务部门就可以在交易完成后，立即自动计算和收缴增值税或个人所得税，而无须再定期收缴。这一系统不仅可以免除定期纳税申报，也可以减少个人及公司逃税，或从事其他税务欺诈的机会。与此类似，在物联网上部署智能合约后，只要这些设备从事了某种形式的营利交易，即使这些交易不涉及任何人，只是机器与机器之间的交易，区块链仍能够自动收缴税款。[24]

借助这种方法，与现有法律法规相比，利用区块链技术来实现特定的监管目标，效率更高，成本更低。莱斯格认为，在互联网上，计算机代码是对法律的补充和增加。同样，在监管个人与机器的行为上，区块链技术的作用越来越重要。如果政府和公共机构采用了这一技术，我们就可以将规范的重点从"代码即规则"（code is law），即使用代码将特定的规则并入到技术中，[25] 转换到"代码即法律"（code as law）①，即依赖于技术以及技术本身，来界定和实施国家规定的法律。[26]

需要注意的是，这些区块链解决方案只有被私营部门采用，才会产生实际效果。政府不仅需要开发智能合约和其他代码系统，而且还需要制定法律法规，强制要求受监管的机构和其他私人参与方与这些区块链系统交互。例如，新法律可以要求，银行和其他金融机构在进行货币交易时，必须与政府支持的智能合约或其他代码系统进行交互，以确保遵守货币转移的法律规定。与此类似，政府可以要求商人在出售特定商品或服务时，必须通过某个区块链网络进行交易，以确保已经支付了增值税。

另外，政府也可以放宽法律要求或豁免报告义务，以此来奖励与这些区块链交互的公司和组织。由于区块链可以作为有关交易的经认证的审计线索，政府当局可以在事后验证某个私人行为是否符合法律规定。在发生争议或产生公共危害的情况下，政府可以依靠记录在区块链上的信息，准确地认定发生争议的原因，识别出应对损害负责的当事人，并在必要时实施相关制裁。

代码作为法律的局限性

将法律转换成代码的过程并非没有缺陷。依靠严格的代码语言来规范个体行为存在危险性。

并非所有的法律都能顺利地编译成代码。法律规则是用自然语言

---

① 关于"code is law"和"code as law"的翻译，参见本书"译后记"。——译者注

写成的，究其本质，有固有的灵活性和模糊性。[27] 精心构建的法律和法规，通常旨在解释立法者不总是能预见到的各种偶然性。以宽泛和开放的方式起草法律规则，目的在于确保这些规则可以适用于各种情况，甚至是那些未被立法者明确解释的情况，而不需要对现有法律进行额外的修正或修改。[28]

自然语言的灵活性带来了更大的不确定性。法官负责法律的解释和重新解释，确定法律是否（以及如何）适用于特定情况。在某些案件中，在给定事实的情况下，如果盲目适用法律的字面含义，将导致违背法律的原意，法官就可能需要重新解释法律。[29]

将自然语言编写的开放式法律形式化为代码，可能会歪曲这些法律的含义，使它们变得不够灵活，也无法适应不可预见的情况。[30] 由于智能合约依赖计算机代码，因此它们并不适合开放式的法律条文。代码只适用于一组可客观验证的，已在底层代码中预先定义的规则。在出现更先进的人工智能系统之前，对复杂社会中出现的新的和不可预见的情况，计算机代码通常缺乏适应和解释的能力。[31] 因此，今天智能合约只能在较窄的范围内使用。

预先定义一组特定规则，以适用于任何给定的情况，这几乎是不可能的。因此，基于区块链系统的法律所适用的范围，可能比传统法律法规更窄。事实上，用严格和正式的语言编写的规则缺乏自然语言的灵活性，无法适用位于法律灰色地带的一些意外案件，也很难预先充分考虑这些意外，并将其写入基础代码中。[32]

由于代码的形式化特征，将法律规则翻译成代码规则，可能会给人们钻系统空子的机会。除非在智能合约中定义了所有的偶然性（这显然是不可能的），否则人们总可以找到绕过这些规则的方法，这要么因为代码过于精确，要么因为它在范围上不够广泛。通过查看智能合约代码，人们就可以知道做什么（或不做什么），才能触发（或不触发）预先定义的条件，从而主动规避这些代码的限制。

The DAO（此处指去中心化应用 DAO）被黑客攻击事件，就很有教育意义。The DAO 虽然将自然语言编写的合同规则编码成了形式化的代码语言，但其智能合约并未能反映合同各方的真实意图。[33] 攻击者利用其智能合约中存在的漏洞，偷走了价值超过 5000 万美元的以太币，这是 The DAO 的成员没有预见或计划到的。[34]

如果政府借助智能合约来执行基于代码的规则和条例，那么类似问题也可能会出现，这将打击政府将代码作为法律的积极性。事实上，尽管所有的代码都有这些局限性，但基于区块链的基础设施所具备的弹性、防篡改性及自治性，使这个问题变得尤为明显。如果一条规则没有被正确地整合到智能合约里，这样的错误所产生的后果将很难逆转，除非有事后的司法流程可以适用。

自动化规则

区块链应用的防篡改和自动化性质，也是一把双刃剑。虽然该技术可以降低合规和执法成本，但它也可能导致具体法律法规的执行无法正确反映立法机构的原意。

法律规则依赖事后惩罚机制，人们可以自行决定是否遵守这些规则，那些被发现违反法律的人，会在事后受到惩罚。技术规范实施的是事前规范机制，人们只能从事代码预先专门限定的行为。

基于代码的方法的好处是，在不违背底层技术框架的情况下，规则不可能被违反。它的缺点是，严格的代码规则所构成的框架，会按照预定条件筛选允许行为的范围，由此确保人们必须在法律规定的范围内行事。因此，鉴于软件代码的局限性，广泛的技术规则可能会缩小合法活动的范围。

智能合约可以自动化运行，其底层代码也难以轻易改变，这可能会导致一段错误的代码反复运行，从而损害所有参与方的利益。例如，以此前所述税收为例，如果政府要求当事人依靠智能合约来支付税款，而该智能合约代码存在漏洞，如软件存在错误，或者在将法律转换成代码时存在一些客观不足和限制等，此时区块链系统可能会比实际多收取税款。鉴于智能合约代码由底层区块链网络自动执行，这种情况下，只有司法干预才能弥补这些当事人的损失。

定制化的规则

最后，日趋个性化的区块链规则可能会违背普适、平等和非歧视待遇等基本法律观念。[35] 随着区块链技术的进一步发展，各国政府可以利用智能合约代码和外部预言机，借助外部数据来执行法律。政府部署包含了法律规则代码的应用程序后，就可以利用数据挖掘和大数据分析的成果，根据公民身份、概况甚至当前或过去行为的不同，而以不同的规则区别对待。[36]

这样的苗头已经出现了。例如，中国政府开始实施的"社会信用体系"（social credit system），[37] 旨在对每个中国公民进行评分（或评估声誉）。这一社会信用体系将影响中国公民与政府的交互方式，包括但不限于司法系统。[38] 虽然目前没有计划将这一系统部署到区块链上，但很容易想象，如果该系统可以与智能合约进行交互，就可以根据每个公民分数的高低，来触发适用不同的规则和条件。

数据挖掘与分析技术的进步将加速催生算法系统。这一系统由一组刚性的和形式化的基于代码的规则所统治，并且有其固有的动态性和自适应性。如果法律被纳入一个技术框架中，当新的信息被馈送到系统中时，这个法律框架就会动态演化。如果这些法律可以根据与系统交互的个体差异进行特别定制，那么法律的这一动态性特征将削弱"法律面前人人平等"、不歧视等普适的法律原则。

密码法与算法治理

整体而言，将区块链技术作为监管技术，对监管机构以及整个社会都有一系列好处。政府可以借此降低合规和执法的成本，使监管更为有效。法律的自动化执行，可以同时减少法律文本固有的不确定性。如果这些系统获得主流应用和政府支持，必将促成建立一个新的监管框架，这一框架越来越依赖于密码法，并与前述大多数基于代码的系统有着相同的特性，包括弹性、防篡改以及自治等。

借助区块链，可以将法律法规的全部或部分编译到一组自治的代码规则中。以这一方式编译的规则由底层区块链网络自动执行，所以人们不再需要依赖法官去判断智能合约记录的特定规则是否以及如何适用于特定情形。鉴于区块链规则的执行不需要任何政府干预，这些规则的法律效力只能由法院或其他司法当局在事后进行审查。

尽管密码法在效率和法律的确定性方面有重要的益处，但仍然会产生一些与个人自治以及整体社会相关的风险。如果区块链由中央权威政府控制，则其弹性、防篡改及自治执行等方面的显著特征将导致只有强有力的参与者才可以将其规则写入到区块链系统中，而任何希望与该系统交互的人，除了遵守这些规则之外别无选择。这最终有助于扩大僵化和威权政权的权力，它们可以借助一系列自动执行的代码规则获得更加强大的控制能力。

如果能以这种方式有效地利用区块链技术，将会彻底改变当前法律实施的方式。人类社会从书面的官僚系统发展至技术驱动的代码系统，这一过程精确地展示了人与人、人与世界进行交互的方式。这一代码系统能以前所未有的方式约束个人行为，并最终改变法律施行的默认规则和原则。

今天，政府机构负责定义社会必须遵守的规则，其中一些人负责定义规则，而另一些人负责执行规则。特别是，由于法律适用于事后，司法机关一般负责解释和应用法律，决定法律是否以及何时适用于某一特定情况。

与现有法律在事后强制执行不同，体现在代码中的法律通过底层技术框架自动执行。一旦法律或合同规则被记录为智能合约代码，底层区块链网络将执行代码，并完全按照计划适用已被编码的规则。一旦这些代码被触发，无论是政府还是其他可信机构，都无法改变或影响代码的执行。而且，通常只有在法律被不当适用的情况下，受害方才有权请求司法机关撤销这些规则所产生的后果。

随着越来越多的政府服务依赖于这些区块链基础设施，我们可能最终放弃现有低效的官僚体制，用越来越强大的算法体制取代它。它所代表的新的社会结构，通过密码法治理，其规则均由自治软件代码定义和实施。而且，对法律的不当解释或不公平适用，人们将无任何救济权利。如果政府不提供保护机制，或选择拆解这些系统，那么现行由法治支配的监管框架将最终被完全借助代码之治的算法治理系统所取代。

结　论

当中本聪发布比特币时，他已经有了一个清晰的想法，这反映在他在比特币的创始区块中所写入的信息：

> 泰晤士报，2009 年 1 月 3 日
> 首相在银行第二次紧急救助的边缘

作为对当前不稳定的国际银行体系的反应，中本聪在金融危机期间启动了比特币网络，一种新的货币就此诞生了，它不由任何政府或中央银行控制，而仅仅由密码和代码控制。

作为一种全球性的去中心化支付系统，比特币没有中心化的控制，这为那些对政府权威持怀疑态度的人提供了获得经济自由的新希望。早期，比特币持有者信奉"数字就是力量"（vires in numeris，着重点在数字），这一格言强调，就金钱而言，只有数学才是可信的。[1]

比特币只是一个更加宏伟愿景的第一步。比特币发布后不久，技术专家开始认识到，比特币真正的创新潜力在于它的基础数据结构：区块链。尽管比特币有望取代中央银行，削弱对金融机构的需求，但实际上区块链技术更为重要，因为它可以更普遍地减少许多经济部门对中间商的需求。无论何时，只要还存在一个可信的权威机构来协调社会经济活动，区块链技术就可以提供必要的基础设施取代这种活动。银行、金融机构、证券交易所、清算所、内容提供商、在线运营商，甚至政府系统的角色，都可以通过区块链网络之上的一组协议和代码规则来建模。

然而，区块链技术也存在一些风险，它所支持的技术系统和去中心化应用可以独立于任何中心化组织或可信机构而运行。它们执行自己的内部规则体系，经常忽略或试图规避传统的控制系统。与目前互联网上部署的其他技术架构不同，这些去中心化系统和应用几乎完全可以由代码规则来管理。

互联网的出现，使基于地理边界的法治，与基于拓扑结构的代码之治，产生了根本性的冲突。"网络空间"的监管则介于这两个规范系统的中间，视具体环境不同，这两个规范系统或者合作，或者相互竞争。

起初，法律学者认为，代码规则最终会统治互联网。[2] 有了代码，人们就可以执行自己的规则体系，并借助一个游离于任何法律管辖范围之外的技术结构来强制执行。许多技术活跃分子由此相信，与主要基于法治的"实体空间"（meat space）相反，网络空间将会是一个不受监管的空间，政府没有权力或能力来控制它。[3]

这一群体急于绕开政府和企业制定的圈占与控制政策，他们认为互联网将培养出新的规范体系，[4] 将促进信息自由流通，推动政治和文化自治。[5] 他们还认为，互联网标志着一种新的监管范式的开始，这一监管范式基于代码规则，采用迥然于有形物理世界的强制力。然而，随着时间的推移，各国政府逐渐开始借助代码之治，来维护互联网的法治，并逐渐扩大控制范围，要求中介机构必须按照法律来修改代码。

现在，随着比特币和区块链技术的普及，我们将见证新一轮的去中心化浪潮，"世界将再次受代码规则的支配"。第一次互联网浪潮的愿景再次感染了区块链，它们认为，区块链技术必将按照这些技术倡导者最初设想的那样，为个体带来最大限度的自由和解放。[6] 在许多密码朋克和去中心化拥趸看来，区块链技术一如早期互联网那样，[7] 是将人们从政府和企业的威权中解放出来的新工具。[8]

正如我们在本书中所讨论的，区块链技术催生了依赖密码法的新自主自治系统。借助这一系统，人们无须中介机构即可在点对点的基础上进行通信、结社和交换价值。人们可以借此创建一个新的规范层（normative layer），或创建一个定制化的基于代码的规则系统。这些规则可以轻易地融入这个新的技术结构体系中，从而使人们更容易规避法律。

密码法与传统的监管代码的手段有某些类似的地方。[9] 两者都将一系列特定的激励和约束机制嵌入到技术体系中，并据此来规范个体的行为。[10] 不过，密码法与目前基于代码的监管体系的显著区别在于，它自主运作，独立于任何政府或其他中央机构。

如果区块链支持者的愿景得以实现，我们就可以将权力托付给算法体制，并通过由硅芯片、计算机及编程人员制定的确定性规则进行治理，这将取代当前由等级与法律支配的科层体制。这些算法体制可以明显改善社会福祉，但也可以限制而不是增强个人自由。

当涉及自由和自治时，代码之治优于法治这一假设就显得相当微妙，因为这并未被验证。劳伦斯·莱斯格曾警告："政府消失时，取代它的不一定是天堂；政府走了，其他利益集团将取代它的位置"。[11]

那些试图将个人从政府和企业中解放出来的人，他们自己（以及其他人）可能也不得不降服于更加强大的实体：自治代码。随着区块链技术的成熟，我们需要更深入地了解密码法对社会的影响，观察和分析所部署的区块链系统，仔细评估如何监管这一技术。正如所料，在谈及责任和义务时，现有的主要监管中介机构的法律规则必然会与新的代码规则产生冲突，因此，如果仅仅借助代码来监管自治系统必然会面临新的挑战。

然而，区块链技术终究无法以我们此前预期的那样来终结法治。即使在一个区块链技术得到广泛应用的世界里，政府仍然保有四个监管手段：法律、代码、市场力量和社会规范，它们可以直接或间接地被用于监管这项新技术。

区块链系统只要与被监管的实体，如个人、网络运营商以及其他开发或支持区块链技术的所有中介机构等进行交互，就可以被控制。目前，已经出现了专门服务于区块链网络的新的中介机构，如硬件制造商、矿工、虚拟货币交易所，以及其他与区块链交互的商业运营商。只要这些中介机构仍在特定国家设立和运营，就必须服从该国法治，政府就可以执行它们的法律，直接或间接地影响密码法如何定义和执行。

例如，政府可以对负责开发、部署或维护技术的中介机构施加压力，要求软件开发商和挖矿设备的硬件制造商在其技术中植入特定的功能，以确保政府可以在必要时介入监管这些区块链系统。如果造成了损害，它们可以要求矿工审查某些交易，甚至将区块链回转到之前的状态，以赔偿损失或弥补损害。政府也可以规范那些与去中心化区块链应用进行交互的商业运营商，以达到间接监管这些技术的目的。

除此之外，各国政府也可以监管区块链的底层激励机制。它们可以采取一系列经济刺激手段，引导自治区块链系统的活动，也可以尝试影响社会规范，重塑某些区块链网络用户及矿工群体的道德或伦理标准。事实上，由于区块链通过分布式共识运作，支持网络的各方都有权通过协调行动，来干预具体法律或社区规范的实施。

这些不同的方法组合在一起就可能限制密码法的运作。不过，政府该如何综合利用这些监管手段，同时又不会过度抑制创新，目前并不明晰。

考虑到区块链技术目前仍不够成熟，过早对技术采取监管措施，可能会扼杀那些尚未充分研究和探索的、意想不到的新类型应用。而需事先获得许可的监管方式，会限制公私部门自由尝试这一新技术，最终会抑制创新。

同时，完全放弃监管也会产生问题。如果区块链应用没有一个明确的监管框架，那些部署该技术的人会发现自己处在法律的灰色地带，无法确知他们当前的行为合不合法，也不确信是否应该继续这样做下去。而且，如果缺乏适当的监管框架，企业家、初创企业以及这一新技术的布道者，往往会因担心踏入禁区而止步不前。

只有时间才能告诉我们，区块链是否会转变并渗入社会结构，在更大范围内影响社会交往和市场交易。如果这样的未来到来，诸如去中介化、自由市场、无政府状态，以及分布式协作这样的理想可能会相互融合，密码法驱动的新区块链系统，将更少依赖政府，而资本和价值将以更自由的方式在全球流动。[12]

法律和代码是两个重要的监管机制，每一个都有其自身的优点和局限性。法律的主要缺点在于歧义和不确定，但这同时也是其最大的优点，这样法律和合同规则才会有更高的灵活性和适应性。同样，智能合约的主要优势是自动化和执行保证，但这也是它的最大局限性，因为这可能导致过度的刚性，且无法适应变化的环境。

正如尤查·本科勒所述，"不存在完全自由的空间"，[13] 我们所能做的，就是在不同类型的约束之间做出选择。尽管有些人可能会利用区块链技术逃避法律，但也有人会使用它建立一个替代或互补的系统，这一系统由自我执行的技术规则组成，这些规则比传统法律规则更加刚性和克制。

如果区块链技术开始成熟，我们需要扪心自问，是否愿意生活在这样一个世界中，我们的大部分经济交易和社会交往都受到法律规则的约束，这些规则普适，但也更加灵活和模棱两可，因此无法完美地执行。抑或，我们是否愿意屈服于代码之治，借助去中心化的区块链应用，我们可以从中心化的中介机构和可信当局的威权中解放出来，但是这种解放所付出的代价更为昂贵，人类将被困于代码专制的枷锁中。

注　释

导论

1　这一宣言最早在 1988 年提出。参见：Timothy May, "The Crypto Anar-chist Manifesto" (1992), https://www.activism.net/cypherpunk/crypto-anarchy.html。

2　同上注。

3　同上注。

4　同上注。

5　同上注。

6　Timothy May, "Crypto Anarchy and Virtual Communities" (1994), http://groups.csail.mit.edu/mac/classes/6.805/articles/crypto/cypherpunks/may-virtual-comm.html.

7　同上注。

8　例如，正如我们将在第一章所描述的，比特币区块链目前存储在 89 个司法辖区的 6 000 多台电脑上。参见："Global Bitcoin Node Distribution"，Bitnodes, 21.co, https://bitnodes.21.co/。另一主要区块链网络以太坊，在全球有超过 12 000 个节点，参见：Ethernodes, https://www.ethernodes.org/network/1。

9　同上注。

10　有些区块链无法公开访问（更多论述请参考第一章），一般被称为"私有链"（private blockchains），它们不是本书讨论的重点。

11 参见第一章。

12 The European Securities and Market Authority, "Discussion Paper: The Distributed Ledger Technology Applied to Securities Markets", ESMA / 2016 / 773, June 2, 2016: at 17, https://www.esma.europa.eu/sites/default/files/library/2016-773_dp_dlt.pdf.

13 无须法律的秩序（order without law）这一现象在其他场合也有论述，其中最著名的是罗伯特·埃里克森（Robert Ellickson）的同名论文 "*Order without Law*"（Cambridge, MA: Harvard University Press, 1994)。

14 乔尔·雷登伯格（Joel Reidenberg）用 "*lex informatica*" 来描述那些中心化在线运营商实施的规则。参见：Joel R. Reidenberg, "Lex Informatica: The Formulation of Information Policy Rules through Technology", *Texas Law Review* 76, no. 3 (1997): 553–593。

15 Jack Goldsmith and Tim Wu, *Who Controls the Internet? Illusions of a Borderless World* (Oxford: Oxford University Press, 2006); Jacqueline D. Lipton, "Law of the Intermediated Information Exchange," *Florida Law Review* 64 (2012): 1337–1368.

16 Lawrence Lessing, *Code*: *And Other Laws of Cyberspace* (New York: Basic Books, 1999).

17 A. Aneesh, "Technologically Coded Authority: The Post-industrial Decline in Bureaucratic Hierarchies", https://web.stanford.edu/class/sts175/NewFiles/Algocratic%20Governance.pdf.

18 参见第二章，另参见：Aneesh Aneesh, *Virtual Migration*: *The Programming of Globalization* (Durham, NC: Duke University Press, 2006); John Danaher, "The Threat of Algocracy: Reality, Resistance and Accommodation", *Philosophy and Technology* 29, no. 3 (2016): 245–268。

19 John Perry Barlow, "Declaration of Independence for Cyberspace" (1996), https://www.eff.org/cyberspace-independence.

20 同上注。

21 Yochai Benkler, "Degrees of Freedom, Dimensions of Power", *Daedalus* 145, no. 1 (2016):18–32; Derek E. Bambauer, "Middlemen", *Florida Law Review Forum* 64 (2013): 64–67.

22 Lipton, "Law of the Intermediated Information Exchange".

23 Anupam Chander and Uyên P Lê, "Data Nationalism", *Emory Law Journal* 64, no. 3 (2015):677–739.

24 Ronald Deibert, John Palfrey, Rafal Rohozinski, Jonathan Zittrain, and Janice Gross Stein, *Access Denied: The Practice and Policy of Global Internet Filtering* (Cambridge, MA: MIT Press, 2008).

第一章　区块链、比特币和去中心化计算平台

1 Janet Abbate, *Inventing the Internet* (Cambridge, MA: MIT Press, 2000); Robert H. Zakon, "Hobbes' Internet Timeline" (1997), https://tools.ietf.org/html/rfc2235.

2 Paul Baran, "On Distributed Communications", in RAND *Corporation Research Documents*, vols. 1–11 (Santa Monica, CA: RAND Corporation, August 1964), 637–648.

3 TCP/IP 协议于 1982 年被并入 ARPAnet，域名系统创建于 1984 年。参见：Zakon, "Hobbes' Internet Timeline"。

4 Whitfield Diffie and Martin Hellman, "New Directions in Cryptography", IEEE *Transactions on Information Theory* 22, no. 6 (1976):644–654.

5 Donald Davies, "A Brief History of Cryptography", *Information Security Technical Report* 2, no. 2 (1997):14–17.

6 同上注。

7 在迪菲和海尔曼的模型中，私钥是大素数，公钥是每一方生成的随机数。参见：Diffie and Hellman, "New Directions in Cryptography"。

8 同上注。

9 Ronald L. Rivest, Adi Shamir, and Leonard Adleman, "A Method for Obtaining Digital Signatures and Public-Key Cryptosystems," *Communications of the ACM* 21, no. 2 (1978):120–126.

10 同上注。

11 参见：Diffie and Hellman, "New Directions in Cryptography"。

12 Rivest, Shamir, and Adleman, "A Method for Obtaining Digital Signatures".

13 Diana M. D'Angelo, Bruce McNair, and Joseph E. Wilkes, "Security in Electronic Messaging Systems," *AT&T Technical Journal* 73, no. 3 (1994): 7–13.

14 大卫·查姆（David Chaum）总结了这些最好的创意。参见："Security without Identification: Transaction Systems to Make Big Brother Obsolete", *Communications of the ACM* 28, no. 10 (1985): 1030–1044。

15 John Markoff, "Building the Electronic Superhighway", Business, *New York Times*, January 24, 1993, http://www.nytimes.com/1993/01/24/business/building-the-electronic-superhighway.html.

16 M. David Hanson, "The Client / Server Architecture," in *Server Management*, ed. Gilbert Held (Boca Raton, FL: Auerbach, 2000), 3–13（该文认为，客户端／服务器端模式，是当前数据通信中使用最普遍的网络架构，从万维网的扩张就可以看出它有多流行）。

17 Valeria Cardellini, Michele Colajanni, and Philip S. Yu, "Dynamic Load Balancing on Web-Server Systems," IEEE *Internet Computing* 3, no. 3 (1999):28–39（文章指出，随着互联网流量暴增，对流行网站的请求也随之暴增，这导致互联网严重堵塞。作者介绍了应如何改进 web 服务器的性能，以满足用户的需求）。

18 Rüdiger Schollmeier, "A Definition of Peer-to-Peer Networking for

the Classification of Peer-to-Peer Architectures and Applications”, in *Proceedings of the First International Conference on Peer-to-Peer* Computing (Piscataway, NJ: IEEE, 2001), 101–102.

19 Stefan P. Saroiu, Krishna Gummadi, and Steven D. Gribble, “Measurement Study of Peer-to-Peer File Sharing Systems”, Proc. SPIE 4673, Multimedia Computing and Networking 2002, December 10, 2001, doi: 10.1117/12.449977; http://dx.doi. org/10.1117/12.449977; Damien A. Riehl, “Peer-to-Peer Distribution Systems: Will Napster, Gnutella, and Freenet Create a Copyright Nirvana or Gehenna?” *William Mitchell Law Review* 27, no. 3 (2000): 1761–1796（该文指出，到 2000 年 9 月，Napster 的用户已经共享了超过 10 亿首歌曲，同时在线人数超过 100 万）。

20 在 Napster 中，大批专用中央服务器被用于维护当前活动节点分享的文件索引，每个节点保持与其中的一个服务器连接，并通过该服务器发送文件位置查询。服务器协作处理这些查询后，将匹配的文件和位置列表返回给用户。参见：Saroiu, Gummadi, and GrbBube, “Measurement Study”。

21 A & M Records, Inc. v. Napster, Inc., 239 F. 3d 1004 (9th Cir. 2001); Matt Richtel, “Technology: With Napster Down, Its Audience Fans Out”, Business Day, *New York Times*, July 20, 2001, http://www.nytimes.com/2001/07/20/business/ technology-with-napster-down-its-audience-fans-out.html.

22 Saroiu, Gummadi, and Gribble, “Measurement Study”; Bram Cohen, “Incentives Build Robustness in BitTorrent”, in *Workshop on Economics of Peer-to-Peer Systems*, vol. 6 (Berkeley, California: Citeseer, 2003), 68–72.

23 Gnutela 网络没有中心化服务器。相反，节点通过与相邻节点建立多个点对点连接来形成覆盖网络（*overlay network*）。为了定位文件，节点通过向它的所有相邻节点发送查询包来启动网络的受控泛洪（flood，是指交换机和网桥将某个接口收到的数据流从除该入口之外的所有接口转发出去。——译者注）。当接收到查询包时，节点检查本地存储的文件是否与查询匹配，如果匹配，节点将查询响应包返回给初始查询者。无论是否找到匹配的文件，节点都将继续通过覆盖网络泛洪查询。参见：Saroiu, Gummadi, and Gribble, "Measurement Study"。

24 要部署 BitTorrent，必须首先在普通 web 服务器上上传一个扩展名为 .torrent 的静态文件，这个文件包含了所要共享的文件的信息，包括文件长度、文件名、哈希值以及 Tracker 的统一资源定位地址（即 url 地址）。BitTorrent 没有中央资源分配机制。参见：Cohen, "Incentives Build Robustness"。

25 Bryan H. Choi, "The Grokster Dead-End", *Harvard Journal of Law and Technology* 19 (2005):393–411（该文认为，关闭 BitTorrent 就像追究个人版权侵权人责任一样不划算。）; Riehl, "Peer-to-Peer Distribution Systems"; Saroiu, Gummadi, and Gribble, "Measurement Study"（该文介绍了 Gnutella 难以被关闭的原因：它是"开源软件，不被任何一个公司或实体正式拥有"；它可以"自由分发"，没有"一个单一的公司或实体，可以被原告起诉或被法院关闭"）。

26 Eric Hughes, "A Cypherpunk's Manifesto," March 9, 1993, https://www.activism. net/cypherpunk/manifesto.html.

27 正如该运动的创始成员之一埃里克·休斯所描述的，由于对计算工具没有足够的制衡，不应指望政府、公司或其他大型无名组织会出于善意而主动授予人们隐私权。同上注。

28 Chaum, "Security without Identification".

29 同上注。

30 Hughes, "Cypherpunk's Manifesto."另参见：Timothy May, "The Cyphernomicon" (1994), https://www.cypherpunks.to/faq/cyphernomicron/cyphernomicon.html。

31 David Chaum, "Blind Signatures for Untraceable Payments," in *Advances in Cryptology: Proceedings of Crypto* 82, ed. David Chaum, Ronald L. Rivest, and

Alan T. Sherman (Boston: Springer, 1983), 199–203.

32 Peter H. Lewis, "Attention Internet Shoppers: E-Cash Is Here", Business Day, *New York Times*, October 19, 1994, http://www.nytimes.com/1994/10/19/business/ attention-internet-shoppers-e-cash-is-here.html.

33 Chaum, "Blind Signatures".

34 Jens-Ingo Brodesser, "First Monday Interviews: David Chaum", *First Monday* 4, no. 7 (July 5, 1999), http://journals.uic.edu/ojs/index.php/fm/article/view/683/593.

35 Wei Dai, "B-Money" (1998), http://www.weidai.com/bmoney.txt; Hal Finney, "RPOW: Reusable Proofs of Work" (2004), https://cryptome.org/rpow.htm; Nick Szabo, "Bit Gold", *Unenumerated* (blog), December 27, 2008, https://unenumerated.blogspot. com/2005/12/bit-gold.html. 另参见：Morgen Peck, "Bitcoin: The Cryptoanarchists' Answer to Cash", IEEE *Spectrum*, May 30, 2012, https://spectrum.ieee.org/computing/software/ bitcoin-the-cryptoanarchists-answer-to-cash。

36 大卫·查姆认为，要解决双花问题，就必须确保每笔数字货币交易都要与中央账簿对账，否则就会面临欺诈风险。参见：David Chaum, "Achieving Electronic Privacy," *Scientific American* 267, no. 2 (1992):96–101。

37 为了维持数字货币的价值，其供给需要被固定或控制，这样供给就不会比需求增长得更快。如果不控制数字货币的供应量，人们就不再愿意持有和使用数字货币，而是诉诸其他支付方式，货币发行方也有可能通过增加货币供应来获得额外利润。参见：Stacey L. Schreft, "Looking Forward: The Role for Government in Regulating Electronic Cash", *Economic Review—Federal Reserve Bank of Kansas City* 82, no. 4 (1997): 59–84。

38 Satoshi Nakamoto, "Bitcoin: A Peer-to-Peer Electronic Cash System" (2008), https://bitcoin.org/bitcoin.pdf.

39 同上注。

40 比特币与电子邮件的关键区别在于，发送比特币并不总是免费的。与传统的纸质邮件一样，如果要进行一个大额比特币交易，就需要支付一小笔费用（低到 0.000 1 比特币）给负责维护数据库及处理交易的矿工。根据比特币协议，每笔交易均应为矿工保留一定金额的"交易费"。如果一笔比特币交易收到的金额小于支付的金额，则该差额就被视为交易费，并由挖出包含了这笔交易费的区块的矿工收取。参见：Joshua A. Kroll, Ian C. Davey, and Edward W. Felten, "The Economics of Bitcoin Mining, or Bitcoin in the Presence of Adversaries", in *Proceedings of Workshop on Economics of Information Security* (2013), http://www.econinfosec.org/archive/weis2013/papers/KrollDaveyFeltenWEIS2013.pdf。

41 Arvind Narayanan, Joseph Bonneau, Edward Felten, Andrew Miller, and Steven Goldfeder, *Bitcoin and Cryptocurrency Technologies: A Comprehensive Introduction* (Princeton, NJ: Princeton University Press, 2016).

42 P. Carl Mullan, "Bitcoin Decentralized Virtual Currency", in *The Digital Currency Challenge: Shaping Online Payment Systems through US Financial Regulations* (New York: Palgrave Macmillan, 2014), 84–92.

43 Michael Bedford Taylor, "Bitcoin and the Age of Bespoke Silicon", in *Proceedings of the 2013 International Conference on Compilers, Architectures and Synthesis for Embedded Systems* (Piscataway, NJ: IEEE, 2013), 16.

44 Narayanan et al., *Bitcoin and Cryptocurrency Technologies*; Joseph Bonneau, Andrew Miller, Jeremy Clark, Arvind Narayanan, Joshua A. Kroll, and Edward W. Felten, "SoK: Research Perspectives and Challenges for Bitcoin and Cryptocurrencies", in 2015 *IEEE Symposium on Security and Privacy* (SP) (Piscataway, NJ: IEEE, 2015), 104–121.

45 Bonneau et al., "SoK: Research Perspectives".

46 可以使用类似 Blockchain.info 这样的区块链浏览器，来查看比特币的实时交易记录。参见：Blockchain.info, http://www.blockchain.info。

47 Global Bitcoin Node Distribution, https://bitnodes.21.co/.

48 中本聪认为，"政府很擅长关闭像 Napster 这样的中央控制网络，但像 Gnutella 这样的纯 P2P 网络似乎是自己拥有自己（即几乎无法被关闭）"。这有助于解释为什么中本聪决定将比特币建立在去中心化的点对点网络上。参见：中本聪 2008 年 11 月 17 日发送到密码学邮件列表（The Cryptography Mailing List）的电子邮件：http://satoshi.nakamotoinstitute.org/emails/cryptography/4/。

49 Bonneau et al., "SoK: Research Perspectives"。

50 每个区块都有一个区块头，其中一个哈希指针（hash pointer）指向交易数据，另一个指向序列中的前一区块。另一个数据结构是由该区块所有交易数据组成的区块树，这就是所谓的默克尔树（Merkle Tree），它可以使我们高效地检索区块中包含的交易数据。参见：Narayanan et al., *Bitcoin and Cryptocurrency Technologies*。

51 具体而言，在比特币中 SHA-256 函数被哈希两次。参见：Bonneau et al., "SoK: Research Perspectives"。

52 J. Lawrence Carter and Mark N. Wegman, "Universal Classes of Hash Functions", *Journal of Computer and System Sciences* 18, no. 2 (1979):143–154.

53 Narayanan et al., *Bitcoin and Cryptocurrency Technologies*.

54 比特币通过建立在区块链上的去中心化、假名协议来达成共识，这被称为中本聪共识（Nakamoto consensus），是比特币的核心创新，也是其成功的最关键因素。任何人都可以尝试将一组未经验证的交易打包进一个区块，并添加到区块链中。它的核心成分是，利用具有挑战性的计算难题（通常被误称为工作量证明）来决定哪个区块被确定为区块链中的下一个区块。参见：Bonneau et al., "SoK: Research Perspectives"。

55 工作量证明这一"难题"的目标，是找到一个它的 SHA-256 哈希值小于目标值的区块（由交易列表、前一区块的哈希值、时间戳及版本号，再加上任意随机值组成）。这个难题可以简单地描述成，找到一串哈希值，其起始位匹配长度为 d 的连续 0 位。标准策略是简单地从尝试随机变量开始，直到找到答案。同上注。

56 Narayanan et al., *Bitcoin and Cryptocurrency Technologies*. "挖矿"一词最早可能源于中本聪的白皮书。因为在比特币区块链中加入区块的同时，将产生"区块奖励"（下文将进一步讨论），这一稳定地增加新币的过程，类似于黄金矿工消耗资源增加黄金的流通量。参见：Nakamoto, "Bitcoin: A Peer-to-Peer Electronic Cash System"。

57 Narayanan et al., *Bitcoin and Cryptocurrency Technologies*.

58 具体来说，矿工监听向网络广播的新区块，通过检查该区块是否包含了有效的随机数，来验证区块中的每笔交易。同上注。

59 同上注（该文描述了硬分叉、软分叉，以及升级比特币协议面临的挑战）。

60 中本聪认为："节点始终将最长的链视为正确的链，并持续延长它。"参见：Nakamoto, "Bitcoin: A Peer-to-Peer Electronic Cash System"。邦诺（Bonneau）则进一步解释："选择新区块的过程很简单。第一个声明包含了计算难题答案的区块被认为是正确的区块，收到这个广播后，其他参与者就开始寻找后续区块。如果一个已声明的区块包含了无效交易或是错误的，则所有其他参与者都会拒绝它，并继续工作直到找到有效区块的答案为止。在任何给定的时间，达成共识的区块链一定是最长的，并且通常是有最多区块的分支。但是，由于挖矿难度在长分叉之间会发生变化，所以必须把产生最大期望难度的链定义为最长的链。"参见：Bonneau et al., "SoK: Research Perspectives"。

61 每个区块不仅包含前一区块的值，而且包含了值的摘要，这样我们就可以验证值没有被改变。参见：Narayanan et al., *Bitcoin and Cryptocurrency Technologies*。

62 "How Bitcoin Mining Works", *The Economist*, January 20, 2015, http://www.economist.com/blogs/economist-explains/2015/01/economist-explains-11.

63 Andrew Kim, Daryl Sng, and Soyeon Yu, "The Stateless Currency and the State:

An Examination of the Feasibility of a State Attack on Bitcoin" (2014), http://randomwalker.info/teaching/spring-2014-privacy-technologies/state-attack.pdf; "Cost of a 51% Attack", https://gobitcoin.io/tools/cost-51-attack/（该文估计，在 2017 年 8 月 18 日当天，发起 51% 攻击的成本超过 15 亿美元）。

64　比特币协议的关键部分是，发现区块的矿工可以往区块中插入一个 Coinbase Transaction（比特币区块所打包的交易记录里，第一笔总是"挖矿所得"，这被称为 Coinbase。——译者注），指定特定数量的货币，并将它转移到矿工选择的地址。参与者需要在努力（实际上是竞争）解决这个计算难题后，才可以换取货币奖励，他们因此被称为矿工。这种新的货币被称为区块奖励，它激励矿工只为有效的区块工作。而无效的区块将被网络拒绝，它们所包含的采矿奖励也不会存在最长的链上。为了维系这一逐渐减少的货币创造工作，矿工的盈利不仅来自区块奖励，也来自区块中交易输入金额和输出金额之间的净差。从用户的角度看，区块包含的输入交易金额大于输出交易金额的，其差额就是应支付给矿工的交易费。参见：Bonneau et al., "SoK: Research Perspectives"。

65　同上注。

66　Nakamoto, "Bitcoin: A Peer-to-Peer Electronic Cash System".

67　同上注。

68　"The Promise of the Blockchain: The Trust Machine", *The Economist*, October 31, 2015, http://www.economist.com/news/leaders/21677198-technology-behind-bitcoin-could-transform-how-economy-works-trust-machine.

69　目前已经有数百种区块链，以及基于区块链的数字货币，这些数字货币也被称为竞争币（alt-coins）。参见："Cryptocurrency Market Capitalizations", Coinmarketcap, https://coinmarketcap.com/。

70　目前中心化钱包服务中最知名的是 Coinbase。参见：Coinbase, https://www.coinbase.com/。

71 主流比特币交易所有 Poloniex、Bitfinex 以及 Kraken。参见：Poloniex, https://poloniex.com/; Bitfinex, https://www.bitfinex.com/; Kraken, https://www.kraken.com/。

72 Maureen Farrell, "Bitcoin Now Tops $1,200", *Wall Street Journal*, November 29, 2013, https://blogs.wsj.com/moneybeat/2013/11/29/bitcoin-now-tops-1200/.

73 Aaron Smith, "Microsoft Begins Accepting Bitcoin", CNN, December 11, 2014, http://money.cnn.com/2014/12/11/technology/microsoft-bitcoin/; Jonathan Marino, "Dell Is Now the Biggest Company to Accept Bitcoin Internationally", *Business Insider*, February 19, 2015, http://www.businessinsider.com/dell-becomes-biggest-company-to-accept-bitcoin-internationally-2015-2.

74 鉴于比特币的这些局限性，如果不进行硬分叉，就很难改变什么。这催生了数以百计的被称为竞争币的衍生系统，它们虽然采用了替代性的设计方案，但主要还是复制了比特币的基础代码，并保留了比特币的大部分功能。不过也有一些系统是完全独立设计的，如瑞波（Ripple）。参见：Bonneau et al., "SoK: Research Perspectives"。

75 Vitalik Buterin, "Ethereum White Paper" (2013), https://github.com/ethereum/wiki/wiki/White-Paper.

76 同上注。

77 Vitalik Buterin, "Vitalik Buterin Reveals Ethereum at Bitcoin Miami", February 1, 2014, https://www.youtube.com/watch?v=l9dpjN3Mwps; Stephan Tual, "Ethereum Launches", *Ethereum* (blog), July 30, 2015, https://blog.ethereum.org/2015/07/30/ethereum-launches/.

78 不过，以太坊已计划在将来某个时点改变成权益证明机制（proof of stake）。

79 Buterin, "Ethereum White Paper"; Gavin Wood, "Ethereum: A Secure Decentralised Generalised Transaction Ledger", Ethereum Project yellow paper (2014), http://gavwood.com/paper.pdf.

80　Buterin, "Ethereum White Paper". ［需要特别注意的是，以太坊虚拟机（Ethereum virtual machin, EVM）是图灵完备的，这意味着 EVM 代码可以编码任何可执行计算，包括无限循环］; Wood, "Ethereum"; Yoichi Hirai, "The Solidity Programming Language", The Ethereum Wiki, https://github.com/ethereum/wiki/wiki/The-Solidity-Programming-Language.

81　Buterin, "Ethereum White Paper".

82　同上注。

83　同上注；Wood, "Ethereum".

84　Wood, "Ethereum."

85　同上注。

86　Buterin, "Ethereum White Paper". "以太坊中的'合约'不应被视为某种应该被'履行'或'遵守'的东西，它更像是位于以太坊环境内部的自治代理人，总是在消息或交易的触发下，执行一段特定代码，它直接控制以太币账户，直接控制自己的键 / 值（key/value），并保持与变量一致。" "What Is Ethereum?" Ethereum Homestead Documentation, http://ethdocs.org/en/latest/introduction/what-is-ethereum.html（以太坊网络的所有节点都运行 EVM，并且执行相同的指令。基于这一原因，以太坊有时也被称为"世界计算机"。）

87　Etherscan, "Contract Accounts", https://etherscan.io/accounts/c（以太坊上运行着超过一百万个智能合约，管理着 12 301 888 个以太币）。

88　Buterin, "Ethereum White Paper".

89　在整个以太坊网络上进行大规模并行计算，不是为了提高计算效率，而是为了保持整个区块链的一致性。事实上，在以太坊上进行计算，比传统的"计算机"要慢得多，成本也更高。参见："What Is Ethereum?", Ethereum Homestead Documentation。

90　Joel Monegro, "The Blockchain Application Stack", CoinDesk, November 20,

2014, http://www.coindesk.com/blockchain-application-stack/.

91 Colored Coins, http://coloredcoins.org/.

92 Viktor Trón, Aron Fischer, Dániel A. Nagy, Zsolt Felföldi, and Nick Johnson, "Swap, Swear and Swindle Incentive System for Swarm", http://swarm-gateways.net/bzz:/theswarm.eth/ethersphere/orange-papers/1/sw%5E3.pdf; Juan Benet, "IPFS-Content Addressed, Versioned, P2P File System", ArXiv preprint arXiv:1407.3561 (2014); Filecoin, http://filecoin.io/.

93 Trón et al., "Swap, Swear, and Swindle"; Benet, "IPFS."

94 Trón et al., "Swap, Swear, and Swindle".

95 参见：12 C.F.R. § 1010.310 (2015)（货币交易报告的规定）; 26 U.S.C. § 6050L (2006)（商业贸易中单笔交易收取超过一万美元现金的报告义务）。另参见：31 C.F.R. § 1010.122 (2014)（有关货币发行及其他服务的规定）; 31 C.F.R. § 1010.410(f) (2014)（介绍了报告的要求）。美国财政部下属的金融犯罪执法网络（FinCEN）和联邦储备系统理事会（Board of Governors of the Federal Reserve System）这样的联邦银行机构，负责执行这些规则。不遵守《银行保密法》（Bank Secrecy Act，BSA）会受到严厉的惩罚，包括最高达 20 年的监禁。

96 Allison Berke, "How Safe Are Blockchains? It Depends", Harvard Business Review, March 7, 2017.

97 David Schwartz, Noah Youngs, and Arthur Britto, "The Ripple Protocol Consensus Algorithm", Ripple Labs white paper (2014).

98 Vitalik Buterin, "On Public and Private Blockchains", Ethereum (blog), August 7, 2015, https://blog.ethereum.org/2015/08/07/on-public-and-private-blockchains/.

99 Berke, "How Safe Are Blockchains?"

100 Rob Marvin, "Blockchain: The Invisible Technology That's Changing the World", PC Magazine, February 6, 2017; Peter Nichol, "Why Accenture Broke

the Blockchain with IBM's Help", *CIO.com*, September 22, 2016, https://www.cio.com/article/3122807/financial-it/why-accenture-broke-the-blockchain-with-ibms-help.html.

101 Vitalik Buterin, "Opportunities and Challenges for Private and Consortium Blockchains" (2016), http://www.r3cev.com/s/Ethereum_Paper-97k4.pdf; BitFury, Inc. and Jeff Garik, "Public versus Permissioned Blockchains: Part 1", White Paper (2015), http://bitfury.com/content/5-white-papers-research/public-vs-private-pt1-1.pdf.

102 除非特别说明，本书中的区块链指的是公共链和免许可链。

第二章 区块链的特征

1 比特币的不同特征体现在中心化/去中心化的区别上。点对点网络接近于完全去中心化，任何人都可以运行比特币节点，进入门槛相当低。你可以上网下载一个比特币客户端，并在笔记本电脑或 PC 上运行一个节点。参见：Arvind Narayanan, Joseph Bonneau, Edward Felten, Andrew Miller, and Steven Goldfeder, *Bitcoin and Cryptocurrency Technologies: A Comprehensive Introduction* (Princeton, NJ: Princeton University Press, 2016)。

2 在比特币网络里，这些非常强大的核心开发者被称为"比特币核心"（Bitcoin Core，既指代这一开发团队，也是目前最流行的比特币标准客户端的名称），因为他们所做的任何修改代码的规则都会被 Bitcoin Core 客户端采纳，并被设为默认选项。他们是可以将规则写进比特币协议的人。同上注。

3 Angela Walch, "The Bitcoin Blockchain as Financial Market Infrastructure: A Consideration of Operational Risk", *NYU Journal of Legislation and Public Policy* 18, no. 4 (2015): 837–893（该文质疑了去中心化开源治理所产生的操作上的风险）。

4 同上注。德里克·巴姆鲍尔（Derek Bambauer）认为，即便是尽最大努力去修复，软件仍容易产生结构性故障，完全消除漏洞是不可能的。参见：Derek E. Bambauer, "Ghost in the Network," *University of Pennsylvania Law Review* 162, no. 5 (April 2014):1011–1092。

5 区块链应用的一个例子是防篡改日志。我们可以建立一个存储了一系列数据的日志数据结构，并允许将数据追加到日志的末尾。如果有人改变了日志的早期数据，我们就可以检测到这一改变。参见：Narayanan et al., *Bitcoin and Cryptocurrency*。

6 好消息是区块链不需要一个中心服务器，而是依赖点对点网络，这一点对点网络与互联网本身一样具有弹性。同上注。

7 数字签名不能伪造。也就是说，"一个知道你的公钥的人，即使知道你在其他一些信息上的签名，也不能在这条信息上伪造你的签名，因为他不知道你在这条信息上的签名"。同上注。

8 可以考虑的另一种方式是，将公钥视为身份，如果能将这个公钥与系统中某个人或角色的身份关联起来，就可以了解其交易历史。也有些人认为，借助区块链协议所生成的公钥的哈希值，可以将区块链网络上的公共地址作为标识系统，以此建立去中心化的身份管理系统，。同上注。另参见：Bryan Yurcan, "How Blockchain Fits into the Future of Digital Identity," *American Banker*, April 8, 2016, https://www.americanbanker.com/news/how-blockchain-fits-into-the-future-of-digital-identity。

9 Alyssa Hertig, "Julian Assange Just Read Out a Bitcoin Block Hash to Prove He Was Alive", *CoinDesk*, January 10, 2017, http://www.coindesk.com/julian-assange-just-read-bitcoin-block-hash-prove-alive/.

10 参与比特币协议不需要现实世界的真实身份。任何人可以随时创建不限数量的假名密钥对。参见：Narayanan et al., *Bitcoin and Cryptocurrency*。

11 Omri Marian, "Are Cryptocurrencies Super Tax Havens?" *Michigan Law Review* (*First Impression*) 112 (2013): 38–48; Reuben Grinberg, "Bitcoin: An

Innovative Alternative Digital Currency", *Hastings Science and Technology Law Journal* 4 (2011): 160–208.

12 Sarah Meiklejohn, Marjori Pomarole, Grant Jordan, Kirill Levchenko, Damon McCoy, Geoffrey M. Voelker, and Stefan Savage, "A Fistful of Bitcoins: Characterizing Payments among Men with No Names", in *Proceedings of the 2013 Conference on Internet Measurement* ed. Konstantina Papagiannaki, Krishna Gummadi, and Craig Partridge (New York: ACM, 2013), 127–140.

13 Ahmed Kosba, Andrew Miller, Elaine Shi, Zikai Wen, and Charalampos Papamanthou, *Hawk: The Blockchain Model of Cryptography and Privacy-Preserving Smart Contracts* (College Park and Ithaca, NY: University of Maryland and Cornell University, 2015). (该文认为，"尽管区块链和智能合约展现出了强大的力量，但这些技术的现有交易形式缺乏隐私保护机制。智能合约中的所有行为都通过网络传播，和 / 或记录在区块链上，因此是公开可见的"。)

14 Eli Ben Sasson, Alessandro Chiesa, Christina Garman, Matthew Green, Ian Miers, Eran Tromer, and Madars Virza, "Zerocash: Decentralized Anonymous Payments from Bitcoin", in 2014 *IEEE Symposium on Security and Privacy* (Piscataway, NJ: IEEE, 2014), 459–474; Adam Mackenzie, Surae Noether, and Monero Core Team, "Improving Obfuscation in the CryptoNote Protocol", January 26, 2015, https://lab.getmonero.org/pubs/MRL-0004.pdf.

15 事实上，伊利诺伊（Illinois）大学和普林斯顿（Princeton）大学的研究人员可能已经破解了门罗币的一些增强隐私的技术。参见：Andrew Miller, Malte Moeser, Kevin Lee, and Arvind Narayanan, "An Empirical Analysis of Linkability in the Monero Blockchain", arXiv preprint arXiv:1704.0, https://arxiv.org/pdf/1704.04299.pdf。

16 Narayanan et al., *Bitcoin and Cryptocurrency*（ 该文概述了比特币的激励结

构）。西蒙·巴伯（Simon Barber）和他的合作者认为，"比特币的生态系统经巧妙设计，确保了用户有经济动力去参与。首先，新比特币以可预测的速率，以分布式的方式产生：'比特币矿工'解决计算难题以产生新比特币，这个过程与对先前交易的验证紧密耦合。同时，矿工也会收取审查前述交易的交易费用。这为用户提供了明确的经济刺激，他们会投资闲置的计算能力，用于验证比特币交易和生成新比特币。在写作该书时，如果投资用于提高解决比特币难题速度的显卡，六个月就可以收回成本"。参见：Simon Barber, Xavier Boyen, Elaine Shi, and Ersin Uzun, "Bitter to Better—How to Make Bitcoin a Better Currency", *in International Conference on Financial Cryptography and Data Security*, ed. Angelos Keromytis (Berlin: Springer, 2012), 399–414。

17 这在矿工之间产生了竞争。矿工不得不购买更加强大和专业化的硬件，如专用集成电路（application-specific integrated circuits，ASIC），以保持或增加他们获得区块奖励的机会。参见：Michael Bedford Taylor, "Bitcoin and the Age of Bespoke Silicon", in *Proceedings of the 2013 International Conference on Compilers, Architectures and Synthesis for Embedded Systems*, ed. Rodric Rabbah and Anand Raghunathan (Piscataway, NJ: IEEE, 2013), 1–10。

18 Joseph Bonneau, Andrew Miller, Jeremy Clark, Arvind Narayanan, Joshua A. Kroll, and Edward W. Felten, "SoK: Research Perspectives and Challenges for Bitcoin and Cryptocurrencies", in 2015 *IEEE Symposium on Security and Privacy (SP)*, ed. Lujo Bauer and Vitaly Shmatikov (Piscataway, NJ: IEEE, 2015), 104–121; Narayanan et al., Bitcoin and Cryptocurrency.

19 Bonneau et al., "SoK: Research Perspectives"; Ittay Eyal and Emin Gün Sirer, "Majority Is Not Enough: Bitcoin Mining Is Vulnerable", in *International Conference on Financial Cryptography and Data Security*, ed. R. Böhme, M. Brenner, T. Moore, and M. Smith (Berlin: Springer, 2014), 436–454.

20 Blockchain.info, "Hasrate Distribution", https://blockchain.info/pools; Etherscan, "Ethereum Top 25 Miners by Blocks", https://etherscan.io/stat/miner?range=7&blocktype=blocks.

21 Bonneau et al., "SoK: Research Perspectives"（交易费的值主要是由客户端配置的默认值决定的，只有少数用户选择支付更高的费用，以使他们的交易能更迅速地发布）。

22 Gavin Wood, "Ethereum: A Secure Decentralised Generalised Transaction Ledger", Ethereum Project yellow paper (2014); Kevin Delmolino, Mitchell Arnett, Ahmed Kosba, Andrew Miller, and Elaine Shi, "A Programmer's Guide to Ethereum and Serpent" (2015), https://mc2-umd.github.io/ethereumlab/docs/serpent_tutorial.pdf.

23 Narayanan et al., *Bitcoin and Cryptocurrency*.

24 同上注。[该文概述了计算公式：如果挖矿奖励大于挖矿成本，矿工就有利可图，其中挖矿奖励 = 区块奖励 + 交易费（tx fees），挖矿成本 = 硬件成本 + 运营成本（电力，冷却等）] Ittay and Sirer, "Majority Is Not Enough"。

25 Miles Carlsten, Harry Kalodner, S. Matthew Weinberg, and Arvind Narayanan, "On the Instability of Bitcoin without the Block Reward", in *Proceedings of the 2016 ACM SIGSAC Conference on Computer and Communications Security*, ed. Ninghui Li and Christopher Kruegel (New York: ACM, 2016), 154–167.

26 Narayanan et al., *Bitcoin and Cryptocurrency*; Bonneau et al., "SoK: Research Perspectives".

27 参见第七章。

28 J. Bradford DeLong and A. Michael Froomkin, "Speculative Microeconomics for Tomorrow's Economy", *First Monday*, 5, no 2 (February 7, 2000), http://firstmonday.org/ojs/index.php/fm/article/view/726/635（该文概述了为何传统经济理论认为开源软件容易受到"公地悲剧"的影响，并详细说明了开源社区

如何通过声誉来解决这个问题)。

29 Vitalik Buterin, "A Next Generation Smart Contract & Decentralized Application
Platform", Ethereum white paper (2013); Wood, "Ethereum."

30 Buterin, "A Next Generation Smart Contract & Decentralized Application
Platform"; Wood, "Ethereum".

31 Henning Diedrich describes the "guarantee of execution" as one of the core
characteristics of smart contracts. Henning Diedrich, *Ethereum: Blockchains,
Digital Assets, Smart Contracts, Decentralized Autonomous Organizations*
(Wildfire Publishing, 2016).

32 我们在第八章和第十二章讨论了错误代码所面临的一些挑战。

33 John Laprise, "US National Security Agency Surveillance: A Problem of
'Allegality'", Oxford Human Rights Hub, June 10, 2013, http://ohrh.law.ox.ac.
uk/us-national-security-agency-surveillance-a-problem-of-allegality/; Jack M.
Balkin, "The Path of Robotics Law", *California Law Review* (Circuit) 6 (June
2015): 45–60.

34 Ari Juels, Ahmed Kosba, and Elaine Shi, "The Ring of Gyges: Using Smart
Contracts for Crime", Aries 40 (2015): 1–28, https://eprint.iacr.org/2016/358.

35 已经有一些新兴的加密安全通信平台使用了区块链技术，如 Telehash 和
BitMessage 等。参见：Telehash, "Encrypted Mesh Protocol", http://telehash.org; Jona-
than Warren, "Bitmessage: A Peer-to-Peer Message Authentication and Delivery
System", white paper (November 27, 2012), https://bitmessage.org/bitmessage.
pdf。更多讨论请参见第六章。

36 参见第四章。

37 Lawrence Lessig, "Thinking through Law & Code, Again", presentation at the
Sydney Blockchain Workshop, December 2016 (作者认为，区块链是自互联
网以来最重大的创新); Don Tapscott and Alex Tapscott, Blockchain Revolution

(London: Penguin, 2016); Kariappa Bheemaiah, "Block Chain 2.0: The Renaissance of Money", *Wired.com*, January 2015, https://www.wired.com/insights/2015/01/block-chain-2-0/。

38 Robert Braden, "Requirements for Internet Hosts—Communication Layers", IETF, October 1989, https://tools.ietf.org/html/rfc1122.

39 Charles W. Bachman, "Provisional Model of Open System Architecture", in *Proceedings of the Third Berkeley Workshop on Distributed Data Management and Computer Networks*, ed. Steve Kimbleton and Dennis Tsichritzis (Berkeley, CA: Lawrence Berkeley Laboratory, 1978), 1–18; Hubert Zimmermann, "OSI Reference Model—The ISO Model of Architecture for Open Systems Interconnection", *IEEE Transactions on Communications* 28, no. 4 (1980): 425–432.

40 Douglas E. Comer, *Internetworking on TCP/IP*, vol. 1 (Upper Saddle River, NJ: Prentice Hall, 2006); James F. Kurose and Keith W. Ross, *Computer Networking: A Top-Down Approach*, vol. 5 (Reading, MA: Addison-Wesley, 2010); Andrew S. Tanenbaum, *Computer Networks*, 4th ed. (Englewood Cliffs, NJ: Prentice Hall, 2003).

41 Christoph Meinel and Harald Sack, "The Foundation of the Internet: TCP/IP Reference Model", in *Internetworking* (Heidelberg: Springer-Verlag Berlin, 2013), 29–61.

42 Charles M. Kozierok, *The TCP/IP Guide: A Comprehensive, Illustrated Internet Protocols Reference* (San Francisco: No Starch Press, 2005).

43 Christopher S. Yoo, "Protocol Layering and Internet Policy", *University of Pennsylvania Law Review* 161 (2013):1707–1771.

44 参见：Kozierok, *The TCP/IP Guide*。

45 同上注。

46 同上注。

47 同上注。

48 Narayanan et al., *Bitcoin and Cryptocurrency*（在比特币网络中，所有节点是平等的，没有层级，没有特殊节点或主节点。它在 TCP 上运行，并且具有随机拓扑结构，其中每个节点与其他随机节点对等。新节点可以随时加入）。

49 Roy Fielding, Jim Gettys, Jeffrey Mogul, Henrik Frystyk, Larry Masinter, Paul Leach, and Tim Berners-Lee, "Hypertext Transfer Protocol—HTTP/1.1", RFC 2616 (Marina del Rey: Information Sciences Institute, University of Southern California,1999); Jon Postel, "Simple Mail Transfer Protocol" (Marina del Rey: Information Sciences Institute, University of Southern California, August 1982).

50 Bram Cohen, "Incentives Build Robustness in BitTorrent", in *Workshop on Economics of Peer-to-Peer Systems*, vol. 6 (2003), 68–72（此处描述了 trackers 的应用）; Michael Piatek, Tomas Isdal, Thomas Anderson, Arvind Krishnamurthy, and Arun Venkataramani, "Do Incentives Build Robustness in BitTorrent?", in *Proceedings of 4th USENIX Symposium on Networked Systems Design & Implementation*, ed. Hari Balakrishnan and Peter Druschel (Berkeley, CA: USENIX Association, 2007), 1–14（需要注意的是，BitTorren 协议已经包含了一个基于 DHT 的分布式追踪器，它可以提供节点的信息，并且被 torrent 文件的哈希索引）。

51 David R. Johnson and David Post, "Law and Borders: The Rise of Law in Cyberspace", *Stanford Law Review* 45 (1996): 1367–1402.

52 同上注。

53 同上注。另参见：David G. Post and David R. Johnson, "Chaos Prevailing on Every Continent: Towards a New Theory of Decentralized Decision-making in Complex Systems", *Chicago-Kent Law Review* 73 (1997): 1055–1099。

54 Post and Johnson, "Law and Borders".

55 同上注。

56 同上注。

57 Jack Goldsmith and Tim Wu, *Who Controls the Internet? Illusions of a Borderless World* (Oxford: Oxford University Press, 2006), 142–161（该文认为，互联网并没有产生一个全球性的无边界网络，仍然是"民族国家网络的集合，功能各不相同的由互联网协议连接"）。

58 "网络的兴起并没有消除中介机构，而是改变了它。它创造了一大群中介机构，其中最重要的是互联网服务提供商、搜索引擎、浏览器、物理网络和金融中介机构。简而言之，互联网使其本身成为许多行为的中介，而这些行为在互联网出现之前，我们可能认为根本不需要中介"。同上注，第 70 页。[①]

59 同上注，第 72—80 页。

60 主要参见：Karl A. Menninger, "Cyberporn: Transmission of Images by Computer as Obscene, Harmful to Minors or Child Pornography", *American Jurisprudence Proof of Facts 3d* 51 (2016): 51。

61 Brandon P. Rainey, "The Unlawful Internet Gambling Enforcement Act of 2006: Legislative Problems and Solutions", *Journal of Legislation* 35 (2009): 147–169.

62 "A. G. Schneiderman and IAC Announce New Safety Agreement to Protect Children and Teens on Newly Acquired Ask.FM Site", New York State Attorney General, August 14, 2014, http://www.ag.ny.gov/press-release/ag-schneiderman-and-iac-announce-new-safety-agreement-protect-children-and-teens-newly.

63 Lillian Ablon and Martin C. Libicki, "Wild, Wild, Web: For Now, Cybercrime Has the Upper Hand in Its Duel with the Law", RAND Review 38, no. 2 (Summer 2014): 13–19; M. A. Rush and L. G. Pagilia, "Preventing, Investigating, and

---

① 注释中页码均为原作页码。

Prosecuting Computer Attacks and E-Commerce Crimes: Public-Private Initiative and Other Federal Resources", *Delaware Corporate Litigation Reporter*, August 20, 2001, 15–22.

64 Goldsmith and Wu, *Who Controls the Internet?* 87–104.

65 Jay P. Kesan and Rajiv C. Shah, "Shaping Code", *Harvard Journal of Law and Technology* 18 (2004):319–399; Eric A. Posner, Law and Social Norms (Cambridge, MA: Harvard University Press, 2009); Lawrence Lessig, *Code: And Other Laws of Cyberspace* (New York: Basic Books, 1999) (本文讨论了架构，社会规范，市场，以及用于界定财产权属和建立监管规则的法律之间的相互关系)。

66 Lessig, "Thinking through Law & Code", 5.

67 同上注。其他人有不同观点，认为网络空间并不足以构成一个独立的法律体系。弗兰克·伊斯特布鲁克（Frank Easterbrook）教授在比较了网络空间法与马法（the Law of the Horse 源于伊斯特布鲁克教授在芝加哥大学法律论坛发表的论文《*Cyberspace and the Law of the Horse*》，它定义了互联网诞生初期网络法的状态——译者注）后，认为并不存在网络法（cyber law），因为它实质上并没有一个独立的，可以作为一门法律学科的法律主体（不像媒体法或知识产权法）。传统法律体系（如电信法、版权法或数据保护法）通过扩展（extension）或类比（analogy），就可以简单地应用于数字世界。参见：Frank H. Easterbrook, "Cyberspace and the Law of the Horse", *University of Chicago Legal Forum*, 1996, 207–216。

68 Cheng Lim, T.J. Saw, and Calum Sargeant, "Smart Contracts: Bridging the Gap between Expectation and Reality", Oxford Law Faculty, July 11, 2016, https://www.law.ox.ac.uk/business-law-blog/blog/2016/07/smart-contracts-bridging-gap-between-expectation-and-reality.

69 例如，点对点文件共享服务 Popcorn Time 是一个开源项目，但版权持有者以侵权为由，要求 Github（一个大型开源文件共享服务商）不得托管这一项目的代码。参见："DMCA Notices Nuke 8,268 Projects on Github"，*TorrentFreak*, June 29, 2016, https://torrentfreak.com/dmca-notices-nuke-8268-projects-on-github-160629/。

70 Michael Abramowicz, "Cryptocurrency-Based Law"，*Arizona Law Review* 58 (2016):359–420.

71 马克斯·韦伯把公务员描述为法律和宪法秩序的监护人，其运作独立于选举的政客和有团体。韦伯认为，科层组织内部按特定功能划分权力，有助于确保在没有其他行政部门合作的情况下，任何单一行政机构的行为都无法超越自身的职能范围。参见：Max Weber, *Economy and Society: An Outline of Interpretive Sociology* (Berkeley: University of California Press, 1978): 282。

72 Michel Foucault, Discipline & Punish: The Birth of the Prison (New York: Vintage, 2012).

73 John O'Neill, "The Disciplinary Society: From Weber to Foucault"，*British Journal of Sociology* 37, no. 1 (March 1986): 42–60.

74 这一权力结构的最好例子就是杰里米·边沁（Jeremy Bentham）的"圆形监狱"（Popopton），它是一个有集中控制点的建筑结构，一方可以看到任何事和任何人，而其他人却看不到他。参见：Jeremy Bentham, *Panopticon or the Inspection House*, part 2 (London: Printed for T. Payne, 1791)。

75 Weber, *Economy and Society*.

76 Gilles Deleuze, "Postscript on Control Societies"，in *Negotiations: 1972–1990* (New York: Columbia University Press, 1995), 177–182.

77 Daniel E. Martinez, "Beyond Disciplinary Enclosures: Management Control in the Society of Control"，*Critical Perspectives on Accounting* 22, no. 2 (2011): 200–211.

78 Foucault, *Discipline & Punish*.

79 Bart Simon, "The Return of Panopticism: Supervision, Subjection and the New Surveillance", *Surveillance and Society* 3, no. 1 (2002): 1–20.

80 David Lyon, *Surveillance Society*: *Monitoring Everyday Life* (Buckingham: Open University Press, 2001).

81 Tarleton Gillespie, "The Relevance of Algorithms", in *Media Technologies*: *Essays on Communication, Materiality, and Society*, ed. Tarleton Gillespie, Pablo Boczkowski, and Kirsten Foot (Cambridge, MA: MIT Press, 2014), 167–193; Eytan Bakshy, Solomon Messing, and Lada A. Adamic, "Exposure to Ideologically Diverse News and Opinion on Facebook," *Science* 348, no. 6239 (2015): 1130–1132.

82 Scott Patterson, *Dark Pools: High-Speed Traders, AI Bandits, and the Threat to the Global Financial System* (New York: Crown Business, 2012); Tal Z. Zarsky, "Governmental Data Mining and Its Alternatives", Penn State Law Review 116 (2011): 285–330; Viktor Mayer-Schönberger and Kenneth Cukier, *Big Data: A Revolution That Will Transform How We Live, Work, and Think* (New York: Houghton Mifflin Harcourt, 2013); Dan Slater, *Love in the Time of Algorithms: What Technology Does to Meeting and Mating* (New York: Current, 2013).

83 Gillespie, "The Relevance of Algorithms".

84 Deleuze, "Postscript on Control Societies".

85 Aneesh Aneesh, "Global Labor: Algocratic Modes of Organization", *Sociological Theory* 27, no. 4 (2009): 347–370.

86 Blockchain.info, "Bitcoin Charts", https://blockchain.info/charts/n-transactions; Visa, "Power Your Retail Business beyond the Point of Sale", https://usa.visa.com/run-your-business/small-business-tools/retail.html（值得注意的是，VISA 每天平均处理 1.5 亿次交易，每秒能处理超过 24000 次交易）。

87 Blockchain.info, "Bitcoin Charts—Median Confirmation Time," https://

blockchain.info/charts/median-confirmation-time.

88　Kieren James Lubin, "Blockchain Scalability", O'Reilly Media, January 21, 2015, https://www.oreilly.com/ideas/blockchain-scalability.

89　同上注。

90　区块链增加交易数量的一种方式是通过支付信道（payment channels），它可以使当事人安全地进行交易，而不需要网络中的所有矿工来验证。参见：Joseph Poon and Thaddeus Dryja, "The Bitcoin Lightning Network: Scalable Off-Chain Instant Payments" (2016)。另一个发展中的共识协议是权益证明机制，它使各方能够根据持有的股份（或虚拟货币）来验证交易。已经出现了好几种权益证明机制算法，但所有这些共识协议都还没有实施。参见：Vitalik Buterin, "Slasher: A Punitive Proof-of-Stake Algorithm", *Ethereum*(blog), August 14, 2015, https://blog.ethereum.org/2014/01/15/slasher-a-punitive-proof-of-stake-algorithm; Iddo Bentov, Charles Lee, Alex Mizrahi, and Meni Rosenfeld, "Proof of Activity: Extending Bitcoin's Proof of Work via Proof of Stake［Extended Abstract］," *ACM SIGMETRICS Performance Evaluation Review* 42, no. 3 (2014): 34–37。也有人提出，可以对区块链网络数据库进行碎片化或分区，以提高交易速度。参见：Kyle Croman, Christian Decker, Ittay Eyal, Adem Efe Gencer, Ari Juels, Ahmed Kosba, Andrew Miller, Prateek Saxena, Elaine Shi, and Emin Gün, "On Scaling Decentralized Blockchains", in *Financial Cryptography and Data Security*, Lecture Notes in Computer Science 9604, ed. J. Clark, S. Meiklejohn, P. Ryan, D. Wallach, M. Brenner, and K. Rohloff (Berlin: Springer, 2016), 106–125。

91　已经有一些政府决定采纳和支持这些技术，以提高公共机构的透明度和责任感。

92　Tim Wu, "Agency Threats", *Duke Law Journal* 60 (2011):1841–1857.

第三章　数字货币和去中心化支付系统

1 Francis Elliot and Gary Duncan, "Chancellor Alistair Darling on Brink of Second Bailout for Banks", *The Times* (London), January 3, 2009, http://www.thetimes. co.uk/tto/business/industries/banking/article2160028.ece.

2 这条消息可以通过 blockchain.info 这样的区块链浏览器查看，并且可以查看这个区块的 "coinbase"。参见：https://blockchain.info/tx/4a5e1e4baab89f3a325 18a88c31bc87f618f76673e2cc77ab2127b7afdeda33b?show_adv=true。

3 Jack Weatherford, *The History of Money* (New York: Three Rivers Press, 1997); Paul Einzig, *Primitive Money: In Its Ethnological, Historical and Economic Aspects* (Amsterdam: Elsevier, 2014).

4 Christopher Howgego, *Ancient History from Coins* (London: Routledge, 1995).

5 Thomas Francis Carter, *The Invention of Printing in China and Its Spread Westward* (New York: Columbia University Press, 1925); Frances Wood, *The Silk Road*: *Two Thousand Years in the Heart of Asia* (Berkeley: University of California Press, 2002).

6 根据奥伦·巴·吉尔（Oren Bar Gill）的报告，在 2000 年，消费者使用了 14.4 亿张信用卡（即每个家庭有近 14 张卡），购买了约 1.4 万亿美元的商品和服务。普通家庭信用卡交易额平均为 14000 美元，约占家庭收入中值的 33%。参见：Oren Bar-Gill, "Seduction by Plastic", *Northwestern University Law Review* 98, no. 4 (2004): 1373–1434 at 1373–1374。另参见：Gajen Kandiah and Sanjiv Gossain, "Reinventing Value: The New Business Ecosystem", *Strategy and Leadership* 26, no. 5 (1998): 28–33。

7 Wayne K. Lewis and Steven H. Resnikoff, "Negotiable Instruments and Other Payment Systems: Problems and Materials", Lexis / Nexus, 2007.

8 Jane Kaufman Winn, "Clash of the Titans: Regulating the Competition between Established and Emerging Electronic Payment Systems", *Berkeley Technology*

Law Journal 14, no. 2 (1999): 675–709; Andreas Crede, "Electronic Commerce and the Banking Industry: The Requirement and Opportunities for New Payment Systems Using the Internet", *Journal of Computer-Mediated Communication* 1, no. 3 (1995), http://dx.doi.org/10.1111/j.1083-6101.1995.

9 Henry H. Perritt Jr., "Legal and Technological Infrastructures for Electronic Payment Systems", *Rutgers Computer and Technology Law Journal* 22 (1996):1–60.

10 Tom Kokkola, "The Payment System, Payments, Securities and Derivatives, and the Role of the Eurosystem", European Central Bank, 2010, https://www.ecb.europa.eu/pub/pdf/other/paymentsystem201009en.pdf.

11 Ezra Rosser, "Immigrant Remittances", *Connecticut Law Review* 41 (2008):1–62; Devesh Kapur and John McHale, "Migration's New Payoff", *Foreign Policy*, no. 139 (2003): 48–57.

12 Pew Research Center, "Remittance Flows Worldwide in 2012", February 2014, http://www.pewsocialtrends.org/2014/02/20/remittance-map/.

13 Benjamin M. Lawsky, "Superintendent Lawsky's Remarks at the BITS Emerging Payments Forum, Washington, DC", New York State Department of Financial Services, June 3, 2015, https://media.scmagazine.com/documents/127/speech_-_june_3,_2015__nydfs_a_31558.pdf.

14 参见: J. Christopher Westland and Theodore H. K. Clark, *Global Electronic Commerce Theory and Case Studies* (Cambridge, MA: MIT Press, 2000)。

15 World Bank Group, Finance and Markets, *Remittance Prices Worldwide*, no. 14 (June 2015):1–7, https://remittanceprices.worldbank.org/sites/default/files/rpw_report_june_2015.pdf.

16 比特币与电子邮件最关键的不同点是，发送比特币不是免费的。和传统的纸质邮件一样，发送一笔大额比特币交易时，需要支付一小笔交易费（可以低至 0.0001 比特币）给矿工，用于维护数据库和处理比特币交易。

17 Joshua Baron, Angela O'Mahony, David Manheim, and Cynthia Dion-Schwarz, "National Security Implications of Virtual Currency: Examining the Potential for Non-state Actor Deployment", Research Report 1231 (Santa Monica, CA: RAND Corporation, 2015), http://www.rand.org/pubs/research_reports/RR1231. html.

18 如果某个国家的通货膨胀率大于比特币当前的波动率，个人可能会做出这样的选择。

19 事实上，虚拟货币的吸引力是在希腊最近经历的金融危机中表现出来的，这导致了比特币虚拟货币的购买量增加。仅仅几个星期，它的价格就飙升 10% 以上，部分原因是欧洲比特币购买量增加了三倍。参见：Karen Maley, "Flight from Gold to Digital Currencies", *Financial Review*, July 3, 2015, http://www.afr.com/personal-finance/flight-from-gold-to-digital-currencies-20150703-ghyuv3?stb=twt。

20 Gareth W. Peters and Efstathios Panayi, "Understanding Modern Banking Ledgers through Blockchain Technologies: Future of Transaction Processing and Smart Contracts on the Internet of Money", In Banking beyond *Banks and Money* (Cham: Springer, 2016), 239–278.

21 Bryant Gehring, "How Ripple Works", Ripple, October 16, 2014, https://ripple.com/knowledge_center/how-ripple-works/.

22 同上注。

23 同上注。

24 Paul Smith, "Westpac, ANZ Trial Ripple Payments, but Big Four Reluctant on Bitcoin", *Financial Review*, June 9, 2015, http://www.afr.com/business/banking-and-finance/financial-services/westpac-anz-trial-ripple-payments-but-big-four-reluctant-on-bitcoin-20150605-ghhmsq; Michael J. Casey,

"Ripple Signs First Two U.S. Banks to Bitcoin-Inspired Payments Network", *Wall Street Journal*, September 24, 2014, http://blogs.wsj.com/moneybeat/2014/09/24/ripple-signs-first-two-u-s-banks-to-bitcoin-inspired-payments-network/; Bailey Reutzel, "German E-Bank Fidor Moving to the U.S. Despite Uncertain Regs", *PaymentSource,* February 23, 2015, http://www.paymentssource.com/news/technology/german-ebank-fidor-moving-to-the-us-despite-uncertain-regs-3020637-1.html.

25 Abra, https://www.goabra.com.

26 Stephanie Lo and J. Christina Wang, "Current Policy Perspectives: Bitcoin as Money?", Federal Reserve Bank of Boston, September 4, 2014（该文介绍了比特币价格波动所引发的经济问题）。

27 有关这些监管规则的细节，参见：Kevin Tu and Michael Meredith, "Rethinking Virtual Currency Regulation in the Bitcoin Age", *Washington Law Review* 90 (2015):271–347。美国联邦一级的法规和规则的例子是 31 C.F.R. § 1010.310（2015）（有关货币交易报告的规则）和 26 U.S.C. § 6050L（2006）（从事贸易或商业的人在相关交易中收到超过 1 万美元现金的报告要求）。另参见：31 C.F.R. § 1010.122（2014）（有关货币交易商及其他货币服务的规则）；31 C.F.R. § 1010.410（f）（2014）（概述了报告要求）。关于全球各国有关 KYC（know-your-customer，了解客户）规范的概要，参见：PWC report，"Know Your Customer: Quick Reference Guide—Understanding Global KYC Differences", Price Waterhouse Coopers, January 2013, https://www.pwc.com/gx/en/financial-services/assets/pwc-kyc-anti-money-laundering-guide-2013.pdf。

28 Tu and Meredith, "Rethinking Virtual Currency Regulation".

29 同上注。

30 同上注。

31 同上注。同样，在欧洲，第四号反洗钱指令（The fourth Anti–Money Laundering Directive，AMLD4）于 2015 年 5 月颁布，它加强了欧盟反洗钱和反恐怖主义融资法，并与金融行动特别工作组（Financial Action Task Force，FAFT）发布的 2012 项建议一致。该指令规定银行和其他支付运营商负责监控金融交易和核实客户身份。此前虚拟货币运营商并不在指令范围内，但 2016 年 7 月，欧盟委员会通过了一项立法提案，将虚拟货币交易平台和钱包托管商也置于 AMLD4 的范围内。参见：http://ec.europa.eu/justice/criminal/document/files/aml-directive_en.pdf。

32 Joshuah Bearman, "The Untold Story of Silk Road", *Wired*, March 2015, http://www.wired.com/2015/04/silk-road-1/.

33 U.S. Department of the Treasury, "National Terrorist Financing Risk Assessment", 2015, http://www.treasury.gov/resource-center/terrorist-illicit-finance/Documents/Nationai%20Terrorist%20Financing%20Risk%20Assessment%20%E2%80%93%2006-12-2015.pdf.

34 Omri Y. Marian, "Are Cryptocurrencies Super Tax Havens?", *Michigan Law Review (First Impression)* 112 (2013): 38–48.

35 阿米尔·塔基（Amir Taaki）和科迪·威尔森（Cody Wilson）是备受争议的 3D 打印手枪的主要开发者，他们也创建了暗钱包（Dark Wallet）服务。通过类似暗钱包这样的服务，混合交易变得越来越容易，用户能够轻松地建立隐形比特币账户，自动混合通过这一账户的任何交易，这样就很难了解特定账户比特币交易的详细情况。参见：Darkwallet, https://www.darkwallet.is/。

36 Eli Ben Sasson, Alessandro Chiesa, Christina Garman, Matthew Green, Ian Miers, Eran Tromer, and Madars Virza, "Zerocash: Decentralized Anonymous Payments from Bitcoin", in 2014 *IEEE Symposium on Security and Privacy (SP)* (Piscataway, NJ: IEEE, 2014), 459–474.

37 同上注。

38 同上注。

39 重要的是，并非所有零币交易都是匿名的，各方选择使交易成为私人交易的，才是匿名交易。

40 Meghan E. Griffiths, "Virtual Currency Businesses: An Analysis of the Evolving Regulatory Landscape", *Texas Technology and Administrative Law Journal* 16 (2015): 303–331 at 308; Reuben Grinberg, "Bitcoin: An Innovative Alternative Digital Currency", *Hastings Science and Technology Law Journal* 4 (2012): 160–208.

41 Joichi Ito, "Why Anti—Money Laundering Laws and Poorly Designed Copyright Laws Are Similar and Should Be Revised", March 12, 2016, http://pubpub.ito.com/pub/dmca-drm-aml-kyc-backdoors.

42 例如, 格雷姆－里奇－比利雷法（The Gramm-Leach-Bliley Act，GLBA）规定, 提供金融产品或服务的金融机构, 应主动向客户解释它们的信息共享规定, 并尽最大努力保护敏感数据的安全。参见：15 U.S.C.A. § 6801 (2011)。

43 由于网络安全攻击无法完全避免，隐私问题就显得非常重要。当与虚拟货币账户相关的个人信息落入坏人手中时，受害人几乎没有追索权。而信息一旦被泄露，由于可以通过区块链来跟踪账户的任何变动，就很难将被入侵账户重新匿名化。只要账户持有者的身份被泄露或被推断出，除非使用了匿名技术，否则就可以在区块链上追踪到被入侵账户的财务活动。由于这些特性，不难想象，那些大额虚拟货币账户的所有者将成为重点攻击目标。

44 John Perry Barlow, "Declaration of Independence of the Cyberspace" (1996), https://www.eff.org/cyberspace-independence.

45 Scott E. Feir, "Regulations Restricting Internet Access", *Pacific Rim Law and Policy Journal* 6 (1997): 361–389.

46 同上注。Jennifer Shyu, "Speak No Evil: Circumventing Chinese Censorship", San *Diego Law Review* 45 (2008): 211–249.

47 Paul Armer, "Privacy Aspects of the Cashless and Checkless Society: Testimony Before the Senate Subcommittee on Administrative Practice and Procedure", Paper no. P-3822 (Santa Monica, CA: Rand Corporation, 1968).

48 Paul Armer, "Computer Technology and Surveillance", *Computers and People* 24, no. 9 (September 1975):8–11, https://ia801708.us.archive.org/25/items/bitsavers_computersA_3986915/197509.pdf.

49 同上注。

50 通过一些最流行的区块链浏览器，人们可以很方便的检查特定比特币交易是如何被污染的。例如，在比特币浏览器 Blockchain.info (http://www.blockchain.info) 中，人们点击按钮就可以对交易进行可视化和污染分析。

51 Dan Goodin, "Bitcoins Worth $228,000 Stolen from Customers of Hacked Webhost", *ArsTechnica*, March 2, 2012, http://arstechnica.com/business/2012/03/bitcoins-worth-228000-stolen-from-customers-of-hacked-webhost/.

52 Vitalik Buterin, "MtGox: What the Largest Exchange Is Doing about the Linode Theft and the Implications", *Bitcoin Magazine*., May 21, 2012, https://bitcoinmagazine.com/1323/mtgox-the-bitcoin-police-what-the-largest-exchange-is-doing-about-the-linode-theft-and-the-implications/.

53 人们提出了使非法比特币交易更容易跟踪的建议，如迈克·侯恩（Mike Hearn）（时任比特币基金会法律和政策委员会主席）提出的硬币标记建议（coin-marking proposal）和亚历克斯·沃特（Alex Waters）（比特币交易所 Bitinstant 前首席技术官）提出的硬币验证建议（coin-validation proposal）。参见：Danny Bradbury, "Anti-theft Bitcoin Tracking Proposals Divide Bitcoin Community", *CoinDesk*, November, 15, 2013, http://www.coindesk.com/bitcoin-tracking-proposal-divides-bitcoin-community/; Kashmir Hill, "Sanitizing Bitcoin: This Company Wants to Track 'Clean' Bitcoin Accounts", *Forbes*, November 13,

2013, http://www.forbes.com/sites/kashmirhill/2013/11/13/sanitizing-bitcoin-coin-validation/。然而，考虑到可替代性问题，这些建议被比特币协议的维护者拒绝了。

54 Malte Möser, Rainer Böhme, and Dominic Breuker, "Towards Risk Scoring of Bitcoin Transactions", in *International Conference on Financial Cryptography and Data Security*, ed. Rainer Böhm, Michael Brenner, Tyler Moore, and Matthew Smith (Berlin: Springer, 2014), 16–32.

55 Bank of International Settlements, Committee on Payments and Market Infrastructures, "Survey of Electronic Money Developments", May 2000, http://www.bis.org/cpmi/publ/d38.pdf.

56 希拉里·艾伦（Hillary Allen）认为，"虚拟货币只有在被广泛应用的情况下才有变革能力，也只有广泛应用的虚拟货币才会威胁现有的金融体系"。参见：Hillary Allen, "$= € =BITCOIN?" *Maryland Law Review* 76, no. 4 (2017):877–941。

57 根据国际货币基金组织的报告，"在虚拟货币之外，尽管分布式记账技术的广泛使用带来的风险较小，但随着时间的推移，它仍会严重威胁包括中央银行在内的既定金融体系的部分商业模式"。参见："Note on 'Virtual Currencies and Beyond'", IMF Staff Discussion, January 2016。

58 Benjamin M. Friedman, "The Future of Monetary Policy: The Central Bank as an Army with only a Signal Corps?", *International Finance* 2, no. 3 (1999): 321–338.

59 U.S. Federal Reserve, "The U.S. Path to Faster Payments: Final Report, Part One: The Faster Payments Task Force Approach", January 2017, https://www.federalreserve.gov/newsevents/press/other/US-path-to-faster-payments-pt1-201701.pdf.

60 Timothy May, "Crypto Anarchy and Virtual Communities" (1994), http://groups.

csail.mit.edu/mac/classes/6.805/articles/crypto/cypherpunks/may-virtual-comm. html.

第四章　作为法律契约的智能合约

1 Frank Hayes, "The Story So Far", *Computerworld*, June 17, 2002, http://www. computerworld.com/article/2576616/e-commerce/the-story-so-far.html.

2 同上注。

3 Charalambos L. Lacovou, Izak Benbasat, and Albert S. Dexter, "Electronic Data Interchange and Small Organizations: Adoption and Impact of Technology," *MIS Quarterly* 19, no. 4 (December 1995): 465–485.

4 Nick Szabo, "Formalizing and Securing Relationships on Public Networks", *First Monday* 2, no. 9 (September 1, 1997), http://ojphi.org/ojs/index.php/fm/article/view/548/469. （中译本参考：https://www.jianshu.com/p/fdf53ed334cd——译者注）。

5 同上注。

6 Mark S. Miller, Chip Morningstar, and Bill Frantz, "Capability-Based Financial Instruments", in *International Conference on Financial Cryptography*, ed. Yair Frankel (Berlin: Springer, 2000), 349–378.

7 Simon Peyton Jones, Jean-Marc Eber, and Julian Seward, "Composing Contracts: An Adventure in Financial Engineering (Functional Pearl)", ACM SIGPLAN Notices 35, no. 9 (2000): 280–292, http://research.microsoft.com/en-us/um/people/ simonpj/Papers/financial-contracts/contracts-icfp.pdf.

8 Ian Grigg, "The Ricardian Contract", in *Proceedings of the First IEEE International Workshop on Electronic Contracting*, ed. Ming-Chien Shan, Boualem Benetallah, and Claude Godart (Piscataway, NJ: IEEE, 2004), 25–31, http://iang. org/papers/ricardian_contract.html.

9 Harry Surden, "Computable Contracts", *University of California-Davis Law*

Review 46 (2012):629–700.

10　Stephen J. Choi and Mitu Gulati, "Contract as Statute," *Michigan Law Review* 104 (2006):1129–1173（注意：传统的合同解释模式侧重于"合意"）。

11　需要重点强调的是，并不是所有的合同都是以这种方式达成的。正如伊恩·麦克尼尔（Ian Macneil）所指出的，许多合同不是相互独立和预先协商的，而只是双方之间持续的商业交易的延续。这种"关系型协议"（relational contracting）与其他合同的不同之处在于，通常并不存在一个双方达成合意的特定时刻。协议过程是随着双方收集更多关于另一方的信息而逐步推进的。参见：Ian R. Macneil, *The New Social Contract: An Inquiry into Modern Contractual Relations* (New Haven, CT: Yale University Press, 1980)。另参见：Ian R. Macneil, "Contracts: Adjustment of Long-Term Economic Relations under Classical, Neoclassical, and Relational Contract Law", *Northwestern University Law Review* 72 (1977): 854–905。

12　当然，尽管总是有可能通过传统法律体系寻求救济，但在某些情况下，智能合约的效力可能难以完全撤销。例如，当事人的资金被困在自动托管账户中。

13　Kevin D. Werbach and Nicolas Cornell, "Contracts Ex Machina", *Duke Law Journal* 67 (2017).

14　Alec Liu, "Smart Oracles: Building Business Logic with Smart Contracts", Ripple, July 16, 2014, https://ripple.com/insights/smart-oracles-building-business-logic-with-smart-contracts/; Vitalik Buterin, "Ethereum and Oracles," *Ethereum* (blog), July 22, 2014, https://blog.ethereum.org/2014/07/22/ethereum-and-oracles/.

15　Michael del Castillo, "Lawyers Be DAMNed: Andreas Antonopoulos Takes Aim at Arbitration with DAO Proposal", *CoinDesk*, May, 26, 2016, http://www.coindesk.com/damned-dao-andreas-antonopoulos-third-key/. 另参见：Michael Abramowicz, "Cryptocurrency-Based Law", *Arizona Law Review* 58 (2016): 359–

420（该文解释了区块链如何促进点对点仲裁，以降低交易成本和增加当事人互信）。

16 M. Ethan Katsh, *Law in a Digital World* (Oxford: Oxford University Press, 1995), 120.

17 Pietro Ortolani, "Self-Enforcing Online Dispute Resolution: Lessons from Bitcoin", *Oxford Journal of Legal Studies* 36, no. 3 (2016): 595–629.

18 约书亚·费尔菲尔德（Joshua Fairfield）指出，这里的关键点是，智能合约允许当事人按照自己设定的条件直接转移有价值的数字资产，而无须任何机构充当交易中介。参见：Joshua Fairfield, "Smart Contracts, Bitcoin Bots, and Consumer Protection", *Washington and Lee Law Review Online* 71 (2014):35–50。

19 每次下载"Tiny Humans"的款项分配：

姓名	角色	版税（%）
Imogen Heap	演唱作曲（Vocal / Composer）	91.25
Stephanie Appelhans	第一小提琴手（Violin I）	1.25
Diego Romano	第二小提琴手（Violin II）	1.25
Yasin Gündisch	中提琴（Viola）	1.25
Hoang Nguyen	大提琴（Cello）	1.25
Simon Minshall	低音长号（Bass Trombone）	1.25
David Horwich	法国号（French Horn）	1.25
Simon Heyworth	母带处理工程师（Mastering Engineer）	1.25

参见：Ujo Music, "Imogen Heap Alpha," https://alpha.ujomusic.com/#/imogen_heap/tiny_human/tiny_human

20 同上注。

21 OpenBazaar, https://openbazaar.org/; SafeMarket, https://safemarket.github.io/.

22 Arvind Narayanan, Joseph Bonneau, Edward Felten, Andrew Miller, and

Steven Goldfeder, *Bitcoin and Cryptocurrency Technologies: A Comprehensive Introduction* (Princeton, NJ: Princeton University Press, 2016).

23　试举例说明，爱丽丝在区块链市场上发现了一台洗衣机的销售信息，卖方是鲍勃，售价 1 个比特币。爱丽丝决定购买后，就可以向一个基于智能合约的虚拟托管账户转移 1 个比特币，并将收件信息发送给鲍勃。过几天，爱丽丝收到洗衣机并验收满意后，就可以通过向智能合约发送一个经过数字签名的区块链信息，将 1 个比特币支付给鲍勃，这样，这笔交易无须任何可信第三方就完成了。然而，如果爱丽丝发现洗衣机有瑕疵，或根本没有收到洗衣机，她可以求助于第三方仲裁员（一个人类预言机），以收回资金。仲裁员根据双方提交的相关信息做出裁决，并将托管的资金支付给爱丽丝或鲍勃。参见前注。

24　George G. Triantis, "The Efficiency of Vague Contract Terms: A Response to the Schwartz-Scott Theory of U.C.C. Article 2", *Louisiana Law Review* 62 (2002): 1065–1079.

25　Steven Norton, "Law Firm Hogan Lovells Learns to Grapple with Blockchain Contracts", WSJ.com, February 2, 2017, http://blogs.wsj.com/cio/2017/02/01/law-firm-hogan-lovells-learns-to-grapple-with-blockchain-contracts/.

26　Robert A. Wittie and Jane K. Winn. "Electronic Records and Signatures under the Federal E-SIGN Legislation and the UETA", *Business Lawyer* 56 (2000):293–340.

27　例如，在美国，仲裁裁决可能因"明显漠视"（manifest disregard）法律而被宣告无效。参见：Wilko v. Swan, 346 U.S. 427, 436–437 (1953)（该案阐明了随后法庭所认定的"明显漠视"原则），但在 Rodriguez de Quijas v. Shearson / American Express, Inc., 490 U.S. 477 (1989) 案中，这一原则又因其他理由被推翻。Noah Rubins, "Manifest Disregard of the Law and Vacatur of Arbitral Awards in the United States", *American Review of International Arbitration* 12 (2001):

363–386（该文描述了"明显漠视"原则在不同巡回法庭的适用情况）。

28 Restatement (Second) Contracts § 4. （"允诺可以用口头或书面的方式来表述，也可以全部或部分地从行为中推断出来。"）

29 同上注（主张一个具有法律约束力的允诺，可以通过一个适当的行为意图"表现"来证明）。

30 正如美国最高法院首席大法官威廉·奎斯特（William Rehnquist）在 *Hercules, Inc. v. United States*, 516 U.S. 417, 424 (1996) 案中所述，即使某一事实在明示合同中没有体现，但如果根据当事人的行为，周围环境，当事人间的默契等，可以推断出这一事实，则可以认为事实上存在默示的协议。

31 Bibb v. Allen, 149 U.S. 481 (1893).

32 Electronic Signatures in Global and National Commerce Act, Pub. L. No. 106–229, 114 Stat. 464 (2000) (codified at 15 U.S.C. § § 7001–7031); Uniform Electronic Transactions Act (2000).

33 Uniform Electronic Transactions Act § 7.

34 同上注。§2。

35 同上注。

36 然而，特别需要注意的是，当事人订立的智能合约，也可以包含人们可以修改或违反协议的内容。智能合约会因具体情形、主体以及需求的不同，表现出一定的变通性。

37 Surden, "Computable Contracts".

38 正如弗兰克·B·克罗斯（Frank B. Cross）所述，"信任是商业关系的重要组成部分。除了以上讨论的管理问题之外，市场营销专家还视'人际信任为成功商业交易的关键'。信任'在大多数买卖关系中被认为是有约束力的。'"参见：Frank B. Cross, "Law and Trust", *Georgetown Law Journal* 93 (2004):1457–1546。

39 Timothy May, "The Crypto Anarchist Manifesto" (1988), https://www.activism.

net/cypherpunk/crypto-anarchy.html.

40 Richard A. Posner, "The Law and Economics of Contract Interpretation", University of Chicago Law and Economics, Olin Working Paper 229 (2004).

41 Allan E. Farnsworth, "'Meaning' in the Law of Contracts", *Yale Law Journal* 76, no. 5 (1967): 939–965.

42 正如密歇根大学教授莱曼·艾伦（Layman Allen）在 1956 年所指出的，"因书面文书所引发的诉讼，无论是章程、合同、遗嘱、权属证书或内部规章，都可以追溯到起草人未能明确表达他的意思"。尽管"某些条款可能故意留下歧义"，但争议往往产生于"不经意的模糊，这是本来是可以避免的"，因为起草者通过严格的符合形式逻辑的合同条款，清楚地表达了他想要说的话。参见：Layman E. Allen, "Symbolic Logic: A Razor-Edged Tool for Drafting and Interpreting Legal Documents", *Yale Law Journal* 66 (1956): 833–879。

43 John W. L. Ogilvie, "Defining Computer Program Parts under Learned Hand's Abstractions Test in Software Copyright Infringement Cases", *Michigan Law Review* 91, no. 3 (1992):526–570.

44 Henry E. Smith, "Modularity in Contracts: Boilerplate and Information Flow", *Michigan Law Review* 104 (2006): 1175–1222.

45 我们注意到，这并不是智能合约专有的特性。任何使用代码编制的数字合同都可以被修改、分析，可以建立在开源软件的基础上。

46 正如哈里·苏顿（Harry Surden）在谈及可计算合同时所指出的，"它们降低了创建和解决可计算合同条款的交易成本。在传统范式中，协商和履行合同条款的成本通常都非常高。而数据导向合同的条款是可选择的，也是可以动态调整的，可计算合同的合规性可以根据其条款本身（prima-facie）进行评估，这可以降低交易成本"。参见：Surden, "Computable Contracts"。

47 苏顿认为，"一旦法律义务被固化到结构化数据中，就意味着它们是可机器加工的，它们就可以通过计算机系统进行比较、处理、总结和控制，就像我们更熟悉的其他企业数据（例如，会计和收入数据）一样"。参见上注。另参见：George S. Geis, "Automating Contract Law", *New York University Law Review* 83, no. 2 (2008): 450–500。

48 Ahmed Kosba, Andrew Miller, Elaine Shi, Zikai Wen, and Charalampos Papamanthou, "Hawk: The Blockchain Model of Cryptography and Privacy-Preserving Smart Contracts", in 2016 *IEEE Symposium on Security and Privacy (SP)*, ed. Michel Locasto, Vitaly Shmatikov, and Ulfar Erlingsson (Piscataway, NJ: IEEE, 2016), 839–858.

49 同上注。

50 同上注。

51 Ian Ayres and Robert Gertner, "Filling Gaps in Incomplete Contracts: An Economic Theory of Default Rules", *Yale Law Journal* 99 (1989): 87–130（该文研究了区分违约和强制性规则的意义）。

52 Karen E. C. Levy, "Book-Smart, Not Street-Smart: Blockchain-Based Smart Contracts and the Social Workings of Law", *Engaging Science, Technology, and Society* 3 (2017): 1–15.

53 Robert W. Gordon, "Macaulay, Macneil, and the Discovery of Solidarity and Power in Contract Law," *Wisconsin Law Review* 1985 (1985):565–579.

54 同上注。

55 Levy, "Book-Smart, Not Street-Smart".

56 无论法官的判决如何，当事人向智能合约支付的资金，其中一部分会因技术原因而无法收回。

57 Martha T. McCluskey, Thomas Owen McGarity, Sidney A. Shapiro, James Goodwin, and Mollie Rosenzweig, "Regulating Forced Arbitration in Consumer Financial Services: Re-opening the Courthouse Doors to Victimized Consumers" (Washington, DC: Center for Progressive Reform, May 2016).

58 J. Elin Bahner, Anke-Dorothea Hüper, and Dietrich Manzey, "Misuse of Automated Decision Aids: Complacency, Automation Bias and the Impact of Training Experience", *International Journal of Human-Computer Studies* 66, no. 9 (2008): 688–699; Danielle Keats Citron, "Technological Due Process", *Washington University Law Review* 85 (2007): 1249–1313.

59 凯文・E・戴维斯（Kevin E. Davis）指出，"认知和经济上的局限，限制了缔约方起草复杂合同的能力。他们没有能力起草一份事前（exante）可以取得重大利益的固定（immutable）的合同，只能起草一个可变更（mutable）的合同，这样他们就可能从贸易中获得重大收益。换言之，有时起草一个固定的合同（即在所有情况下）的成本不仅高到几无可能，甚至起草一份部分不可更改的合同也是不可能的，即便它可以成功的定义和区分是否允许修改的条件"。参见：Kevin E. Davis, "The Demand for Immutable Contracts: Another Look at the Law and Economics of Contract Modifications", *New York University Law Review* 81, no. 2 (May 2006): 487–549。

60 智能合同并不是唯一使合同更容易起草的技术趋势。正如约翰・麦金尼斯（John McGinnis）和罗素・皮尔斯（Russell Pearce）所认识到的那样，机器学习本身的进步，将使计算机能够生成可用的交易文件，并在法律界得到更广泛的应用。参见：John O. McGinnis and Russell G. Pearce, "The Great Disruption: How Machine Intelligence Will Transform the Role of Lawyers in the Delivery of Legal Services", *Fordham Law Review* 82 (2014): 3041–3066。我们相信智能合约会加速这一进程。例如，人工智能驱动的算法，可以组装模块化和标准化的智能合约代码块，以构建复杂的可以通过律师复审的法律协议。律师不再需要花时间起草合同中经常出现的、公式化的合同条款，而是可以依靠人工智能来编写涉及自然语言条款，以及智能合约代码的标准化协议。正如我们今天惊叹于人们可以借助信件和传真机来从事商业通信一样，最终，我们也会惊叹，律师只需花费几天，花费数百美元（如果不是数千美元的话），就可以准备好涵盖了基本和常规经济安排的法律协议。

61 最终，与其他基于代码的系统一样，律师甚至可以依赖人工智能来编写基于智能合约的协议。事实上，正如我们在语言翻译和图像识别领域所看到的，人工智能已经被证明，它可以以一种不可思议的能力，来分类、识别和组织复杂信息，有时甚至具备人类一样的判断能力。法律协议，特别是那些依靠智能合约的协议，也会受益于这些系统。

62 Klaus Von Lampe and Per Ole Johansen, "Organized Crime and Trust: On the Conceptualization and Empirical Relevance of Trust in the Context of Criminal Networks", *Global Crime* 6, no. 2 (2004): 159–184.

63 Bill McCarthy, John Hagan, and Lawrence E. Cohen, "Uncertainty, Cooperation, and Crime: Understanding the Decision to Co-offend", *Social Forces* 77 (1998): 155–184.

64 Pokerium, http://www.pokereum.io/.

65 Ari Juels, Ahmed Kosba, and Elaine Shi, "The Ring of Gyges: Investigating the Future of Criminal Smart Contracts", in *Proceedings of the 2016 ACM SIGSAC Conference on Computer and Communications Security* (New York: ACM, 2016), 283–295.

66 同上注。

67 同上注。

第五章　智能证券与衍生品

1 Cade Metz, "Hedge Fund Borrows $10M in Stock via the Bitcoin Blockchain", Wired, October 14, 2015, http://www.wired.com/2015/10/hedge-fund-borrows-10m-in-stock-via-the-bitcoin-blockchain/.

2 David Mills, Kathy Wang, Brendan Malone, Anjana Ravi, Jeff Marquardt, Clinton Chen, Anton Badev, Timothy Brezinski, Linda Fahy, Kimberley Liao, Vanessa

Kargenian, Max Ellithorpe, Wendy Ng, and Maria Baird, "Distributed Ledger Technology in Payments, Clearing, and Settlement", Finance and Economics Discussion Series 2016–095 (Washington, DC: Board of Governors of the Federal Reserve System), https://doi.org/10.17016/FEDS.2016.095.

3 同上注。

4 有关中央对手方监管框架的概要，参见：Shearman & Sterling LLP, "Financial Institutions Advisory & Financial Regulatory: EU-US Agreement on Regulation of Central Counterparties", February 16, 2016, http://www.shearman.com/~/media/ Files/NewsInsights/Publications/2016/02/EUUS-Agreement-On-Regulation-Of-Central-Counterparties-FIAFR-021616.pdf。

5 Ruben Lee, *What Is an Exchange? Automation, Management, and Regulation of Financial Markets* (Oxford: Oxford University Press, 1998).

6 Donald MacKenzie and Yuval Millo, "Negotiating a Market, Performing Theory: The Historical Sociology of a Financial Derivatives Exchange" (2001), https:// papers.ssrn.com/sol3/papers.cfm?abstract_id=279029&rec=1&srcabs=1061799&alg=7&pos=1。

7 Richard Squire, "Clearinghouses as Liquidity Partitioning", *Cornell Law Review* 99 (2014):857–924.

8 Jeremy C. Kress, "Credit Default Swaps, Clearinghouses, and Systemic Risk: Why Centralized Counterparties Must Have Access to Central Bank Liquidity", *Harvard Journal on Legislation* 48, no. 1 (2011): 49–93; Sean J. Griffith, "Governing Systemic Risk: Towards a Governance Structure for Derivatives Clearinghouses", *Emory Law Journal* 61, no. 5 (2012): 1153–1240.

9 Mills et al., "Distributed Ledger Technology".

10 Arthur E. Wilmarth Jr., "The Transformation of the US Financial Services Industry, 1975–2000: Competition, Consolidation, and Increased Risks",

University of Illinois Law Review 2002 (2002): 215–476.

11 同上注。

12 有关股票结算和清算过程中所涉及的各类中介机构的概况，参见：James W. Christian, Robert Shapiro, and John-Paul Whalen, "Naked Short Selling: How Exposed Are Investors?", *Houston Law Review* 43 (2006): 1033–1090。

13 James Schneider, Alexander Blostein, Brian Lee, Steven Kent, Ingrid Groer, and Eric Beardsley, "Blockchain Putting Theory into Practice", Profiles in Innovation, Goldman Sachs, May 24, 2016, https://www.scribd.com/doc/313839001/Profiles-in-Innovation-May-24-2016-1.

14 Dominic O'Kane, "Credit Derivatives Explained: Markets, Products, and Regulations", Lehman Brothers, March 2001, http://www.centaur.com.cy/uploads/File/[Lehman%20Brothers] %20Credit%20Derivatives%20Explained%20-%20Market, %20Products, %20and%20Regulations.pdf.

15 事实上，根据美联储前主席艾伦·格林斯潘（Alan Greenspan）的说法，"我们金融市场的流动性面临的最大的威胁，是对金融交易的清算和结算过程的干扰"。参见："Remarks by Alan Greenspan, Chairman, Board of Governors of the Federal Reserve System at the Financial Markets Conference of the Federal Reserve Bank of Atlanta, Coral Gables, Florida", March 3, 1995, https://fraser.stlouisfed.org/scribd/?item_id=8532&filepath=/files/docs/historical/greenspan/Greenspan_19950303.pdf。

16 James Steven Rogers, "Policy Perspectives on Revised U.C.C. Article 8", *UCLA Law Review* 43(1996):1431–1545. 举例来说，假设一家大型金融公司错误判断财富 500 强股票的价格走势，并据此进行了一系列交易。金融系统结算和清算这些交易的时间越长，这些损失的影响就越大。交易在很多方面是零和游戏：当大型金融公司作出错误预测时，对交易对手而言，无论是基于投机的目的，还是为了对冲股票价格可能对他们不利的风险，都是一个好的赌注。

但是，如果大公司在交易中违约并丧失了履约能力，那么即使对手获胜了也可能无法获得补偿，这实际等于输掉了，这反过来又会影响他们履行其他义务的能力。因此，当一个金融公司在一个或一系列交易中所遭受的损失足够大和足够集中时，它的影响也会变得集中，会被放大。

17 Robert R. Bliss and Robert S. Steigerwald, "Derivatives Clearing and Settlement: A Comparison of Central Counterparties and Alternative Structures", *Economic Perspectives—Federal Reserve Bank of Chicago* 30, no. 4 (2006): 22–29.

18 例如，欧盟于 2012 年 7 月 4 日通过的《欧洲市场基础设施监管条例》（European Market Infrastructure Regulation，EMIR），缓解了场外衍生品交易的风险。它制定了如何及时、准确、适当的隔离担保（collateral）交易的标准，特别是两种类型的担保物（collateralization）：（1）关于预期损失的初始保证金，其可能来自交易对手的违约；以及（2）与场外衍生品的当前市场价值有关的风险敞口有关的追加保证金。参见欧洲议会和理事会 2012 年 7 月 4 日发布的《场外衍生品、中央对手方和交易存管机构条例》：Regulation (EU) No 648 / 2012。

19 Noah L. Wynkoop, "The Unregulables? The Perilous Confluence of Hedge Funds and Credit Derivatives", *Fordham Law Review* 76 (2007):3095–3099.

20 Robert Steigerwald, "Transparency, Systemic Risk and OTC Derivatives—the G-20 Trade Execution and Clearing Mandates Reconsidered", *Futures & Derivatives Law Report* 34, no. 7 (2014):20.

21 Alan Murray, "Brexit or Not, Market Volatility Is Here to Stay", *Fortune*, June 21, 2016,http://fortune.com/tag/derivatives/［该文就涉及嘉能可（Glencore）公司的问题，与安联（Allianz）公司首席执行官奥利弗·贝特（Oliver Baete）探讨，他认为："实体经济和金融之间有脱节……不是实体经济控制金融，这个过程已经逆转。衍生品市场控制了现货市场，而现货市场又控制了实体经济"］。另参见：Phillip Bump, "What's the Difference between

Gambling and Trading Again?", *The Wire*, March 11, 2013, http://www.thewire. com/business/2013/03/intrade-shuts-down/62969/。

22 John. C. Coffee, Jr., "Extraterritorial Financial Regulation: Why E. T. Can't Come Home", *Cornell Law Review* 99 (2014): 1259–1302.

23 安妮塔·克鲁格（Anita Krug）认为，当时，由于需求强劲，许多金融机构为信用违约互换（credit default swap，CDS）提供了相应的交易对手，但随着房地产泡沫破裂，它们都违约了（或者有违约的风险），从而导致系统性金融危机。然而，金融机构只是简单地投机买卖这些基础资产（意即并没有考虑它们的实际价值）。参见：Anita K. Krug, "Investing and Pretending", *Iowa Law Review* 100 (2015): 1559–1618 at 1561–1563。

24 Coffee, "Extraterritorial Financial Regulation", 1272.

25 Brad Smith and Elliot Ganz, "Syndicated Loan Market, Loan Syndication and Trading Association", http://www. http://www.cftc.gov/idc/groups/public/@ swaps/documents/dfsubmission/dfsubmission_021711_535_0.pdfcftc.gov/idc/ groups/public/@swaps/doc.

26 S. A. Dennis and D. J. Mullineaux, "Syndicated Loans", *Journal of Financial Intermediation* 9 (2000):404–426.

27 Michael Mackenzie and Tracy Alloway, "Lengthy US Loan Settlements Prompt Liquidity Fears", *Financial Times*, May 1, 2014.

28 Josh Berkerman, "Overstock Launches Corporate Bond Billed as World's First Cryptosecurity", *Wall Street Journal*, June 5, 2015, http://www.wsj. com/articles/overstock-launches-corporate-bond-billed-as-worlds-first-cryptosecurity-1433549038.

29 Nasdaq, "Nasdaq Launches Enterprisewide Blockchain Technology", May 11, 2015, http://www.nasdaq.com/press-release/nasdaq-launches-enterprisewide-blockchain-technology-initiative-20150511-00485.

30 Tanaya Macheel, "Banks Test Blockchain for Syndicated Loans with Symbiont, R3", *American Banker*, September 27, 2016, https://www.americanbanker. com/news/banks-test-blockchain-for-syndicated-loans-with-symbiont-r3.

31 Pete Rizzo, "Goldman Sachs: Blockchain Tech Could Save Capital Markets $6 Billion a Year", *CoinDesk*, May 25, 2016, http://www.coindesk.com/goldman-sachs-blockchain-tech-save-capital-markets-12-billion/.

32 Jeff Desjardins, "All of the World's Stock Exchanges by Size", The Money Project, February 16, 2016, http://money.visualcapitalist.com/all-of-the-worlds-stock-exchanges-by-size/.

33 Houman B. Shadab, "Regulating Bitcoin and Block Chain Derivatives", New York Law School Legal Studies Research Paper (2014).

34 同上注。

35 同上注。

36 Michael del Castillo, "7 Wall Street Firms Test Blockchain for Credit Default Swaps", *CoinDesk*, April 7, 2016, http://www.coindesk.com/blockchain-credit-default-swaps-wall-street/.

37 Michael del Castillo, "A Huge Wall Street Firm Is Using Blockchain to Handle $11 Trillion Worth of Transactions", *Business Insider*, January 10, 2017, http://www.businessinsider.com/wall-street-firm-using-blockchain-to-handle-11-trillion-transactions-2017-1.

38 New York Stock Exchange, "One Hundredth Anniversary of the New York Stock Exchange: Brief Sketches of Wall Street of Today" (New York: J. B. Gibson, 1892).

39 Robert Sobel, *The Big Board: A History of the New York Stock Market* (Washington, DC: Beard, 2000).

40 Kress, "Credit Default Swaps, Clearinghouses and Systemic Risk", 48. 在有些

案例中，清算所是交易所的一部分；有些案例中，清算所和交易所是相互独立的。

41　Jeanne L. Schroeder, "Bitcoin and the Uniform Commercial Code", *University of Miami Business Law Review* 24 (2015):1–79.

42　Steve Kummer and Christian Pauletto, "The History of Derivatives: A Few Milestones", EFTA Seminar on Regulation of Derivatives Markets, 2012. 另参见：Ernst Juerg Weber, "A Short History of Derivative Security Markets", in *Vinzenz Bronzin's Option Pricing Models*, ed. Wolfgang Hafner and Heinz Zimmermann (Berlin: Springer, 2009), 431–466。事实上，早期衍生品可以追溯到 12 世纪的威尼斯。这些威尼斯商人通过签订合同以规避与远征有关的风险。参见：Edward Swan, Building the Global Market: A 4,000 Year History of Derivatives (London: Kluwer Law International, 2000)。

43　7 U.S.C. § 2(h)(1).

44　Bob Hills, David Rule, Sarah Parkinson, and Chris Young, "Central Counterparty Clearing Houses and Financial Stability", *Financial Stability Review, Bank of England* 6, no. 2 (1999):122–134.

45　Kress, "Credit Default Swaps, Clearinghouses and Systemic Risk". 另参见：Gary Cohn, "Clearinghouses Reduce Risk, They Do Not Eliminate It", *Financial Times,* June 22, 2015, http://www.ft.com/cms/s/0/974c2c48-16a5-11e5-b07f-00144feabdc0.html#axzz4HchAyLja。

46　Adam J. Levitin, "Response: The Tenuous Case for Derivatives Clearinghouses", *Georgetown Law Journal* 101 (2013): 445–466（该文认为，清算所在成员之间分散额外的损失，从而减少对其中任何一个的影响。）然而，这样的结论有点武断。就个别交易对手方而言，他们对特定交易中的固有风险，可能有更细致（granular）和完整的了解。与之相对的是，清算所通过集中担保来处理违约是否更为有效，目前还存在疑问。清算所本身可能由于一个大成员的违约而陷入困境，本身就可能成为一个不可遏制的风险，也会影响其他清算所成员。互助（Mutualization）是将损失推到非成员的实体上，这样会造成市场扭曲。清算所管理的任何担保物，将被用来支付其他成员的损失，但它不会支付给被违约方伤害的非成员受害方。事实上，对纽约证券交易所清算功能的发展的研究表明，清算所的大部分收益来自他们的净交易能力，而不是来自互助。

47 Bank for International Settlements, "Principles for Financial Market Infrastructures", April 2012, http://www.bis.org/cpmi/publ/d101a.pdf.

48 Bank for International Settlements, Committee on Payments and Market Infrastructures, "Distributed Ledger Technology in Payment, Clearing and Settlement: An Analytical Framework", February 2017, http://www.bis.org/cpmi/publ/d157.pdf.

49 Bilski v. Kappos, 130 S. Ct. 3218, 3223 (2010); in re Bernard L. Bilski and Rand A. Warsaw, 545 F.3d 943, 949 (Fed. Cir. 2008). 另参见：Ben McEniery, "Physicality and the Information Age: A Normative Perspective on the Patent Eligibility of Non-physical Methods", *Chicago-Kent Journal of Intellectual Property* 10 (2010): 106–167。

50 Andrew Beckerman-Rodau, "The Choice between Patent Protection and Trade Secret Protection: A Legal and Business Decision", *Journal of Patent and Trademark Office Society* 84 (2002): 371–409.

51 Robert Jackson, "The Big Chill", *Financial Times*, November 15, 2008, http://www.ft.com/cms/s/0/8641d080-b2b4-11dd-bbc9-0000779fd18c.html#axzz4HchAyLja.

52 Shaun Martin and Frank Partnoy, "Encumbered Shares", *University of Illinois Law Review* 2005 (2005):775–813 at 778. 另参见：Joel Slawotsky, "Hedge Fund Activism in an Age of Global Collaboration and Financial Innovation: The Need

for a Regulatory Update of United States Disclosure Rules"，*Review of Banking and Financial Law* 35 (2015): 272–334。

53　Allen D. Boyer, "Activist Shareholders, Corporate Directors, and Institutional Investment: Some Lessons from the Robber Barons"，*Washington and Lee Law Review* 50 (1993): 977–1042.

54　David Yermack, "Corporate Governance and Blockchains"，*Review of Finance* 21, no. 1 (March 2017):7–31.

55　然而，需要注意的是，根据1934年《证券交易法》第13（D）节和条例（Regulation）13D的规定，在公开上市公司中拥有超过5%某类股票的受益所有者，应向证券交易委员会提交报告。

56　Bengt Holmstrom and Steven N. Kaplan, "Corporate Governance and Merger Activity in the US: Making Sense of the 1980s and 1990s" (Cambridge, MA: National Bureau of Economic Research, 2001).

57　Jessica Erickson, "Corporate Governance in the Courtroom: An Empirical Analysis"，*William and Mary Law Review* 51 (2010): 1749–1831.

58　参见：Manning Gilbert Warren III, "Reflections on Dual Regulation of Securities: A Case against Preemption"，*Boston College Law Review* 25 (1984): 495–512。

59　同上注。

60　具体而言，美国国会颁布了《1933年证券法》，15 U.S.C. § 77a–77aa，以及《1934年证券交易法》，15 U.S.C. § 78a–78nn。在第一次世界大战之后十年间出售的大约500亿美元的证券中，大约250亿美元的证券被证明是完全没有价值的。参见：Warren, "Reflections on Dual Regulation of Securities"，496n9。

61　Jason Zweig, "1930s Lessons: Brother, Can You Spare a Stock?"，*Wall Street Journal*, February 14, 2009, http://www.wsj.com/articles/SB123456259622485781.

62　Cynthia A. Williams, "The Securities and Exchange Commission and Corporate Social Transparency"，*Harvard Law Review* 112 (1999):1197–1311（该文介绍

了信息披露制度的历史，即它是确保公司具有更好的公众责任，以及公司治理合乎道德规范的监管手段）；David A. Skeel Jr., "Shaming in Corporate Law",*University of Pennsylvania Law Review* 149 (2001): 1811–1868 at 1812（该文介绍了如何通过制裁来达到有效惩罚公司及其董事的目的）。

63　Michael Jensen and William H. Mecking, "Theory of the Firm: Managerial Behavior, Agency Costs and Ownership Structure", *Journal of Financial Economics* 3, no. 4 (1976): 305–360.

64　Mark A. Sargent, "State Disclosure Regulation and the Allocation of Regulatory Responsibilities", *Maryland Law Review* 46 (1987):1027–1070（"法律通过制定有关信息披露的规则，来纠正发起人和投资者之间的信息不对称。"）；Aleta G. Estreicher, "Securities Regulation and the First Amendment", *Georgia Law Review* 24 (1990): 223–326。（"本法案的目的是，尽可能将证券所有者置于与公司的管理等同的地位，就信息而言，也将买方和卖方置于同一层面"。）

65　Troy Paredes, "Blinded by the Light: Information Overload and Its Consequences for Securities Regulation", *Washington University Law Quarterly* 81 (2003): 417–485; Alan B. Levenson, "The Role of the SEC as a Consumer Protection Agency", *Business Lawyer* 27 (1971): 61–70.

66　Baruch Lev and Meiring de Villiers, "Stock Price Crashes and 10b-5 Damages: A Legal, Economic, and Policy Analysis", *Stanford Law Review* 47 (1994): 7–37。（"大多数投资者根本不阅读，更不用说去彻底分析公司的财务报表、招股说明书或其他已披露的信息。"）

67　Michael B. Dorff, "The Siren Call of Equity Crowdfunding", *Journal of Corporation Law* 39 (2014):493–524; C. Steven Bradford, "Crowdfunding and the Federal Securities Laws", *Columbia Business Law Review* 2012 (2012): 1–150.

68　目前，许多代币按照以太坊ERC20标准来发行。ERC20代币标准是一个智能合约，代码不足 100 行。智能合约设定代币的总量，并跟踪谁在特定时间拥有多少代币。因此按照 ERC20 发行的代币具有很高的可替代性，可以在互联网上自由交易。参见：The Ethereum Wiki, ERC20 Token Standard, https://theethereum.wiki/w/index.php/ERC20_Token_Standard。这些代币销售已经引起投资者的兴趣，参见：Richard Kastelein, "What Initial Coin Offerings Are, and Why VC Firms Care", *Harvard Business Review*, March 24, 2017, https://hbr.org/2017/03/what-initial-coin-offerings-are-and-why-vc-firms-care。

69 通过这些服务，各方可以发起项目，设立筹资目标，并定义各种同意资助某个项目就可以获得的"奖励"。奖励通常包括可以提前访问创造性工作或项目，以及其他形式的非货币补偿，如项目创建者的赞赏和感谢。

70 Kastelein, "What Initial Coin Offerings Are".

71 The Status Network, "A Strategy towards Mass Adoption of Ethereum", https://status.im/whitepaper.pdf.

72 Brave Software, "Basic Attention Token (BAT): Blockchain Based Digital Advertising", https://basicattentiontoken.org/BasicAttentionTokenWhitePaper-4.pdf.

73 Christopher Jentzsch, "Decentralized Autonomous Organization to Automate Governance", https://download.slock.it/public/DAO/WhitePaper.pdf.

74 同上注。

75 Brian Patrick Eha, "Blockchain VC to Raise Fund through Digital Token Offering", *American Banker*, March 16, 2017, https://www.americanbanker.com/news/blockchain-vc-to-raise-fund-through-digital-token-offering; Blockchain Capital, "Blockchain Capital Releases Offering Memorandum for Its $10 Million Digital Token Offering", https://medium.com/@blockchaincap/blockchain-capital-releases-offering-memorandum-for-its-10-million-digital-token-offering-f9d0c300bc0.

76 "ICO Tracker: All-Time Cumulative ICO Funding", *CoinDesk*, https://www. coindesk.com/ico-tracker/; "Cryptocurrency ICO Stats 2017", *CoinSchedule*, https://www.coinschedule.com/stats.php?year=2017.

77 "State of Blockchain 2017", CoinDesk, http://www.coindesk.com/research/ state-of-blockchain-q4-2016/.

78 例如，开发区块链技术的杰出的企业家和风险投资家概括了这一理念。参见： Balaji Srinivasan, "Thoughts on Tokens: Tokens Are Early Today, but Will Transform Technology Tomorrow", *Medium*, May 27, 2017,https://news.21.co/thoughts-on-tokens-436109aabcbe（该文将代币与私钥和应用协议接口密钥进行类比，认为它们不受证券法的约束，除非它们可以代表代币化的股票）。

79 事实上，已经建立了公共存储库，用于保存代币白皮书和其他披露文件。参见：TokenFilings, http://tokenfilings.com/。

80 Kastelein, "What Initial Coin Offerings Are".

81 有许多加密货币交易所允许买卖区块链代币。美国大型加密货币交易所 Poloniex每日交易量高达数亿美元，它们交易的资产不仅包括数字货币，还有诸如EOS、Golum、Gnosis等区块链代币。参见：Poloniex, https://poloniex.com/; Coinmarketcap, https://coinmarketcap.com/exchanges/poloniex/。同样，也出现了一些去中心化交易所，如 EtherEx (https://etherex.org)、Bitsquare (https://bitsquare.io/) 以及 0x (https://0xproject.com/) 等。

82 Securities and Exchange Commission, "Report of Investigation Pursuant to Section 21(a) of the Securities and Exchange Act of 1934: The DAO", Release no. 81207, July 25, 2017, https://www.sec.gov/litigation/investreport/34-81207. pdf.

83 同上注。

84 Monetary Authority of Singapore, "MAS Clarifies Regulatory Position on the Offer of Digital Tokens in Singapore", August 1, 2017, http://www.mas.gov.sg/

News-and-Publications/Media-Releases/2017/MAS-clarifies-regulatory-position-on-the-offer-of-digital-tokens-in-Singapore.aspx.

85 2017 年 9 月 4 日，中国人民银行宣布，代币销售破坏经济和金融稳定，不符合法律规定。该行同时编制了由地方金融监管机构负责检查的主要 ICO 平台的清单。参见：Wolfie Zhao, "China's ICO Ban: A Full Translation of Regulator Remarks", *CoinDesk*, September 5, 2017, https://www.coindesk.com/chinas-ico-ban-a-full-translation-of-regulator-remarks/。几周后的 2017 年 9 月 28 日，韩国金融服务委员会（South Korea's Financial Services Commission）宣布禁止销售代币，任何参与此类交易的人都将受到严厉的处罚。参见：Rachel Rose O'Leary, "South Korea Issues ICO Ban", *CoinDesk*, September 29, 2017, https://www.coindesk.com/south-korean-regulator-issues-ico-ban/。

86 Kastelein, "What Initial Coin Offerings Are".

87 17 U.S.C. § 512. 在过去几十年中，很多诉讼涉及次级版权侵权责任，这些诉讼定义了数字千年版权法案以及美国法次级版权侵权责任的适用范围。参见：Metro-Goldwyn-Mayer Studios Inc. v. Grokster, Ltd., 545 U.S. 913 (2005)；Viacom International v. YouTube, Inc., 676 F.3d 19 (2d Cir. 2012)；UMG Recordings, Inc. v. Shelter Capital Partners LLC, 718 F.3d 1006 (9th Cir. 2013)；Columbia Pictures Industries v. Fung, 710 F.3d 1020 (9th Cir. 2013)。

88 Cass R. Sunstein, *Infotopia: How Many Minds Produce Knowledge* (Oxford: Oxford University Press, 2006).

89 同上注。

90 "CFTC Charges Ireland-Based 'Prediction Market' Proprietors Intrade and TEN with Violating the CFTC's Off-Exchange Options Trading Ban and Filing False Forms with the CFTC", CFTC Press Release, November 26, 2016, http://www.cftc.gov/PressRoom/PressReleases/pr6423-12.

91 Augur, https://www.augur.net/; Pete Rizzo, "Blockchain Prediction Market Augur

Enters Beta", *CoinDesk*, March 14, 2016, http://www.coindesk.com/augur-beta/.

92 Augur, https://www.augur.net/; Rizzo, "Blockchain Prediction Market Augur Enters Beta."

第六章 数据的防篡改、证明和验证

1 事实上，英国政府迄今（也可能到更远的将来）仅委托出具了一份报告，认为当涉及对公共服务的影响时，区块链技术可能和"大宪章"（Magna Carta）这样的基础性事件一样重要。参见：United Kingdom Government Office for Science, "Distributed Ledger Technology: Beyond Block Chain", January 19, 2016, https://www.gov.uk/government/news/distributed-ledger-technology-beyond-block-chain。

2 Daron Acemoglu, Simon Johnson, and James A. Robinson, "Institutions as a Fundamental Cause of Long-Run Growth", in *Handbook of Economic Growth*, ed. P. Aghion and S. Durlauf (Amsterdam: North-Holland, 2005), 385–472.

3 土地登记在一个国家的经济发展中起着至关重要的作用。它们支持产权，创建一个基础层，使个人能够利用他们的财产作为抵押，开始创业，获得服务，或资助子女的教育，这是长期经济增长的基石。参见：Daron Acemoglu and Simon Johnson, "Unbundling Institutions", *Journal of Political Economy* 113, no. 5 (2005):949–995（该文证明了，在决定经济绩效方面，产权制度比合同制度更重要）。

4 如果没有可靠和可信的权属登记制度，国家就很难充分利用现有的资源和资本，这将减缓其经济增长。事实上，正如经济学家埃尔南多·德·索托（Hernando De Soto）所认识到的那样，权属不清的财产，其价值很有限，因为"它既不能为银行贷款提供担保，也不能作为支付水、电或其他基础设施服务的担保"，"人们不能在相互认识和信任的狭隘地方圈子之外进行交易"。

参见：Hernando De Soto, *The Mystery of Capital: Why Capitalism Triumphs in the West and Fails Everywhere Else* (New York: Basic Books, 2000)。

5 发展中国家的公民缺乏可靠的产权登记体制，他们无法挖掘自身资源的固有价值，并将其充分利用。这在撒哈拉以南的非洲（sub-Saharan Africa，俗称黑非洲）尤为明显，在那里，仍然没有严格、正式的产权制度，房地产转让主要是通过当地村落的非正式制度来处理。参见：Moussa Ouédraogo, "Land Tenure and Rural Development in Burkina Faso", *Drylands Issue Papers* 112 (2002):1–24; Philippe Lavigne Delville, "Competing Conceptions of Customary Land Rights Registration (Rural Land Maps PFRs in Benin): Methodological, Policy and Polity Issues" (Washington, DC: World Bank, 2014)。

6 Peggy Garvin, ed., Government Information Management in the 21st Century: International Perspectives (Farnham: Ashgate, 2011).

7 那些腐败严重的国家，或公共机构不成熟或不发达的国家，政府机构之间往往缺乏沟通，因此很容易被操控。例如，洪都拉斯在 2004 年创建了一个国家财产登记机构，以确保所有公民的土地所有权都可以在官方登记。但据报道，该机构被发现存在腐败和管理不善，有官员被贿赂进行非法土地登记。参见洪都拉斯报告："Informe Sobre las Irregularidades en el Instituto de la Propriedad"，http://www.transparency.org/files/content/feature/Corruption_In_land_Management_ES.pdf。

8 发布公共部门信息是政府的重要职责，是一种特定的向选民负责的行为方式。这与许多主张"开放数据"的观点是一致的，他们认为透明度，而不是立法，是政府责任的更强保证。以自由、可重复使用的方式发布公共档案，也是经济增长的重要驱动，因为私营部门和民间社会可以依靠这些数据来提供增值服务。国际层面上不同的开放数据策略的概述，参见：Noor Huijboom and Tijs Van den Broek, "Open Data: An International Comparison of Strategies", *European Journal of ePractice* 12, no. 1 (2011): 4–16。

9 从互联网的早期开始，黑客就一直试图寻找进入这些新的数字系统的方法，以获取机密信息或敏感数据。近年来，互联网出现了一系列新的网络攻击浪潮，网络攻击不再是为了获取对攻击者有价值的私人信息，而是为了"绑架"那些对他人有价值的信息，只有支付赎金后才把它交还给原来的主人。由于人们日益依赖数据，这些"勒索攻击"（ransomware attacks）正变得越来越流行，也越来越容易取得成功。另一种日益流行的网络攻击是，人们支付赎金的目的不是取回被盗的信息，而是为了防止黑客向特定的第三方或公众公开披露敏感信息，这被称为"安定攻击"（shakedown attacks）。这种攻击的代表是 2015 年对 Ashley Madison（Ashley Madison 是一家专门为已婚人士提供交友、约会服务的社交网站——译者注）的攻击，这导致了超过 9.7G 的个人身份信息被泄露，影响了试图通过这个不忠网站寻找外遇的 4000 万用户。参见：Tom Lamont, "Life after the Ashley Madison Affair", The Guardian, February 28, 2016, https://www.theguardian.com/technology/2016/feb/28/what-happened-after-ashley-madison-was-hacked。

10 关于现有信息安全实践的详细介绍，参见：Timothy P. Layton, *Information Security: Design, Implementation, Measurement, and Compliance* (Boca Raton, FL: CRC, 2016)。

11 数据完整性攻击可能会带来灾难性后果，因为攻击者会将关键文件更改后重新输入到系统中。例如，Stuxnet 是一种数据完整性攻击病毒，美国和以色列将之用于修改档案，破坏伊朗的核计划。正如美国国家安全局（U.S. National Security Agency, NSA）局长麦克·罗杰斯（Mike Rogers）所说："目前，大多数危险的黑客是偷窃者。但是，如果有人进入系统，开始操纵和改变数据，作为一个操作员，你就无法再相信你在系统中所看到的"。参见：Kim Zetter, "The Biggest Security Threats We'll Face in 2016", *Wired*, January 1, 2016, https://www.wired.com/2016/01/the-biggest-security-threats-well-face-in-2016/。

12 例如，据报道，1988 年发布的莫里斯蠕虫病毒（the Morris worm），几乎感染了当时 10% 连接到互联网的计算机。随着各区域网络开始对其计算机进行消毒，该病毒实际上导致全球互联网在此期间的数天内，被分成了相互隔离的区域网。在莫里斯（Morris）上诉期间，美国上诉法院估计，单台电脑移除病毒的成本在 200 美元到 53000 美元之间。基于这一数字，哈佛大学发言人克利福德·斯托尔（Clifford Stoll）估计，病毒对全球经济的影响在 10 万美元到 1000 万美元之间。

13 Melanie Swan, *Blockchain: Blueprint for a New Economy* (Sebastopol, CA: O'Reilly, 2015), 10–12.

14 Michael del Castillo, "Illinois Unveils Blockchain Policy in Bid to Attract Industry Innovators", *CoinDesk*, November 30, 2016, http://www.coindesk. com/illinois-blockchain-initiative-policy-regulation-bitcoin-blockchain/.

15 Pete Rizzo, "Sweden Tests Blockchain Smart Contract for Land Registry", *CoinDesk*, June 16, 2016, http://www.coindesk.com/sweden-blockchain-smart-contracts-land-registry/.

16 Laura Shin, "The First Government to Secure Land Titles on the Bitcoin Blockchain Expands Project", *Forbes*, February 7, 2017, https://www.forbes. com/sites/laurashin/2017/02/07/the-first-government-to-secure-land-titles-on-the-bitcoin-blockchain-expands-project/#de3b2444dcdc.

17 加纳共和国已与 Bitland 合作，建立了一个基于区块链的官方土地登记处的数字备份，以确保其完整性。更多信息参见：Bitland, http://bitlandglobal. com/。

18 文章解释了如何利用区块链技术创建一个更高效、更安全，以及效益远大于成本的权属登记系统。参见：Avi Spielman, "Blockchain: Digitally Rebuilding the Real Estate Industry" (PhD diss., Massachusetts Institute of Technology, 2016)。

19 Martin Chuvol, "Iran Repopulates Syria with Shia Muslims to Help Tighten Regime's Control", *The Guardian*, January 13, 2017［该文介绍了"叙利亚地区的土地登记处被伊朗政权重新夺回后，所遭受的系统性破坏"，在萨巴达尼（Zabadani），叙利亚第四大城市德拉雅（Darayya），胡姆斯（Homs），以及位于黎巴嫩边境、2013 年初被真主党占领的古赛尔（Qusayr）等城市，它的办公室均被烧毁］。

20 Andrea Tinianow and Caitlin Long, "Delaware Blockchain Initiative: Transforming the Foundational Infrastructure of Corporate Finance", Harvard Law School Forum on Corporate Governance and Financial Regulation, March 16, 2017, https://corpgov.law.harvard.edu/2017/03/16/delaware-blockchain-initiative-transforming-the-foundational-infrastructure-of-corporate-finance/.

21 爱沙尼亚在电子政务领域有着悠久的创新历史，并且已经采取了具体措施将区块链技术并入到政府中。该国从根本上重新设计了整个公共基础设施，重点放在开放、隐私和安全方面。爱沙尼亚公民已经能够电子投票，可以在舒适的家里签署数字文件，并且在纳税申报日就可以收到退税。2015 年 11 月，爱沙尼亚政府宣布与 Bitnation 建立伙伴关系，向所有拥有电子能力的居民，也就是电子公民（e-residents），提供基于区块链的公证（notarization）服务，包括婚姻记录、出生证明、商业合同等。参见：Giulio Prisco, "Estonian Government Partners with Bitnation to Offer Blockchain Notarization Services to e-Residents", *Bitcoin Magazine*, November 30, 2015, https://bitcoinmagazine.com/articles/estonian-government-partners-with-bitnation-to-offer-blockchain-notarization-services-to-e-residents-1448915243/.

22 迪拜最近宣布了一项政府主导的倡议，其目标是，到 2020 年，所有政府文件均将记录在区块链上，并实现无纸化。这一举措的目的，是提高这些档案的安全性、完整性和透明度，最终提高政府效率。该计划最终将向全球其他的城市和国家开放这一平台，以方便它们安全地与迪拜政府联系。正如迪拜亲王汉丹·宾·穆罕默德（Hamdan bin Mohammed）所述，该倡议将极大地方便迪拜公民的生活，人们只需输入个人数据或商业凭证，即可与政府机构互动。参见：Michael del Castillo, "Dubai Wants All Government Documents on Blockchain by 2020", *CoinDesk*, October 5, 2016, http://www.coindesk.com/dubai-government-documents-blockchain-strategy-2020/。

23 Swan, "Blockchain."

24 对于使用区块链来记录知识产权作品的各种倡议的概述，参见：Primavera De Filippi, Greg McMullen, Diana Stern, Simon de la Rouviere, Trent McConaghy, Constance Choi, and Juan Benet, "Blockchains and Intellectual Property: How Blockchain Technology Can Support Intellectual Property", COALA Report, April 2017。

25 麻省理工学院数字证书项目于 2015 年 7 月启动，是一个基于区块链的颁发和验证教育证书的框架。学术机构可以依靠这个框架颁发证书，证明特定学生已经参加了一个班或通过了考试，甚或是，特定个人已经获得了一套特定知识或技能。更多细节参见："Digital Certificates Project", MIT Media Lab, http://certificates.media.mit.edu.

26 区块链技术可以用来提高抵押贷款行业的效率和透明度，有关各种具体方法的更详细的观点，参见：Price Waterhouse Coopers U.S. Financial Services, "Q&A: What Might Blockchain Mean for the Mortgage Industry?", June 2016, http://www.pwc.com/us/en/financial-services/publications/assets/pwc-financial-services-qa-blockchain-in-mortgage.pdf。

27 例如，如果出生和死亡被记录在区块链系统上，智能合约就可以利用这些信息自动执行遗嘱，将死者的资金和其他数字资产转移给其继承人，并且，如果合适的话，也可以将死者的人寿保险赔偿金支付给相关受益人。

28 Open Data Institute, "Applying Blockchain Technology in Global Data Infrastructure", Technical Report (London: Open Data Institute, 2016)（该文认

为，在全球共享数据方面，如果没有现有中央机构参与，区块链技术能做到最好)。

29　当黑客侵入计算机系统时，他们通常会操纵服务器的日志，来清除攻击的每一个痕迹。由于区块链的防篡改性质，对数据库中数据的任何修改都会留下痕迹，并且任何人都无法追溯删除。因此，在发现攻击后，可以跟踪问题的来源，并可以通过查看区块链来确定攻击发生的时间点。

30　事实上，现有的像比特币这样的虚拟货币协议，最终要依靠这样的基础设施。参见：Christopher D. Hoffman, "Encrypted Digital Cash Transfers: Why Traditional Money Laundering Controls May Fail without Uniform Cryptography Regulations", *Fordham International Law Journal* 21 (1998): 799–860; Ralph C. Losey, "Hash: The New Bates Stamp", *Journal of Technology Law and Policy* 12 (2007): 1–44。

31　Ian Allison, "UK Nuclear Power Plants Protected from Cyberattack by Guardtime Blockchain Technology", *International Business Times*, December 17, 2015, http://www.ibtimes.co.uk/uk-nuclear-power-plants-protected-cyberattack-by-guardtime-blockchain-technology-1533752.

32　Martin Ruubel, "Guardtime and Galois Awarded DARPA Contract to Formally Verify Blockchain-Based Integrity Monitoring System", *Guardtime* (blog), September 13, 2016, https://guardtime.com/blog/galois-and-guardtime-federal-awarded-1-8m-darpa-contract-to-formally-verify-blockchain-based-inte.

33　例如，将区块链代币与特定数据集上的特定特权集相关联，并将这些代币发送给经授权的第三方，就可以达到控制访问权限的目的。

34　Hashed Health 正领导一个保健公司联盟，专注于区块链和分布式账本领域，加速进行一些有价值的创新。更多信息参见：https://hashedhealth.com。

35　Brian Forde, "MedRec: Electronic Medical Records on the Blockch-ain", *Medium* (blog), July 2, 2016, https://medium.com/mit-media-lab-digital-currency-initiative/medrec-electronic-medical-records-on-the-blockchain-c2d7e1bc7d09#.j128mdvat.

36 除了用于政务之外，在注重个人信息保护的国家，有助于保护个人的私人和敏感信息不被擅自传播。例如，根据《欧盟通用数据保护条例》(*E.U. General Data Protection Regulation*) 的规定，如果未能提供"足够"的保护，欧洲运营商不得将个人信息转移到其他司法管辖区。有了区块链，欧洲运营商可以简单地发布一套基于用户基本信息的证书，欧盟以外的其他运营商就可以依靠这些证书与这些用户交互，而不再需要获取他们的个人数据。

37 Joshua A. Kroll, Ian C. Davey, and Edward W. Felten, "The Economics of Bitcoin Mining, or Bitcoin in the Presence of Adversaries", in *Proceedings of Workshop on Economics of Information Security* (2013), http://www.econinfosec.org/archive/weis2013/papers/KrollDaveyFeltenWEIS2013.pdf。

38 根据美联储理事会的一份报告，美国所有私人土地的总价值接近 15 万亿美元。参见：Board of Governors of the Federal Reserve System, "Financial Accounts of the United States", September 21, 2017, https://www.federalreserve.gov/releases/z1/current/。

39 产权保险 (Title Insurance) 是赔偿保险的一种，主要流行于美国。它主要赔偿因不动产所有权存在瑕疵，以及因抵押贷款无效或不可执行而造成的财务损失。通常，不动产的保险利益 (interests insured) 是完全 (fee simple) 所有权或抵押权。然而，产权保险可以保不动产上的任何利益，包括地役权 (easement)、租约 (lease) 或终身财产 (life estate)。有关产权保险的更多细节，参见：D. Barlow Burke, *Law of Title Insurance* ([Gaithersburg, MD]: Aspen Publishers Online, 2000)。

40 像 AsRebe 或 MuneGrand 这样的应用，目的是为受版权保护的作品提供公共登记服务，此时这个问题就特别突出。因为这些应用仅仅是自愿系统，登记册可能没有包括所有权的全部信息。此外，由于任何人都可以在这个区块链平台上自由登记版权作品，它可能诱使恶意方实施欺诈，索取原本不属于他的所有权。这在土地登记的情况下也是如此，由于欺诈可能带来更大的收益，这反过来会引发更多的欺诈。

41　2008 年，欧盟成立了一个全球剧目数据库工作组（Global Repertoire Database Working Group ， GRDWG ），目的是建立一个权威的，可以涵盖音乐作品的所有权和控制权的世界数据库。尽管它的出发点很好，但在几个关键组织撤回投资和支持后，这一项目就被放弃了。参见：Music Business Worldwide, "Who Will Build the Music Industry's Global Rights Database?"， February 15, 2016, https://www.musicbusinessworldwide.com/who-will-build-the-music-industrys-global-rights-database/。

42　Reuters, "New York Sues 3 Big Banks over Mortgage Database"， February 3, 2012, http://www.nytimes.com/2012/02/04/business/new-york-suing-3-banks-over-mortgage-database.html.

43　例如，得克萨斯大学奥斯汀分校（University of Texas at Austin）的研究人员，通过简单地将奈飞的排名和时间戳，与互联网电影资料库（Internet Movie Database，IMDB）数据库中的公共信息进行对比，成功地将奈飞的电影排名数据集去匿名化（Deanonymization）。参见：Arvind Narayanan and Vitaly Shmatikov, "Robust Deanonymization of Large Sparse Datasets"， in *2008 IEEE Symposium on Security and Privacy (SP)*, ed. Patrick McDaniel and Avi Rubin (Piscataway, NJ: IEEE, 2008), 111–125。

44　Stephanie Anderson, "Medicare Dataset Pulled after Academics Find Breach of Doctor Details Possible"， ABC News, September 29, 2016, http://www.abc.net.au/news/2016-09-29/medicare-pbs-dataset-pulled-over-encryption-concerns/7888686.

45　David Lyon, "Surveillance, Snowden, and Big Data: Capacities, Consequences, Critique"， *Big Data and Society* 1, no. 2 (2014): 1–13.

第七章 弹性、防篡改信息系统

1 Jessica Litman, "Sharing and Stealing", *Hastings Communications and Entertainment Law Journal* 27 (2004):1–50 (该文介绍了在互联网初期，"按照传统观点，互联网是如何被视为去中介化的工具的"); Robert Gellman, "Disintermediation and the Internet", *Government Information Quarterly* 13, no. 1 (1996): 1–8。

2 Mark A. Lemley and R. Anthony Reese, "Reducing Digital Copyright Infringement without Restricting Innovation", *Stanford Law Review* 56 (2004):1345–1434 (该文解释了音乐公司如何面对它们所谓的威胁的，如大量廉价、简单的复制品，以及能复制这些拷贝的人的急剧增加); John Perry Barlow, "Declaration of Independence for Cyberspace" (1996), https://www.eff.org/cyberspace-independence。

3 权威人士估计，谷歌及其附属机构，如优兔，吸引了多达 40% 的网络流量，而脸书及其相关应用，如 Instagram 和 WhatsApp，是智能手机生态系统中最常用的应用之一。参见：Tim Worstall, "Fascinating Number: Google is now 40% of the Internet", *Forbes*, August 17, 2013, https://www.forbes.com/sites/timworstall/2013/08/17/fascinating-number-google-is-now-40-of-the-internet/#40c8b6ef27c7; Adrienne LaFrance, "Facebook Is Eating the Internet", The Atlantic, April 9, 2015, https://www.theatlantic.com/technology/archive/2015/04/facebook-is-eating-the-internet/391766/。

4 德里克·巴姆鲍尔 (Derek Bambauer) 指出，"我们只是简单地将一个中间商替换为另外一个中间商"。参见：Derek Bambauer, "Middlemen", *Florida Law Review Forum* 64 (2012):1–4。

5 Frank Pasquale, *The Black Box Society: The Secret Algorithms that Control Money and Information* (Cambridge, MA: Harvard University Press, 2015); Jonathan Zittrain, "Facebook Could Decide an Election without Anyone Ever Finding

Out"，*New Republic*, June 1, 2014, https://newrepublic.com/article/117878/ information-fiduciary-solution-facebook-digital-gerrymandering.

6 泽伊内普·图菲基（Zeynep Tufekci）描述了大型中介机构如何充当"算法把关人"。它应用"非透明算法计算工具"，来动态地过滤、突出、抑制，或以其他方式扮演编辑角色，以全部或部分的决定哪些信息流可以通过在线平台或类似媒体，决定人力资源过程（如雇佣和解雇），标记潜在的恐怖分子，等等。参见：Zeynep Tufekci, "Algorithmic Harms beyond Facebook and Google: Emergent Challenges of Computational Agency"，*Colorado Technology Law Journal* 13 (2015): 203–217。

7 Lotus Ruan, Jeffrey Knockel, Jason Q. Ng, and Masashi Crete-Nishihata, "One App, Two Systems: How WeChat Uses One Censorship Policy in China and Another Internationally"，*The Citizen Lab*, November 30, 2016, https:// citizenlab.org/2016/11/wechat-china-censorship-one-app-two-systems/.

8 根据《欧洲数据保护条例》第 17 条的规定，"被遗忘权"要求"数据控制者"删除"不充分或不再相关"的数据，它最初被欧洲法院在 2014 年的科斯蒂亚案（Costeja case）中被认定为人权，在该案中谷歌被要求删除可自由访问的网页链接。参见：Case C-131 / 12, Google Inc. v. Mario Costeja González, P 94, http://curia.europa.eu/juris/document/document.jsf?docid=152065&doclang=en (May 13, 2014)。

9 Metro-Goldwyn-Mayer Studios Inc. v. Grokster, Ltd., 545 U.S. 913, 125 S. Ct. 2764, 162 L. Ed. 2d 781 (2005); A&M Records, Inc. v. Napster, Inc., 239 F.3d 1004 (9th Cir. 2001), as amended (April 3, 2001), aff'd sub nom. A&M Records, Inc. v. Napster, Inc., 284 F.3d 1091 (9th Cir. 2002); Columbia Pictures Industries, Inc. v. Fung, 710 F.3d 1020 (9th Cir. 2013).

10 Derek E. Bambauer, "Orwell's Armchair"，University of Chicago Law Review 79 (2012):863–944; Seth F. Kreimer, "Censorship by Proxy: The First

Amendment, Internet Intermediaries, and the Problem of the Weakest Link", *University of Pennsylvania Law Review* 155 (2006): 11–101.

11 具有讽刺意味的是，伊朗总统马哈茂德·艾哈迈迪内贾德（Mahmoud Ahmadinejad）在 2009 禁止了推特，但最近他又加入了推特。参见：Erin Cunningham, "Former Iranian President Ahmadinejad Banned Twitter. Then He Joined It", *Washington Post*, March 6, 2017; Biz Carzon, "9 Incredibly Popular Websites That Are Still Blocked in China", *Business Insider*, July 23, 2015（该文指出，Twitter 自 2011 年起已经被屏蔽）; Julie Carrie Wong, "Social Media May Have Been Blocked during Turkey Coup Attempt", *The Guardian,* July 16, 2016。

12 Alexandria, http://www.alexandria.io/.

13 同上注。

14 Lbry, "Frequently Asked Questions", https://lbry.io/faq.

15 同上注。

16 事实上，这是 torrent 搜索引擎 Isohunt 的创始人加里·冯（Gary Fung）的愿景。参见：Ernesto Van der Sar, "isoHunt Founder: Privacy Is a Convenience and Access Problem", *Torrentfreak*, December 28, 2014, https://torrentfreak.com/isohunt-founder-piracy-convenience-access-problem-141228/。同样，Mega.com 的创始人 Kim Dotcom 正在完成开发 Bitcache，也试图实现这一目标。参见：Janko Roerttgers, "Kim Dotcom Teases New File Hosting Service with Paid Content Option", *Variety*, April 5, 2017, https://variety.com/2017/digital/news/kim-dotcom-bitcontent-bitcache-1202023578/。

17 Jonathan Warren, "Bitmessage: A Peer-to-Peer Message Authentication and Delivery System", November 27, 2012, https://bitmessage.org/bitmessage.pdf.

18 Akasha, https://akasha.world/; Akasha, "Advanced Knowledge Architecture for Social Human Advocacy", https://github.com/AkashaProject.

19　Akasha, https://akasha.world/; Akasha, "Advanced Knowledge Architecture for Social Human Advocacy".

20　同上注。

21　Namecoin, http://namecoin.info.

22　Blockstack 是另一个基于区块链的去中心化 DNS 应用。与 Namecoin 一样，借助 Blockstack，用户可以查找、注册、更新和转移域名。参见：Muneeb Ali, Jude Nelson, Ryan Shea, and Michael J. Freedman, "Blockstack: A Global Naming and Storage System Secured by Blockchains", in *2016 USENIX Annual Technical Conference* (*USENIX ATC 16*), ed. Ajay Gulati and Hakim Weatherspoon (Berkeley, CA: USENIX Association, 2016), 181–194; Blockstack, https://blockstack.org/。值得注意的是，Blockstack 还提供了域名管理系统，以及一种针对缓存投毒（cache poisoning）的保护机制，防止当事人通过注入虚假信息，来操纵特定域名的解析。

23　Namecoin 协议是否已经实际应用，目前还存在疑问。参见：Harry Kalodner, Miles Carlsten, Paul Ellenbogen, Joseph Bonneau, and Arvind Narayanan, "An Empirical Study of Namecoin and Lessons for Decentralized Namespace Design", in *Workshop on the Economics of Information Security* (*WEIS*), http://randomwalker. info/publications/namespaces.pdf。

24　Miquel Peguera, "The DMCA Safe Harbors and Their European Counterparts: A Comparative Analysis of Some Common Problems", *Columbia Journal of Law and the Arts* 32 (2009): 481–512; Christopher D. Clemmer and Jeremy de Beer, "Global Trends in Online Copyright Enforcement: A Non-neutral Role for Networked Intermediaries?", *Jurimetrics Journal* 49 (2009): 375–409.

25　17 U.S.C. § 512; Edward Lee, "Decoding the DMCA Safe Harbors", *Columbia Journal of Law and the Arts* 32 (2009):233–276.

26　Maayan Filmar Peler and Niva Elkin-Koren, "Accountability in Algorithmic

Copyright Enforcement", *Stanford Technology Law Review* 19 (2016):473–533.

27 Metro-Goldwyn-Mayer Studios Inc. v. Grokster, Ltd., 545 U.S. 913, 125 S. Ct. 2764, 162 L. Ed. 2d 781 (2005); Disney Enterprises, Inc. v. Hotfile Corp., No. 11–20427-CIV, 2013 WL 6336286, at *1 (S.D. Fla. September 20, 2013).

28 17 U.S.C. § 101.

29 Bryan H. Choi, "The Grokster Dead-End", *Harvard Journal of Law and Technology* 19 (2006):393–411 at 399.

30 Protect Act of 2003 (18 U.S.C. § § 2251–2252(B)(b)); Amal Clooney and Philippa Webb, "The Right to Insult in International Law", *Columbia Human Rights Law Review* 48 (2017): 1–55. 例如，美国一些州通过了禁止欺凌的法律，其中也包括了网络欺凌。这些州包括亚利桑那 (Ariz. Rev. Stat. § 15–341.37）；加利福尼亚 (Cal. Educ. Code § 234, 234.1, 234.2, 234.3, 234.5, 32261, 32265, 32270, 32282, 32283, and 48900); 康涅狄格 (Ct. Gen. Stat. § 10–222d); 伊利诺伊 (105 ILCS 5 / 10–20.14 and 105 ILCS 5 / 27–23.7); 新泽西 (N.J. Stat. 18A:37–13); 纽约 (N.Y. Educ. Law § 13); 得克萨斯 (Texas Educ. Code § 37.001); 弗吉尼亚 (Virginia Code § 9.1–184 and 22.1–208.01); 以及华盛顿 (Rev. Code of Wash. § 28A.300.285). 也有与敏感信息披露有关的法律，包括私人卫生数据和财务信息。参见：45 C.F.R. § 164.500–164.534; 16 C.F.R. § § 313.1–18。

31 Mitchell P. Goldstein, "Congress and the Courts Battle over the First Amendment: Can the Law Really Protect Children from Pornography on the Internet?", John Marshall *Journal of Information Technology and Privacy Law* 21 (2003): 141–205.

32 Cass Sunstein, "Government Control of Information", California Law Review 74 (1986):889–921; Inventions Secrecy Act of 1951 (35 U.S.C. § § 181–188).

第八章 组织的未来

1 Henry Hansmann, Reinier Kraakman, and Richard Squire, "Law and the Rise of the Firm", *Harvard Law Review* 119 (2006):1335–1403.

2 Harold J. Berman, *Law and Revolution: The Formation of the Western Legal Tradition* (Cambridge, MA: Harvard University Press, 1983).

3 Janice E. Thomson, *Mercenaries, Pirates, and Sovereigns: State-Building and Extraterritorial Violence in Early Modern Europe* (Princeton, NJ: Princeton University Press, 1996), 25–30.

4 Walter Werner, "Corporation Law in Search of Its Future", *Columbia Law Review* 81 (1981):1611–1666.

5 Ronald H. Coase, "The Nature of the Firm", *Economica* 4, no. 16 (1937):386–405.

6 Pierre Schlag, "The Problem of Transaction Costs", *Southern California Law Review* 62 (1989):1661–1700 at 1662–1664.

7 Sherwin Rosen, "Transaction Costs and Internal Labor Markets", in *The Nature of the Firm: Origins, Evolution, and Development*, ed. Oliver E. Williamson and Sidney G. Winter (New York: Oxford, 1991), 84–85.

8 正如奥利弗·威廉姆森（Oliver Williamson）所认识到的，在涉及股东的合同安排中，这种风险尤为严重。他认为，"股东的独特性在于，他们的投资通常不与特定的资产关联，且相对比较分散，这使得股东在签订可以平等保障双方利益的合同时，处于极为不利的地位，且很容易引发对方的投机行为。因此，鉴于种种不确定性，公司事先起草好的，事先巨细的综合性合约，反而对股东最为有利"。参见：Oliver E. Williamson, *The Economic Institutions of Capitalism: Firms, Markets, and Relational Contracting* (New York: Simon and Schuster, 1985): 305。另参见：Coase, "The Nature of the Firm", 393。

9 Adam Smith, *The Wealth of Nations* (New York: Modern Library, 1937).

10 Stephen M. Bainbridge, "Privately Ordered Participatory Management: An

Organizational Failures Analysis", *Delaware Journal of Corporate Law* 23 (1998): 979–1076.

11 Katherine V. W. Stone, "Knowledge at Work: Disputes over the Ownership of Human Capital in the Changing Workplace", *Connecticut Law Review* 34 (2002): 721–763.

12 Michael P. Dooley, "Two Models of Corporate Governance", *Business Lawyer* 47, no. 2 (1992):461–527.

13 "有限理性"最初由希尔伯特·西蒙（Herbert Simon）提出。根据这一理论，经济主体会寻求最大化他们的预期效用，但人类认知的局限性，常常无法使效用最大化。决策者自身记忆、计算能力及智力的有限性，反过来又限制了他们收集和处理信息的能力。参见：Herbert Simon and Alexander Simon, *Models of Bounded Rationality: Empirically Grounded Economic Reason*, vol. 3 (Cambridge, MA: MIT Press, 1982)。

14 Williamson, *The Economic Institutions of Capitalism*.

15 威廉姆森认为，将公司与特定资产关系绑定，可以避免交易对手的机会主义（opportunism）。一般来说，交易成本的概念，应包括管理关系的直接成本和做出次优治理决策的机会成本。通过对这些问题的讨论，极大地扩展了科斯最初的见解。参见：Oliver E. Williamson, *Markets and Hierarchies* (New York: Free Press, 1975); Williamson, *The Economic Institutions of Capitalism*; Oliver E. Williamson, *The Mechanisms of Governance* (Oxford: Oxford University Press, 1999); Dooley, "Two Models of Corporate Governance"（虽然机会主义常被等同于"欺骗"，但目前认为，机会主义仍然是一种有益的做法，因为他的所有的失败都是为了保持先前的承诺，无论这种失败是由于欺骗、疏忽、"可理解"的失责，还是纯粹的没有能力）。

16 与合同有关的交易成本是多种多样的，既包括不确定性和不可预见的偶然性所产生的成本，也包括签订和履行合同的成本。参见：Jean Tirole,

"Incomplete Contracts: Where Do We Stand?" *Econometrica* 67, no. 4 (1999): 741–781。以一个定期生产产品或提供服务的组织为例，对组织而言，与其去劳动市场雇佣不信任的临时工，并持续和密切的监督他们工作，不如与或多或少的工人签订长期协议，并训练他们执行任务，这样做显然更有意义。同样，以另外一个需要使用特定机器来生产特定产品的公司为例，如果这台机器对公司的运营至关重要，那么公司购买机器并将成本内化，是相对便宜的（而且可能更有效），无须在每次需要机器时与第三方签订合同。

17 Geoffrey Sampson, "The Myth of Diminishing Firms", *Communications of the ACM* 46, no. 11 (2003):25–28.

18 Jeanne L. Schroeder, "Bitcoin and the Uniform Commercial Code", *University of Miami Business Law Review* 24 (2015):1–79.

19 Andrea Tinianow and Caitlin Long, "Delaware Blockchain Initiative: Transforming the Foundational Infrastructure of Corporate Finance", Harvard Law School Forum on Corporate Governance, March 16, 2017, https://corpgov. law.harvard.edu/2017/03/16/delaware-blockchain-initiative-transforming-the-foundational-infrastructure-of-corporate-finance/.

20 电子代理服务（e-proxy service）的一个例子是 Proxy Vote。参见：Proxy Vote, https://east-online.proxyvote.com/pv/web.do。

21 Yi-Wyn See Yen, "Yahoo Recount Shows Large Protest: Yang's Approval at 66, Not 85 Percent", *Huffington Post*, September 9, 2008, http://www. huffingtonpost.com/2008/08/06/yahoo-recount-shows-large_n_117195.html.

22 Patrick McCorry, Siamak F. Shahandashti, and Feng Hao, "A Smart Contract for Boardroom Voting with Maximum Voter Privacy" (2017), http://fc17.ifca. ai/preproceedings/paper_80.pdf.

23 Roberta Romero, "Less Is More: Making Institutional Activism a Valuable Mechanism of Corporate Governance", *Yale Journal on Regulation* 18 (2001):

174–251（在过去十年间，机构投资者逐渐开始积极参与公司治理活动）。

24 Otonomos, http://otonomos.com/.

25 同上注。

26 Boardroom, http://boardroom.to/（本书翻译时，该网站已无法访问——译者注）。

27 同上注。

28 Jeffrey Doyle, Weili Ge, and Sarah McVay, "Determinants of Weaknesses in Internal Control over Financial Reporting", *Journal of Accounting and Economics* 44, no. 1 (2007):193–223.

29 Eugene F. Fama and Michael C. Jensen, "Separation of Ownership and Control", *Journal of Law and Economics* 26, no. 2 (1983):301–325。事实上，这就是为什么公司董事会在发行资金（disseminating funds）前批准大额资本支出的，应承担信义责任（fiduciary obligation）。

30 这可以通过多重签名账户来完成，本书第四章已讨论过这一问题。

31 Francis Fukuyama, *Trust*: *The Social Virtues and the Creation of Prosperity* (New York: Free Press Paperbacks, 1995).

32 同上注。

33 Yochai Benkler, *The Wealth of Networks: How Social Production Transforms Markets and Freedom* (New Haven, CT: Yale University Press, 2006), 24.

34 同上注。

35 2016 年 4 月下旬，The DAO 在以太坊区块链上启动，目的是创建一个去中心化的风险投资基金。在短短的一个多月里，The DAO 完成了有史以来最大的众筹，从遍布世界各地的数千人手中募集了超过 1.5 亿美元资金。参见：Nathaniel Popper, "A Venture Fund with Plenty of Virtual Capital, but No Capitalist", *New York Times*, May 21, 2016, http://www.nytimes.com/2016/05/22/business/dealbook/crypto-ether-bitcoin-currency.html。

36 DAO 的代码托管在 Github 上：https://github.com/slockit/DAO。

37 同上注。

38 同上注。

39 DigixDAO, "DigixDAO (DGD) Information", https://bravenewcoin.com/ assets/Whitepapers/digixdao-info.pdf. 白皮书的内容显示，DigixDAO 是一个由 DigixGlobal 在区块链上创建和部署的去中心化自治组织（DAO）智能合约套件，旨在与社区合作，在以太坊网络上管理和构建一个 21 世纪的金本位融资平台。借助以太坊智能合约，它将作为开放、透明组织的标准，DigixDAO 代币持有者可以直接影响有关 DigixCore 黄金平台（Gold Platform）成长和宣传的决策。作为回报，代币持有者每季度都可以通过以太坊平台从 DigixDAO 获得 DGX 交易费奖励。另参见：MakerDAO, "The Dai Stablecoin System", https://github.com/makerdao/docs/blob/master/Dai.md〔该文描述了去中心化组织被用于创建一个由成员投票保护的"稳定货币（stable coin）"。〕

40 Ronald Henry Coase, *The Firm, the Market, and the Law* (Chicago: University of Chicago Press, 2012), 46. 事实上，互联网较低的通信成本，有助于创建大型在线社交网络，如 Facebook、Twitter、Instagram 和 Snapchat 等，这些网络遍布全球，用户多则数十亿，少则数亿，依靠代码积极管理人际关系，产生社会资本（social capital）。在互联网诞生之前，通过一个内聚网络，把来自世界各地的人们联系在一起，是不现实的。但是随着互联网在全球范围内传播，随着信任的增加，人们习惯于使用它来进行交流、通信，与他人交往。起初，这些通信是双向一对一的，如向朋友发送电子邮件或即时消息。然而，随着时间的推移，这些关系逐渐固化成更大的网络，将人们联系在一起，信息流动也超越了地理边界。

41 Luz Lazo, "Some Uber Drivers Say Company's Promise of Big Pay Doesn't Match Reality", *Washington Post*, September 6, 2014, https://www.washingtonpost.

com/local/trafficandcommuting/some-uber-drivers-say-companys-promise-of-big-pay-day-doesnt-match-reality/2014/09/06/17f5d82c-224a-11e4-958c-268a320a60ce_story.html.

42　Luz Lazo, "Uber Turns 5, Reaches 1 Million Drivers, and 300 Cities Worldwide. Now What?", *Washington Post*, June 4, 2015, https://www.washingtonpost.com/news/dr-gridlock/wp/2015/06/04/uber-turns-5-reaches-1-million-drivers-and-300-cities-worldwide-now-what/.

43　同上注。

44　Robin Hanson, "Shall We Vote on Values, but Bet on Beliefs?", *Journal of Political Philosophy* 21, no. 2 (2013):151–178; Eric Zitzewitz, "Review of *Predictocracy: Market Mechanisms for Public and Private Decision Making* by Michael Abramowicz", *Journal of Economic Literature* 47 (2009): 177–180.

45　Samer Hassan and Primavera De Filippi, "Reputation and Quality Indicators to Improve Community Governance" (2015), https://papers.ssrn.com/sol3/papers.cfm?abstract_id=2725369.

46　Edward G. Amoroso, *Cyber Attacks: Protecting National Infrastructure* (Amsterdam: Elsevier, 2012) (noting recent cyberattacks on banks).

47　Nathaniel Popper, "A Hacking of More than $50 Million Dashes Hopes in the World of Virtual Currency", *New York Times*, June 17, 2016, http://www.nytimes.com/2016/06/18/business/dealbook/hacker-may-have-removed-more-than-50-million-from-experimental-cybercurrency-project.html.

48　Hansmann, Kraakman, and Squire, "Law and the Rise of the Firm".

49　自 1978 年起，美国允许债权人在合伙破产时，要求合伙人以个人财产承担责任，并要求与合伙人个人的债权人享有同等地位。参见：Bankruptcy Reform Act of 1978, Pub. L. No. 95–598, § 723, 92 Stat. 2549, 2606–2607 (codified at 11 U.S.C. § 723)。

50 理论上，至少在合同责任方面，去中心化组织可以尝试借助法律协议来建立有限责任制度。组织可以与合作伙伴、潜在的债权人，以及与组织交易的人，签订具体的法律协议条款，要求他们必须同意放弃追索会员个人的资产。然而，代币持有者无法限制因区块链组织的操作所导致的侵权责任。侵权责任是目前商业公司的一种普遍责任，它本质上是非自愿的，不能通过合同放弃。

51 Houman Shabad, "Empowering Distributed Autonomous Companies", Lawbitrage, August 18, 2016, http://lawbitrage.typepad.com/blog/2015/02/empowering-distributed-autonomous-companies.html.

52 三十个州和哥伦比亚特区已经制定了公益公司法，允许创建既追求盈利，也有公益目的的混合经营实体。参见：Benefit Corporation, "State by State Status of Legislation", August 18, 2016, http://benefitcorp.net/policymakers/state-by-state-status。

53 许多州的立法批准了 SLLC，包括特拉华（Delaware）、伊利诺伊（Illinois）、艾奥瓦（Iowa）、内华达（Nevada）、俄克拉荷马（Oklahoma）、田纳西（Tennessee）和犹他（Utah）等州，参见：Del. Code Ann. tit. 6, § 18–215; 805 Ill. Comp. Stat. Ann.180 / 37–40; Iowa Code Ann. § 490A.305; Nev. Rev. Stat. § 86.1255; Okla. Stat. Ann. tit. 18, § 2054.4; Tenn. Code Ann. § 48–249–309; Utah Code Ann. § 48–2c-606。

54 Shabad, "Empowering Distributed Autonomous Companies".

55 Sections 11–16 of the Securities Act of 1933 and § § 10(b), 12, and 14(a) of the Securities and Exchange Act of 1934; Frank H. Easterbrook and Daniel R. Fischel, "Mandatory Disclosure and the Protection of Investors", *Virginia Law Review* 70 (1984): 669–715.

56 例如，1934 年《证券交易法》第 13（a）款和第 15（d）条规定，根据本法第 12 条注册的证券发行人，必须按照 SEC 规则或条例所要求的格式提交具体信息，如年度报告和季度报告。参见：Harry Heller, "Disclosure Requirements under Federal Securities Regulation", *Business Lawyer* 16 (1961):

300–320。

57 证券法及其相关法规通过使用"表格"（forms）（例如，表格 S-1 和 S-3）来详细说明信息披露的要求。这些表格反过来也规定了根据条例 S-K（Regulation S-K）和条例 S–X（Regulation S-X）必须披露的信息。简单的说，条例 S-K 规定了文字形式的信息披露，条例 S-X 规定了财务报表的格式和内容。参见：Alison Grey Anderson, "Disclosure Process in Federal Securities Regulation: A Brief Review", *Hastings Law Journal* 25 (1973): 311–354。

58 同上注。

59 SEC v. Howey, 328 U.S. 293, 298–299 (1946); United Housing Foundation, Inc. v. Forman, 421 U.S. 837, 851 (1975).

60 Williamson v. Tucker, 645 F.2d 404, 422 (5th Cir. 1981); S.E.C. v. Merchant Capital, LLC, 483 F.3d 747, 755 (11th Cir. 2007).

61 Rudy Peter, "SEC Official Says Ethereum Hack Illustrates Blockchain Concerns", *Commodity Market News*, June 20, 2016, http://commodity-market-news.com/sec-official-says-ethereum-hack-illustrates-blockchain-concerns.html.

62 Securities and Exchange Commission, "Report of Investigation Pursuant to Section 21(a) of the Securities and Exchange Act of 1934: The DAO", Release no. 81207, July 25, 2017, https://www.sec.gov/litigation/investreport/34-81207.pdf.

63 J. P. Buntinx, "Daemon Wants to Become a Decentralized Ethereum-Based Smart Darknet Marketplace", *The Merkle*, April 4, 2016, http://themerkle.com/daemon-wants-to-become-a-decentralized-ethereum-based-smart-darknet-marketplace/.

第九章　去中心化自治组织

1 Meir Dan-Cohen, *Rights, Persons and Organizations* (Berkeley: University of

California Press, 1986).

2　雷·库兹韦尔（Ray Kurzweil）详细阐述了这一观点，他认为，根据加速回报
定律（law of accelerating returns），技术正在发展到一个"奇点"，人工超智能
的发明将触发技术加速发展。参见：Ray Kurzweil, Robert Richter, and Martin
L. Schneider, *The Age of Intelligent Machines* (Cambridge, MA: MIT Press, 1990);
Ray Kurzweil, *The Singularity Is Near: When Humans Transcend Biology* (New
York: Penguin, 2005)。

3　John R. Searle, "Is the Brain's Mind a Computer Program", *Scientific American*
262, no. 1 (1990):26–31（该文介绍了"弱"人工智能系统和"强"人工智能系统
的区别）。

4　参见：Antonio Torralba, Rob Fergus, and William T. Freeman, "80 Million Tiny
Images: A Large Data Set for Nonparametric Object and Scene Recognition",
IEEE Transactions on Pattern Analysis and Machine Intelligence 30, no. 11
(2008): 1958–1970（该文介绍了利用人工智能检测图片中的图案）; Charles
Duhigg, "Artificial Intelligence Applied Heavily to Picking Stocks", *New
York Times*, November 23, 2006, http://www.nytimes.com/2006/11/23/business/
worldbusiness/23iht-trading.3647885.html（该文介绍了利用人工智能买卖股票）;
Jatin Borana, "Applications of Artificial Intelligence & Associated Technologies",
in *Proceedings of International Conference on Emerging Technologies in
Engineering, Biomedicine, Management and Science* (International Journal for
Technological Research in Engineering, 2016), 64–67（该文介绍了利用人工智能
预测天气）。

5　Dan Frommer, "Apple Is About to Reveal How Serious It Is About Competing
with Amazon and Google with AI", *Recode*, June 12, 2016, http://www.recode.
net/2016/6/12/11911926/apple-wwdc-siri-keynote-google-alexa. 另参见：Tim Urban,
"The AI Revolution: The Road to Superintelligence", *Wait but Why*, January 22, 2015,

http://waitbutwhy.com/2015/01/artificial-intelligence-revolution-1.html。

6 Ryan Calo, "The Sorcerer's Apprentice, or: Why Weak AI Is Interesting Enough", Center for Internet and Society, Stanford Law School, August 30, 2011, http://cyberlaw.stanford.edu/blog/2011/08/sorcerers-apprentice-or-why-weak-ai-interesting-enough.

7 Ben Goertzel, *Artificial General Intelligence*, ed. Cassio Pennachin, vol. 2 (New York: Springer, 2007).

8 Nick Bostrom, *Superintelligence: Paths, Dangers, Strategies* (Oxford: Oxford University Press, 2014).

9 Carole Cadwallard, "Are the Robots About to Rise? Google's New Director of Engineering Thinks So ……", *The Guardian*, February 22, 2014, https://www.theguardian.com/technology/2014/feb/22/robots-google-ray-kurzweil-terminator-singularity-artificial-intelligence.

10 John O. McGinnis, "Accelerating AI", *Northwestern University Law Review* 104 (2010):1253–1270.

11 参见：Bill Joy, "Why the Future Doesn't Need Us", *Wired*, April 1, 2000, http://www.wired.com/wired/archive/8.04/joy.html。

12 Rory Cellan-Jones, "Stephen Hawking Warns Artificial Intelligence Can End Mankind", BBC News, December 2, 2014, http://www.bbc.com/news/technology-30290540. 另参见：Kevin Warwick, *March of the Machines: The Breakthrough in Artificial Intelligence* (Urbana: University of Illinois Press, 2004), 280–303（"机器将成为地球上主要的生命形式"）。

13 Aaron Wright and Primavera De Filippi, "Decentralized Blockchain Technology and the Rise of Lex Cryptographia" (2015), https://papers.ssrn.com/sol3/papers.cfm?abstract_id=2580664.

14 Michael del Castillo, "IBM Watson Is Working to Bring AI to the Blockchain",

CoinDesk, April 5, 2016, http://www.coindesk.com/ibm-watson-artificial-intelligence-blockchain/.

15 Vitalik Buterin, "DAOs, DACs, DAS and More: An Incomplete Terminology Guide", *Ethereum* (blog), May 6, 2014, https://blog.ethereum.org/2014/05/06/daos-dacs-das-and-more-an-incomplete-terminology-guide/.

16 Owen Holland and Chris Melhuish, "Stigmergy, Self-Organization, and Sorting in Collective Robotics", *Artificial Life* 5, no. 2 (1999):173–202; Marco Dorigo, Eric Bonabeau, and Guy Theraulaz, "Ant Algorithms and Stigmergy", *Future Generation Computer Systems* 16, no. 8 (2000): 851–871.

17 所有这些系统都可以互动，也可以与其他在区块链上交易的人或组织互动。将不同的因素组合到同一个自动或半自动的生态系统中，就可以创造更复杂的动态，随着由多个主体组成的混合组织的出现，其中每个组织都会根据自己的策略来最大化自己的效用。

18 Simon Barber, Xavier Boyen, Elaine Shi, and Ersin Uzun, "Bitter to Better—How to Make Bitcoin a Better Currency", in *International Conference on Financial Cryptography and Data Security* (Berlin: Springer, 2012), 399–414; Christian Decker and Roger Wattenhofer, "Information Propagation in the Bitcoin Network", in *Thirteenth International Conference on Peer-to-Peer Computing (P2P)* (Piscataway, NJ: IEEE, 2013), 1–10.

19 作为第一个被任命为公司董事的人工智能，人们对这一任命的法律效力提出了质疑。事实上，据中国香港有关公司治理的法令，公司的董事必须是一个自然人，在某些情况下也可以是有法律人格的商业实体，而算法两者都不是，因此它被任命为风险投资公司的董事仅仅是一个装饰，实际上并没有法律效力。

20 Simon Sharwood, "Software 'Appointed to Board' of Venture Capital Firm", *The Register*, May 18, 2014, http://www.theregister.co.uk/2014/05/18/software_

appointed_to_board_of_venture_capital_firm/.

21 Sherrisse Pham, "Jack Ma: In 30 Years, the Best CEO Could Be a Robot", Technology, CNN, April 24, 2017, http://money.cnn.com/2017/04/24/technology/alibaba-jack-ma-30-years-pain-robot-ceo/.

22 同上注。

23 参见：Laurence P. Feldman and Jacob Hornik, "The Use of Time: An Integrated Conceptual Model", *Journal of Consumer Research* 7, no. 4 (1981): 407–419。

24 参见：Bryan D. Jones, *Politics and the Architecture of Choice: Bounded Rationali-ty and Governance* (Chicago: University of Chicago Press, 2001)（该文认为，人们处理他们从环境中接收到的信息的方式各不相同，由于难以获取做出决定所需的所有信息，基于有限理性，人们往往靠感觉和情感做出决定）。

25 Maria Maher and Thomas Andersson, "Corporate Governance: Effects on Firm Performance and Economic Growth" (Paris: OECD, 1999), 5–18.

26 这就提出了重要的伦理和政治问题：我们如何才能确保经济实力强大的DAO继续以与现有社会和政治价值相一致的方式运作？如果DAO的目标就是最大限度地发挥其自身的效用，那么我们怎么能指望它去增进人类的利益呢？

27 参见：John Chipman Gray, *The Nature and Sources of Law* (New York: MacMillan, 1921). 事实上，肖恩·拜仁（Shawn Bayern）对自治软件管理的企业提出了同样的建议。参见：Shawn Bayern, "Of Bitcoins, Independently Wealthy Software, and Zero-Member LLC", *Northwestern University Law Review Online* 108 (2014): 257–270。

28 当然，DAO的开发者和代币持有者可能会因为不遵守现有法律而被追诉。我们将在第十一章详细讨论这一问题。

29 Klint Finley, "A \$150 Million Hack Just Showed that the DAO Was All Too Human", *Wired*, June 18, 2016, https://www.wired.com/2016/06/50-million-

hack-just-showed-dao-human/.

第十章 链接万物

1 Sergey Lonshakov, "Drone Employee: Field Testing with Ethereum Blockchain Transaction", YouTube, March 6, 2016, https://www.youtube.com/watch?v=V_3rcP2Duv0.

2 Drone Employee, "Drone Employee: Autonomous Technologies for Global Commercial and Civil UAV Vendors", https://github.com/droneemployee.

3 Gartner Group, "Gartner Says 6.4 Billion Connected 'Things' Will Be in Use in 2016, Up 30 Percent from 2015", press release, November 15, 2015, http://www.gartner.com/newsroom/id/3165317; "Cisco Visual Networking Index Predicts Near-Tripling of IP Traffic by 2020", Cisco the Network, June 7, 2016, https://newsroom.cisco.com/press-release-content?type=press-release&articleId=1771211.

4 Karen Rose, Scott Eldridge, and Lyman Chapin, "The Internet of Things: An Overview", The Internet Society (ISOC), October 2015, http://www.internetsociety.org/sites/default/files/ISOC-IoT-Overview-20151022.pdf.

5 Ryan Matthew Pierson, "IOT and Its Applications: Connecting You, Your Home, and Your Town", *ReadWrite*, July 27, 2016, http://readwrite.com/2016/07/27/education-internet-things-applications-pt2/; Jason Wiese, "Making Technology Meaningful: Connecting the Consumer: A CES 2016 Overview", VAB, February 2016, http://www.thevab.com/wp-content/uploads/2016/02/VAB-Whitepaper-Connecting-The-Consumer-2016.pdf.

6 Thomas Halleck, "Audi Self-Driving Car Completes 560-Mile Trip to Las Vegas for CES 2015", *International Business Times*, January 6, 2015, http://www.ibtimes.com/audi-self-driving-car-completes-560-mile-trip-las-vegas-ces-2015-1775446.

7 Molly Mchugh, "Tesla's Cars Now Drive Themselves, Kinda", *Wired*, October

14, 2015, http://www.wired.com/2015/10/tesla-self-driving-over-air-update-live/.

8 Eleni Natsi, "Hands on Future: Many Autonomous Devices, One Brain", Resin.io, October 29, 2015, https://resin.io/blog/hands-on-the-future-autonomous-devices-one-brain/.

9 Geoffrey A. Fowler, "The Lock Has Evolved: Open Doors with Your Phone", *Wall Street Journal,* October 15, 2014, http://www.wsj.com/articles/the-lock-has-evolved-open-doors-with-your-phone-1413291632; The Nest Thermostat, https://nest.com/thermostat/meet-nest-thermostat/.

10 T. J. McCue, "$117 Billion Market for Internet of Things in Healthcare by 2020", *Forbes*, April 22, 2015, http://www.forbes.com/sites/tjmccue/2015/04/22/117-billion-market-for-internet-of-things-in-healthcare-by-2020/#10c1f0fa2471; Jasper Jahangir Mohammed, "Surprise: Agriculture Is Doing More with IoT Innovation than Most Other Industries", *VentureBeat*, July 12, 2014, http://venturebeat.com/2014/12/07/surprise-agriculture-is-doing-more-with-iot-innovation-than-most-other-industries/; Colin Wood, "How Smart and Connected Partnerships Are Improving Your Life", GovTech, April 30, 2015, http://www.govtech.com/fs/How-Smart-and-Connected-Partnerships-are-Improving-Your-Life.html.

11 Eleonora Borgia, "The Internet of Things Vision: Key Features, Applications and Open Issues", *Computer Communications* 54 (2014): 1–31.

12 同上注。

13 Steve Rangers, "The Internet of Things Is at Risk: Can HyperCat Come to the Rescue?", *ZDNet*, June 27, 2014, http://www.zdnet.com/article/the-internet-of-things-is-at-risk-can-hypercat-come-to-the-rescue/.

14 "Industrial Internet of Things: Unleashing the Potential of Connected Products and Services", World Economic Forum (January 2015), http://www3.weforum.org/docs/WEFUSA_IndustrialInternet_Report2015.pdf.

15 Steven M. Rinaldi, James P. Peerenboom, and Terrence K. Kelly, "Identifying, Understanding, and Analyzing Critical Infrastructure Interdependencies", *IEEE Control Systems* 21, no. 6 (2001):11–25.

16 Cory Doctorow, "The Problem with Self-Driving Cars: Who Controls the Code?", *The Guardian*, December 23, 2015, https://www.theguardian.com/technology/2015/dec/23/the-problem-with-self-driving-cars-who-controls-the-code; U.S. Federal Trade Commission, "Internet of Things: Privacy and Security in a Connected World", January 2015, https://www.ftc.gov/system/files/documents/reports/federal-trade-commission-staff-report-november-2013-workshop-entitled-internet-things-privacy/150127iotrpt.pdf.

17 David McKinney, "Intel IoT Ecosystem Drives Transaction Innovation at Transact 2016", *IOT@INTEL* (blog), May 19, 2016, https://blogs.intel.com/iot/2016/05/19/intel-iot-ecosystem-drives-transaction-innovation-transact-2016/.

18 Veena Pureswaran and Paul Brody, "Device Democracy: Saving the Future of the Internet of Things", IBM Institute for Business Value Executive Report, January 2015, http://iotbusinessnews.com/download/white-papers/IBM-Saving-the-future-of-IoT.pdf.

19 在 2016 年物联网峰会（2016 IOT Summit）上，荷兰 IT 顾问贝内迪克特·赫鲁德克（Benedikt Herudek）表示："比特币及其区块链在金融交易中所表现出的普适性（universality）和安全性，也可用于解决物联网的信息传递协议问题。区块链可以用于管理任何设备间的信息传送，而无须可信中间人，也不需要借助行业或具体厂商的协议标准"。参见：Eric Brown, "How Bitcoin's Blockchain Tech Could Aid IOT Interoperability", *LinuxGizmos*, June 9, 2016, http://linuxgizmos.com/how-bitcoins-blockchain-tech-could-aid-iot-interoperability/。

20 Pureswaran and Brody, "Device Democracy".

21 Filament, https://filament.com/; Pete Rizzo, "Filament Nets $5 Million for Blockchain-Based Internet of Things Hardware", *CoinDesk*, August 18, 2016, http://www.coindesk.com/filament-nets-5-million-for-blockchain-based-internet-of-things-hardware/.

22 Norman H. Nie and Lutz Erbring, "Internet and Society", *Stanford Institute for the Quantitative Study of Society* 3 (2000):14–19.

23 同上注。

24 Slock.It, https://slock.it/; Antonio Madeira, "Slock.it: The 'Lockchain' Technology (Blockchain + IoT)", Coincheck, June 8, 2016,https://coincheck.com/en/blog/1289.

25 Anthony J. Bellia, "Contracting with Electronic Agents", *Emory Law Journal* 50 (2001):1047–1092.

26 Julie R. Caggiano, "Electronic Signatures—Esign of the Times", *Consumer Finance Law Quarterly Report* 56 (2002):142–147.

27 Patricia Brumfield Fry, "Introduction to the Uniform Electronic Transactions Act: Principles, Policies and Provisions", *Idaho Law Review* 37 (2000): 237–274.

28 Glen O. Robinson, "Personal Property Servitudes", *University of Chicago Law Review* 71 (2004):1449–1523.

29 Kirtsaeng v. John Wiley & Sons, Inc., 133 S. Ct. 1351, 1363, 185 L. Ed. 2d 392 (2013).

30 参见：例如，美国法中的首次销售原则 (17 U.S.C. 106(3))，以及欧盟的权利用尽原则 [《信息社会指令》(*Directive on the Information Society*) 第六条]。

31 Pamela Samuelson, "DRM {and, or, vs.} the Law", *Communications of the ACM* 46, no. 4 (2003):41–45.

32 事实上，自毁开关已被用于禁用汽车或设备的功能。参见：Adekunle Adefemi

Adeyemi, B. Adejuyigbe Samuel, Olorunfemi B. Julius, Adeyemi H. Oluwole, and Akinruli Folajimi, "Development of a Software for Car Tracking Device", *Science and Technology* 2, no. 6 (2015):283–297 (该文研究了汽车中的自毁开关); William P. Schmitz, Jr., "Fix for the Smartphone Glitch: Consumer Protection by Way of Legislative Kill Switch", *University of Illinois Law Review* 2016 (2016): 285–320 (该文研究了手机的自毁开关及相关的立法问题)。

33 Jonathan Zittrain, *The Future of the Internet—and How to Stop It* (New Haven, CT: Yale University Press, 2008).

34 同上注。

35 DRM 系统已经产生了这样的问题，它完全无法适用合理使用原则（根据版权法所做的积极抗辩），要么是因为它太难以正式化为代码，要么是因为无利可图。参见：Timothy K. Armstrong, "Digital Rights Management and the Process of Fair Use", *Harvard Journal of Law and Technology* 20 (2006):49–121。

36 整合了软件的设备已经开始限制消费者使用个人财产的权利。佳能的软件许可协议限制其客户向其他用户借出数码相机，连接到互联网的 Thermostat Nest 只允许个人以非商业方式使用，谷歌甚至限制客户转售目前已经日落西山的谷歌眼镜。然而，在大多数情况下，这些许可限制很难有效执行，也没有证据表明佳能或谷歌曾去追究用户违反协议的法律责任。实际上，很少会有人真正去阅读这些许可协议，消费者甚至都不知道这些限制的存在。

37 理查德·克拉斯威尔（Richard Craswell）认为，即使消费者掌握了完整的价格信息，并且充分理解了卖家标准合同条款的含义，但是只要他们不了解特定卖家的合同条款的含义，或了解有限，那么每个卖家都有降低质量的动机。参见：Richard Craswell, "Taking Information Seriously: Misrepresentation and Nondisclosure in Contract Law and Elsewhere", *Virginia Law Review* 92 (2006): 565–632。

38 Matt Levine, "Blockchain Company's Smart Contracts Were Dumb", *Bloomberg*,

June 17, 2016, https://www.bloomberg.com/view/articles/2016-06-17/blockchain-company-s-smart-contracts-were-dumb. 另参见第四章有关智能合约的论述。

39 Cass R. Sunstein, "Deciding by Default", *University of Pennsylvania Law Review* 162 (2013):1–57.

40 Robert A. Hillman and Jeffrey J. Rachlinski, "Standard-Form Contracting in the Electronic Age", *New York University Law Review* 77 (2002):429–495 (众多消费者的合意将迫使企业提供有效的标准合同条款); Russell Korobkin, "Bounded Rationality, Standard Form Contracts, and Unconscionability", *University of Chicago Law Review* 70 (2003): 1203–1295 (该文介绍了 "买方市场，即买方可以在在众多卖方中购买最优产品，包括最优的合同条款")。

41 麻省理工学院研究人员凯特·达林（Kate Darling）指出，不管是出于情感，还是为了促进社会期望的行为，我们迟早会开始要求为机器人同伴提供法律保护。如果发生这种情况，政治家和立法者就需要考虑，适应这种社会偏好是否合理。参见：Kate Darling, "Extending Legal Protection to Social Robots: The Effects of Anthropomorphism, Empathy, and Violent Behavior towards Robotic Objects", *IEEE Spectrum,* September 10, 2012, 1–25。

42 有关仿生植物机器人项目的更多内容，参见：http://okhaos.com/plantoids。

43 Robert Myers, "Plantoid: The Blockchain-Based Art That Makes Itself", *FurtherField*, October 26, 2015, http://furtherfield.org/features/reviews/plantoid-blockchain-based-art-makes-itself.

44 David C. Vladeck, "Machines without Principals: Liability Rules and Artificial Intelligence", *Washington Law Review* 89 (2014): 117–150 at 120–121.

45 例如，UETA 注意到了这一可能性，但并没有明确该法是否适用于有更大自治权的代理人，而是将该问题留给了法庭，由法庭根据社会发展来解释和调整电子代理人的定义。参见：UETA § 2 cmt. 5。

46 U.S. Department of Defense, "Autonomy in Weapon Systems", Directive no.

3000.09 (Arlington, VA: U.S. Department of Defense, 2012), 13–14; Rebecca Crootof, "The Killer Robots Are Here: Legal and Policy Implications", *Cardozo Law Review* 36 (2015): 1837–1915; Michael N. Schmitt, "Autonomous Weapon Systems and International Humanitarian Law: A Reply to the Critics", *Harvard National Security Journal,* (2013), http://harvardnsj.org/2013/02/autonomous-weapon-systems-and-international-humanitarian-law-a-reply-to-the-critics/.

47 有关阻止杀手机器人运动的更多内容，参见：http://www.stopkillerrobots. org/the-problem; John Lewis, "The Case for Regulating Fully Autonomous Weapons", *Yale Law Journal* 124 (2015): 1309–1325。

48 Lawrence B. Solum, "Legal Personhood for Artificial Intelligences", *North Carolina Law Review* 70 (1991):1231–1287.

49 European Parliament, Committee on Legal Affairs, "Draft Report, with Recommendations to the Commission on Civil Law Rules on Robo-tics", May 31, 2016, http://www.europarl. europa.eu/sides/getDoc.do?pubRef=-//EP//NONSGML%2BCOMPARL%2BPE-582.443%2B01%2BDOC%2BPDF%2BV0//EN.

50 另外，政府应实施针对生产自治设备的制造商，以及提供自治服务的服务商的强制保险计划，以赔偿这些设备或服务可能造成的损害。

第十一章 监管模式

1 Lawrence Lessig, *Code: And Other Laws of Cyberspace* (New York: Basic Books, 1999).

2 同上注。

3 Kenworthey Bilz and Janice Nadler, "Law, Moral Attitudes, and Behavioral Change", in *Oxford Handbook of Behavioral Economics and the Law*, ed. Eyal Zamir and Doron Teichman (Oxford: Oxford University Press, 2014), 241–267. 此前以西北大学学术论文（Northwestern Research Paper）发表，编号为 No.

13–25 (2013)，可在 SSRN 下载：http://ssrn.com/abstract=2292051。

4 同上注。

5 Lessig, *Code*, 123.

6 同上注。

7 Thomas Hobbes, *Leviathan or The Matter, Forme and Power of a Common Wealth Ecclesiasticall and Civill*, ed. Ian Shapiro (New Haven, CT: Yale University Press, 2010).

8 例如，通过对比特币区块链进行梳理，可以将交易记录与一个常见的比特币账户关联，或者将其标记为可疑交易（例如，多轮交易如果来自同一账户，表示某一笔支付正在被拆分，并在稍后在另一个账户重新合并）。将交易记录与有效的公开信息相结合，如交易者的 IP 地址，在刑事调查期间获得的信息，或因应对民事诉讼提交的信息等，也可以识别账户持有人的身份。这样的服务已经有了，一些公司和政府机关可以跟踪涉嫌洗钱和逃税的账户，并获取其全部交易历史，这样提起诉讼就更加容易。所谓区块链浏览器（blockchain explorers），就是可以提供区块链交易的实时和历史交易数据，且易于阅读和理解（的网站）。人们可以用普通互联网浏览器来浏览区块信息，方便查看和验证比特币账户余额和交易记录。它们甚至可以通过"污点分析"（taint analysis）来评估账户涉嫌提供混合服务的程度。还有其他服务，如将所有的虚拟货币交易进行可视化处理，这样就更容易识别出非法活动中的关键角色。参见：Blockchain.info, https://blockchain.info/; BlockExplorer, https://blockexplorer.com/; Blockr, https://blockr.io/。

9 即使是丝绸之路这样的网站，试图为用户提供匿名交易环境，最终也会失败。因为它的主谋罗斯·乌布利希（Ross Ulbricht）就未能成功掩盖他自己从网站上提取比特币。一旦执法部门发现了这些交易，并获得了乌布利希的电脑，它们就可以使用区块链来证明乌布利希所参与的服务，并将其关闭。参见：Andy Greenberg, "Prosecutors Trace $13.4M in Bitcoins from the

Silk Road to Ulbricht's Laptop", *Wired*, January 29, 2015, http://www.wired. com/2015/01/prosecutors-trace-13-4-million-bitcoins-silk-road-ulbrichts-laptop/。另一个例子是，埃里克·沃希斯（Erik Vorhees）在互联网上发布了招股说明书，并积极邀请投资者购买与比特币相关的两个初创企业 SatoshiDICE 和 FeedZeBirds 的股票，但他没有按照联邦证券法的规定向美国证券交易委员会注册。尽管投资者已经使用比特币购买了股票，但美国证券交易委员会获悉后就立即对沃希斯采取了行动，并要求他遵循证券发行惯例。参见："SEC Charges Bitcoin Entrepreneur with Offering Unregistered Securities", Securities and Exchange Commission, June 3, 2014, https://www.sec.gov/News/PressRelease/ Detail/PressRelease/1370541972520。

10 参见：Ben Depoorter and Sven Vanneste, "Norms and Enforcement: The Case against Copyright Litigation", *Oregon Law Review* 84 (2005): 1127–1179（作者认为，对个人侵权者采取大规模诉讼，其威慑作用有限，唱片公司提起诉讼后，文件共享行为并未减少或消失，反而增加了，部分原因是这一行为反而助长了对版权制度不利的社会和文化规范的扩散）。一些国家已经通过法律，授权政府实施大规模监控技术，以监测个人用户的通信。例如，法国于 2015 年 4 月通过的情报法案（Loi Sur le Renseignement）所创建的法律框架，授权政府在电信运营商的基础设施上部署监控设备（称为"黑匣子"），用于监控所有互联网设备的通信。

11 可以想象，如果将来一个人工智能系统可以资助另外一个人工智能系统，那么这一方式的效果就会大打折扣。参见：Jean Frau, "French Senate Formally Votes Intelligence Bill", *Internet Policy Review*, June 9, 2015, https://policyreview. info/articles/news/french-senate-formally-votes-intelligence-bill/368。

12 Jonathan Zittrain, "Internet Points of Control", *Boston College Law Review* 44 (2003):653–688.

13 Sanja Kelly and Sarah Cook, "Freedom on the Net 2011: A Global Assessment

of Internet and the Digital Media", Freedom House, April 18, 2011, https://
freedomhouse.org/sites/default/files/FOTN2011.pdf. 另参见：*Nieman Reports*, June 15,
2004, http://niemanreports.org/articles/china-and-internet-filters/. 沙 特 阿 拉 伯、 伊
朗、俄罗斯和叙利亚等国，采取类似策略审查本国境内的信息。参见：
FreedomHouse, "Freedom of the Net 2016: Syria", https://freedomhouse.org/report/
freedom-net/2016/syria; FreedomHouse, "Freedom of the Net 2016: Iran",
https://freedomhouse.org/report/freedom-net/2016/iran; FreedomHouse, "Freedom
of the Net 2016: Russia", https://freedomhouse.org/report/freedom-net/2016/
russia。即使是西方国家，如德国，也要求当地ISP审查非法的文件共享网站，
阻止本国公民进入那些在美国托管的包含纳粹宣传的网站。参见："Haftung
für rechtswidrige Inhalte fraglich", *Heise Online*, October 15, 2001, http://www.
heise.de/newsticker/data/hod-15.10.01-000/（在本案中记载了德国法院的第一
个判决）; "Heise: Dusseldorf Arranges Immediate Blockage of Nazi Websites",
Vigilant.tv, September 13, 2002, http://vigilant.tv/article/2162（记载德国法院第
二次重申拦截禁令）。

14 可以想象，迟早有一天，不再由ISP来负责控制对互联网的访问。随着多
跳网络的部署，ISP也将去中心化，此处所述监管方法将愈加难以实施。目
前，互联网通过中心化ISP路由信息，但是有了多跳网络，人们连接到网
络后可以直接路由通信，不再需要经过中心化ISP。参见：Ashish Raniwala
and Tzi-cker Chiueh, "Architecture and Algorithms for an IEEE 802.11-Based
Multi-channel Wireless Mesh Network", in *Proceedings of the 24th Annual Joint
Conference of the IEEE Computer and Communications Societies*, ed. Kia Makki
and Edward Knighly, vol. 3 (Piscataway, NJ: IEEE, 2005), 2223–2234。

15 例如，ISP可以进行所谓的深度报文检测（Deep Packet Inspection）。它们
可以检查互联网正在路由的数据的内容，并可以重新路由或审查其中的特
定数据。参见：Sarang Dharmapurikar, Praveen Krishnamurthy, Todd Sproull,

and John Lockwood, "Deep Packet Inspection Using Parallel Bloom Filters", in *Proceedings of the 11th Symposium on High Performance Interconnects* (Piscataway, NJ: IEEE, 2003), 44–51。

16 此前有过先例，ISP 之前曾阻断了与 BitTorrent 协议有关的流量。参见：Peter Svensson, "Comcast Blocks Some Internet Traffic", NBC News, October 19, 2007, http://www.nbcnews.com/id/21376597/ns/technology_and_science-internet/t/comcast-blocks-some-internet-traffic/（作者指出，Comcast 公司主动介入，禁止其高速联网用户在网上共享文件，这一举动与传统的流量平等原则相悖）。

17 鉴于 Tor 的匿名性，很难估算它的用户量，不过在 Tor 的在线度量网站上可以找到使用数据：https://metrics.torproject.org/。

18 事实上，目前主流出版商 70% 的流量都来自脸书和谷歌。参见：Martin Beck, "For Major Publishers, Facebook Referral Traffic Passes Google Again", *Marketingland*, August 17, 2015, http://marketingland.com/for-major-publishers-facebook-referral-traffic-passes-google-again-138969。

19 同样，对那些从事盗版的网站而言，这已经发生了。参见：Christian Bautista, "Google Search Algorithm Changes Demote Piracy Sites from Page Rankings", *Tech Times*, October 22, 2014, http://www.techtimes.com/articles/18334/20141022/google-search-algorithm-changes-demote-piracy-sites-from-page-rankings.htm（该文报道，谷歌为了安抚版权人，准备将有盗版内容的网站从搜索结果中删除）。

20 Russell Brandom, "Appeals Court Reopens Google's Fight with MPAA-Backed Attorney General", *The Verge*, April 11, 2016, http://www.theverge.com/2016/4/11/11409922/appeals-court-mpaa-google-lawsuit-jim-hood-goliath.

21 Megan Cristina, "Fighting Abuse to Protect Freedom of Expression", Twitter, December 30, 2015, https://blog.twitter.com/2015/fighting-abuse-to-protect-

freedom-of-expression-au.

22 Andrew L. Shapiro, "Digital Middlemen and the Architecture of Electronic Commerce", *Ohio Northern University Law Review* 24 (1998):795–812.

23 Derek Bambauer, "Middleman", *Florida Law Review Forum* 65 (2013):1–4.

24 同上注。

25 "A Major Coinbase Milestone: 1 Million Consumer Wallets", Coinbase, February 27, 2014, https://blog.coinbase.com/2014/02/27/a-major-coinbase-milestone-1-million-consumer/.

26 交易所的典型代表是 BitFinex，在过去的三十天内，它的比特币交易量超过 100 万个，交易金额达数亿美元。参见：Yessi Bellow Perez, "Bucks to Bitcoin: Top Exchange Platform Fees Compared", *CoinDesk*, February 24, 2015, http://www.coindesk.com/bucks-to-bitcoin-top-exchange-platform-fees-compared/（注意：过去三十天内，BitFinex 上比特币的交易数量是 1 557 657）。

27 从 2013 年年中起，美国联邦政府开始严厉打击交易或转移虚拟货币的企业。金融犯罪执法网络（FinCEN）发布了一系列指南，要求比特币及其他虚拟货币必须符合银行保密法的要求，将虚拟货币兑换成美元或外币的当事人，也受银行保密法有关规则的约束。但是，只是在自己账户中持有虚拟货币，以及仅仅从事虚拟货币采矿的个人或公司，可以不受银行保密法的约束。FinCEN 发布明确的指导意见后，采取了针对虚拟货币中介机构的若干执法行动，以确保不断增长的虚拟货币业务遵循银行保密法的要求。值得注意的是，提供货币兑换服务的瑞波受到了 FinCEN 的处罚，主要是因为它没有建立合格的反洗钱制度，没有依法收集客户的相关信息，也没有报告可疑活动。因为这些违规行为，瑞波不得不支付超过 70 万美元的罚款，并且必须采取一些补救措施，包括重新审查近三年的可疑交易，以及聘请独立审计师，每隔两年审计一次其是否遵守银行保密法的要求，直到 2020 年。为了确保合规，瑞波专门开发了监视网络交易的软件。参见：U.S. Department of

the Treasury, Financial Crimes Enforcement Network, "FinCen Fines Ripple Labs Inc. in First Civil Enforcement Action against a Virtual Currency Exchanger", May 5, 2015, https://www.fincen.gov/news/news-releases/fincen-fines-ripple-labs-inc-first-civil-enforcement-action-against-virtual。

28 New York State Department of Financial Services, Title 23, Chapter 1, Part 200—Virtual Currencies, http://www.dfs.ny.gov/legal/regulations/adoptions/dfsp200t.pdf. 另参见：Tara Mandjee, "Bitcoin, Its Legal Classification and Its Regulatory Framework", *Journal of Business and Securities Law* 15, no. 2 (2014): 1–66。

29 然而，如前所述，在去中心化网络中，达成更改协议的共识可能是一项相当艰巨的任务，正如过去几年中比特币社区进行的，长期且相互矛盾的大尺度争论所说明的那样，这最终导致比特币在 2017 年 8 月 1 日分叉。参见：Primavera De Filippi and Benjamin Loveluck, "The Invisible Politics of Bitcoin: Governance Crisis of a Decentralized Infrastructure", *Internet Policy Review* 5, no. 3 (2016): 1–28。

30 所谓矿池，是矿工汇聚他们的资源，共享他们的哈希算力，并根据他们为解决一个块而贡献的股份数量，均等地分配区块奖励。参见本书第二章。

31 Blockchain.info, "Hashrate Distribution", https://blockchain.info/pools; Etherscan, "Ethereum Top 25 Miners by Blocks", https://etherscan.io/stat/miner?range=7&blocktype=blocks.

32 Lawrence B. Solum and Minn Chung, "The Layers Principle: Internet Architecture and the Law", *Notre Dame Law Review* 79 (2004): 815–948.

33 Linda Rosencrance, "Melissa Virus Creator Sentenced to 20 Months in Prison", *ComputerWorld*, May 1, 2002, http://www.computerworld.com/article/2575637/security0/melissa-virus-creator-sentenced-to-20-months-in-prison.html.

34 Jaime Holguin, "'Melissa' Creator Gets 2nd Jail Term", CBS News, May 1,

2002, http://www.cbsnews.com/news/melissa-creator-gets-2nd-jail-term/.

35 896 F.2d 1183 (9th Cir. 1990). 在涉及逃税、毒品制造、雇凶杀人，甚至规避复制保护机制的言论中，法庭拒绝了美国宪法第一修正案的保护。参见：Eugene Volokh, "Crime-Facilitating Speech"，*Stanford Law Review* 57 (2005): 1095–1222。

36 例如，《1970 年职业安全与健康管理法》(*The Occupational Safety and Health Administration Act of 1970*，OSHA)《2002 年国土安全与爱国者法案》(*Homeland Security and Patriot Act of 2002*，HSA)《1970 年清洁空气法案》(*Clean Air Act of 1970*) 和《1972 年联邦水污染控制法》(*Federal Water Pollution Control Act of 1972*)。

37 Harold Abelson, Ross Anderson, Steven M. Bellovin, Josh Benaloh, Matt Blaze, Whitfield Diffie, John Gilmore, Matthew Green, Susan Landau, Peter G. Neumann, Ronald L. Rivest, Jeffrey I. Schiller, Bruce Schneier, Michael A. Specter, and Daniel J. Weitzner, "Keys under Doormats: Mandating Insecurity by Requiring Government Access to All Data and Communications"，*Communications of the ACM* 58, no. 10 (2015): 24–26.

38 Stephen Levy, "Battle of the Clipper Chip"，*New York Times*, June 12, 1994, http://www.nytimes.com/1994/06/12/magazine/battle-of-the-clipper-chip.html?pagewanted=all.

39 参见第四章。

40 有人称这一过程为密码经济学 (cryptoeconomics)。参见：Noah Thorp, "How Society Will Be Transformed by CryptoEconomics"，*Medium*, May18, 2015, https://medium.com/@noahthorp/how-society-will-be-transformed-by-crypto-economics-b02b6765ca8c#.o7svfgl76; Vitalik Buterin, "Cryptoeconomic Protocols in the Context of Wider Society, Part 1"，YouTube, October 7, 2014, https://www.youtube.com/watch?v=S47iWiKKvLA。

41 Michael P. Dooley, David Folkerts-Landau, and Peter Garber, "The Revived Bretton Woods System: The Effects of Periphery Intervention and Reserve Management on Interest Rates & Exchange Rates in Center Countries", NBER Working Paper no. W10332 (Cambridge, MA: National Bureau of Economic Research, 2004).

42 Lessig, *Code*, 1.

43 Nick Szabo. "Money, Blockchains, and Social Scalability", Unenumerated, February 9, 2017, http://unenumerated.blogspot.fr/2017/02/money-blockchains-and-social-scalability.html.

44 De Filippi and Loveluck, "The Invisible Politics of Bitcoin".

45 Ian Miers, Christina Garman, Matthew Green, and Aviel D. Rubin, "Zerocoin: Anonymous Distributed E-cash from Bitcoin", in *2013 IEEE Symposium on Security and Privacy (SP)*, ed. Robin Sommer (Piscataway, NJ: IEEE, 2013), 397–411; Shen Noether, "Ring Signature Confidential Transactions for Monero", *IACR Cryptology ePrint Archive* 2015 / 1098 (2015): 1–34.

46 Peter Smith and Kristov Atlas, "A Brief History of Bitcoin Forks", Blockchain.com, February 26, 2016, https://blog.blockchain.com/2016/02/26/a-brief-history-of-bitcoin-forks/. On July 20, 2017. 2017 年 7 月 20 日，比特币分叉并激活了比特币改进方案 91（Bitcoin Improvement Proposal 91，BIP91），也即隔离见证方案二代（SegWit2x）。该方案得到了比特币网络全部哈希算力的 80% 以上的支持，是实现隔离见证（segregated witness，SeGWit）扩展解决方案的第一步，预示着比特币区块大小将从 1M 增加到 2M。参见：Luke Graham, "Bitcoin Soars as Miners Finally Move to Solve the Digital Currency's Scaling Problem", CNBC, July 17, 2017, https://www.cnbc.com/2017/07/18/bitcoin-soars-as-miners-move-to-solve-the-digital-currency-scaling-problem.html。

47 Joon Ian Wong, "Everything You Need to Know about the Ethereum 'Hard

Fork'", Qz.com, July 18, 2016, https://qz.com/730004/everything-you-need-to-know-about-the-ethereum-hard-fork/.

48　值得注意的是，这种干预最终导致了以太坊社区的分裂。一些人认为，社区有权干预以弥补损害，另一些人认为，区块链的操作不应被改变。那些支持"永恒"的人创建了一个新的区块链，被称为"以太经典"（Ethereum Classic，ETC）。参见：Ethereum Classic, https://ethereumclassic.github.io/。

49　例如，已经有了区块链如何应用于金融应用的建议。参见：Julie A. Maupin, "Blockchains and the G20: Building an Inclusive, Transparent and Accountable Digital Economy", Center for International Governance Innovation Policy Brief no. 101 (Waterloo: Center for International Governance Innovation, March 2017)。

50　例如，可以要求 TCP/IP 栈上运行的 ISP 或其他中介机构审查或阻止对特定区块链网络的访问，理由是它可能被用于非法目的。这不仅会减少区块链的创新机会，也彻底违背了网络中立（network neutrality）原则。根据这一原则，电信运营商和 ISP 无权根据数据的来源、目的地甚至互联网流量类型的不同，来区分路由数据包。

51　Jerome H. Saltzer, David P. Reed, and David D. Clark, "End-to-End Arguments in System Design", *ACM Transactions on Computer Systems* (*TOCS*) 2, no. 4 (1984): 277–288.

52　同上注。

53　Written Ex Parte of Professor Mark A. Lemley and Professor Lawrence Lessig, in re Application for Consent to the Transfer of Control of Licenses from MediaOne Group, Inc. to AT&T Corp., CS Docket No. 99–251, http://cyber.law.harvard.edu/works/lessig/filing/lem-les.doc.html.

54　Lawrence Lessig, *The Future of Ideas: The Fate of the Commons in a Connected World* (New York: Random House, 2001), 34–35; Yochai Benkler, "From Consumers to Users: Shifting the Deeper Structures of Regulation toward

Sustainable Commons and User Access", *Federal Communications Law Journal* 52 (2000): 561–579; Brett Frischmann and Mark A. Lemley, "Spillovers", *Columbia Law Review* 107 (2007): 257–270; Mark Lemley and Lawrence Lessig, "The End of End-to-End: Preserving the Architecture of the Internet in the Broadband Era", *UCLA Law Review* 48 (2001): 925–972; Philip J. Weiser, "Law and Information Platforms", *Journal on Telecommunications and High Technology Law* 1 (2002): 1–35; Kevin Werbach, "Breaking the Ice: Rethinking Telecommunications Law for the Digital Age", *Journal on Telecommunications and High Technology Law* 4 (2005): 59–95; Tim Wu, "The Broadband Debate: A User's Guide", *Journal on Telecommunications and High Technology Law* 3 (2004): 69–95; Tim Wu, "Network Neutrality: Broadband Discrimination", *Journal on Telecommunications and High Technology Law* 2 (2003): 141–178.

55 Frischmann and Lemley, "Spillovers".

56 同上注。第 294 页。

57 值得注意的是，区块链网络上的矿工会基于价格进行区分。网络成员向矿工支付更高的费用，就会增加他们的交易被网络处理的概率。

58 Wu, "Network Neutrality: Broadband Discrimination".

59 A. M. Antonopoulos, "Bitcoin Neutrality", Bitcoin 2013 Conference, May 18, 2013, San Jose, CA", YouTube, June 10, 2013, https://www.youtube.com/watch?v=BT8FXQN-9-A.

60 Jay P. Kesan and Rajiv C. Shah, "Shaping Code", *Harvard Journal of Law and Technology* 18 (2005):319–399.

61 Digital Millennium Copyright Act, 17 U.S.C. § 1201(a)(1) (2000).

62 参见：Requirement for Manufacture of Televisions That Block Programs, 47 U.S.C. § 303(x) (2000)。

63 J. M. Balkin, "Media Filters, the V-Chip, and the Foundations of Broadcast

Regulation", *Duke Law Journal* 45 (1996):1131–1175.

64 Kesan and Shah, "Shaping Code".

65 例 如：the National Firearms Act of 1934 (NFA), Federal Firearms Act of 1938 (FFA), Omnibus Crime Control and Safe Streets Act of 1968, Gun Control Act of 1968 (GCA), Firearm Owners Protection Act of 1986 (FOPA), Undetectable Firearms Act of 1988, Gun-Free School Zones Act of 1990, Brady Handgun Violence Prevention Act of 1993, and Protection of Lawful Commerce in Arms Act of 2005。

66 German Lopez, "America's Gun Problem, Explained", Vox, July 25, 2016, http://www.vox.com/2015/10/3/9444417/gun-violence-united-states-america.

第十二章　代码即法

1 Julia Black, "Decentering Regulation: Understanding the Role of Regulation and Self-Regulation in a 'Post-Regulatory' World", *Current Legal Problems* 54, no. 1 (2001): 103–146.

2 市场和法规都围绕特定活动实施特定的收益结构，执行特定的奖励或惩罚。就监管而言，惩罚通常比奖励更有效，并可以用来强化对法律的遵守。参见：John Braithwaite, "Rewards and Regulation", *Journal of Law and Society* 29, no. 1 (2002):12–26.

3 法律依赖惩罚和奖励制度来激励人们以某种方式行事。关于惩罚和奖励制度如何影响人们的行为的实证分析，参见：James Andreoni, William T. Harbaugh, and Lise Vesterlund, "The Carrot or the Stick: Rewards, Punishments and Cooperation", University of Oregon Department of Economics Working Paper no. 2002–1 (2002)。

4 Deborah G. Johnson, *Computer Ethics: The Philosophy of Computing and Information* (Englewood Cliffs, NJ: Prentice-Hall, 1985), 65.

5 参见：Yochai Benkler, "Networks of Power, Degrees of Freedom", *International Journal of Communication* 5 (2011):721–755（该文认为，互联网和数字技术创造了新形式的自由和新的权力来源，它们决定了个人在特定技术框架内的行为）。

6 Jay P. Kesan and Rajiv C. Shah, "Setting Software Defaults: Perspectives from Law, Computer Science and Behavioral Economics", *Notre Dame Law Review* 82 (2006): 583–634.

7 事实上，技术可以被视为一种执行现有法律规则的方法，例如，将复制版权保护机制并入版权许可条款中，或者将技术作为一种额外的限制手段，限制人们如何与超出法律范围的技术系统进行交互。例如，数字版权管理系统对版权作品的合法使用所施加的限制。参见：Julie E. Cohen, "Copyright and the Jurisprudence of Self-Help", *Berkeley Technology Law Journal* 13 (1998):1089–1143。

8 Lawrence Lessig, "The Code Is the Law", *The Industry Standard*, April 9, 1999, http://tech-insider.org/berkman-center/research/1999/0409.html.

9 Charles Clark, "The Answer to the Machine Is the Machine", in *The Future of Copyright in a Digital Environment: Proceedings of the Royal Academy Colloquium*, ed. Bernt Hugenholtz (The Hague: Kluwer Law International, 1996): 139–145 at 139.

10 Primavera De Filippi and Samer Hassan, "Blockchain Technology as a Regulatory Technology: From Code Is Law to Law Is Code", *First Monday* 21, no. 12 (2016): 1–12.

11 例如，佛罗里达州的自动公共福利系统（被称为 ACCESS），可以推荐福利资格和福利决定给合格的工人，这些工人负责落实计算机的决定。参见：Danielle Keats Citron, "Technological Due Process", *Washington University Law Review* 85 (2007):1249–1313。

12 Susannah Z. Figura, "Where's Dad?", *Government Executive* 30, no. 12 (1998):

at para 12, http://www.govexec.com/magazine/1998/12/wheres-dad/6217/.

13 参见：例如，Community Service Society, "Benefits Plus SNAP Calculator", http://bplc.cssny.org/benefit_tools/snap_calculator (纽约州用于计算救济金的计算器)。

14 Justin Florence, "Making the No Fly List Fly: A Due Process Model for Terrorist Watchlists", *Yale Law Journal* 115 (2006): 2148–2181.

15 参见：Joel R. Reidenberg, "Lex Informatica: The Formulation of Information Policy Rules through Technology", *Texas Law Review* 76 (1997): 553–584 ［该文解释了技术如何构成一种法律之外的，规范个人行为的工具，它的实质内容是通过技术能力，而不是司法解释 (judicial interpretation，此处指美国法院对具体法律制度的解释适用) 和判例法来界定的。］

16 Bibel L. Wolfgang, "AI and the Conquest of Complexity in Law", *Artificial Intelligence and Law* 12, no. 3 (2004):159–180 (该文认为，法律的某些复杂性无法被形式化为一系列条件句，它需要先进的人工智能系统)。参见：Andre Valente and Jost Breuker, "A Functional Ontology of Law", in *Towards a Global Expert System in Law*, ed. S. Binazzi and G. Bargellini (Amsterdam: Onderzoeksinstituut Psychologie, University of Amsterdam, 1994), 201–212 (该文解释了如何使用功能本体法，来实现某些法律规则的知识表示)。

17 然而，值得注意的是，尽管某些法律条文明确且容易转化为计算机代码，但是，将法律条文嵌入到技术体系的结构中，在某种程度上仍会扭曲这些条文的性质和范围。参见：Pamela Samuelson, "DRM {and, or, vs.} the Law", *Communications of the ACM* 46, no. 4 (2003):41–45 (该文举例说明了版权法的条文如何难以纳入技术保护措施中)。

18 Hsinchun Chen, Roger H. L. Chiang, and Veda C. Storey, "Business Intelligence and Analytics: From Big Data to Big Impact", *MIS Quarterly* 36, no. 4 (2012): 1165–1188; Xindong Wu, Xingquan Zhu, Gong-Qing Wu, and Wei Ding, "Data Mining with Big Data", *IEEE Transactions on Knowledge and Data Engineering*

26, no. 1 (2014): 97–107; Ian H. Witten and Eibe Frank, *Data Mining: Practical Machine Learning Tools and Techniques* (Amsterdam: Morgan Kaufmann, 2005).

19　尽管可能存在问题，但个性化的法律规则仍有值得探讨的一系列好处。事实上，如果设计恰当，根据人们当前和过去行为的不同，对不同的人应用不同的规则，就可以做到区别对待，并在不影响个人自由的情况下维护公共秩序。基于代码的规则不是为了创建平等适用的法律，而是创建了一个系统，可以根据每个公民的个人档案自动调整适用，增加"好公民"的自由，减少可能出现风险的人的自由。例如，可以为每个人设定各不相同的速度限制，多年没有发生过车祸的司机，可以驾驶得更快，而有过几次车祸的司机则被要求必须比普通市民驾驶的更慢。反过来，这会对人们产生"轻推"影响，鼓励他们按照法律规定的方式行为，以最大限度地发挥他们的自由。事实上，市民如果知道他的事故数量越多，驾驶能力就会受到越多的限制，那么他就会愈加小心地开车。

20　参见：Michael Abramowicz, "Cryptocurrency-Based Law", *Arizona Law Review* 58 (2016):359–420（该文论述了使用块链来记录交易和决策的能力，如何构成了点对点治理的基本支柱之一）。

21　Cynthia J. Larose, "International Money Laundering Abatement and Anti-terrorism Financing Act of 2001", *Journal of College and University Law* 30 (2003):417–433; Stephen T. Middlebrook and Sarah Jane Hughes, "Regulating Cryptocurrencies in the United States: Current Issues and Future Directions", *William Mitchell Law Review* 40 (2014): 813–848; U.S. Government Accountability Office, "Virtual Currencies: Emerging Regulatory, Law Enforcement, and Consumer Protection Challenges", Report no. GAO-14-496 (May 2014), http://www.gao.gov/assets/670/663678.pdf, 存档于：http://perma.cc/7L4M-T5LW.

22　根据美国行动论坛（American Action Forum）2015 年的报告，多德－弗兰克的改革额外增加了超过 360 亿美元的经济成本，并额外产生了 7300 万小时的工作报告。更多细节参见：https://www.americanactionforum.org/dodd-frank/。

23 Jenny Cipelack and Mike Gill, "How Distributed Ledgers Impact Post-Trade in a Dodd-Frank World", *CoinDesk*, July 9, 2016, http://www.coindesk.com/distributed-ledger-cftc-post-trade-dodd-frank/.

24 参见：Steve Omohundro, "Cryptocurrencies, Smart Contracts, and Artificial Intellige-nce", *AI Matters* 1, no. 2 (2014):19–21（该文认为，随着区块链和人工智能的出现，现有法律应扩展适用于自动化机器人和智能系统，并对它们的经济交易或其他行为征税）。

25 Urs Gasser, Ryan Budish, and Sarah Myers West, "Multistakeholders as Governance Groups: Observations from Case Studies", Berkman Center Research Publication no. 2015–1 (2015), https://cyber.harvard.edu/publica-tions/2014/internet_governance; Lawrence Lessig, *Code*: *And Other Laws of Cyberspace* (New York: Basic Books, 1999).

26 De Filippi and Hassan, "Blockchain Technology as a Regulatory Technology".

27 Alan Watson, *Sources of Law, Legal Change, and Ambiguity* (Philadelphia: University of Pennsylvania Press, 1998).

28 Ronald Dworkin, "Law as Interpretation", *Critical Inquiry* 9, no. 1 (1982):179–200.

29 特别值得注意的是，在许多普通法国家，如美国，最高法院有权通过司法审查推翻法律。例如，美国最高法院在下列事项上的决议：*Dred Scott v. Sandford*, 60 U.S. 393 (1857) 案中有关奴隶制的合法性；*Brown v. Board of Education of Topeka*, 347 U.S. 483 (1954) 案中有关种族隔离制度；*Roe v. Wade*, 410 U.S. 113 (1973) 案中有关堕胎权。

30 Henry Prakken, "A Logical Framework for Modelling Legal Argument", in *Proceedings of the 4th International Conference on Artificial Intelligence and*

Law, ed. Anya Oskamp and Kevin Ashley (New York: ACM, 1993), 1–9.

31 Kesan and Shah, "Setting Software Defaults".

32 注意，借助仲裁预言机以及司法服务，代码规则仍具有比较大的灵活性。参见：Abramowicz, "Cryptocurrency-Based Law"（该文介绍了如何利用分布式记账技术，通过点对点仲裁机制解决区块链平台产生的纠纷）。

33 智能合约的当事人实际上从未同意第三方可以不遵守智能合约代码中规定的程序，就可以合法地拿走 DAO 的资金。然而，由于代码存在缺陷，"代码的措辞"本身并没有完全反映当事人的实际意图。

34 Primavera De Filippi, "A \$50M Hack Tests the Values of Communities Run by Code", Vice Motherboard, July 11, 2016, http://motherboard.vice.com/read/thedao.

35 参见：Abramowicz, "Cryptocurrency-Based Law"。

36 Antoinette Rouvroy, "'Of Data and Men': Fundamental Rights and Freedoms in a World of Big Data", Council of Europe, Directorate General of Human Rights and Rule of Law, 2016.

37 Simon Denyer, "China Wants to Give All of Its Citizens a Score—and Their Rating Could Affect Every Area of Their Lives", *The Independent*, October 22, 2016, http://www.independent.co.uk/news/world/asia/china-surveillance-big-data-score-censorship-a7375221.html.

38 新华网报道，这一系统专注于四个领域的信用，包括行政事务、商业活动、社会行为以及司法系统。参见："China Outlines Its First Social Credit System", Xinhuanet, June 27, 2014, http://news.xinhuanet.com/english/china/2014-06/27/c_133443776.htm。

结论

1 Carl Miller, "What the Arrival of Bitcoin Means for Society, Politics, and You", *Wired*, December 16, 2013, https://www.wired.co.uk/article/bitcoin-demos（注意，

"数字就是力量"是印制在比特币上的格言）。

2 Lawrence Lessig, *Code: And Other Laws of Cyberspace* (New York: Basic Books, 2009); Lawrence Lessig, "The Code Is The Law", *The Industry Standard*, April 9, 1999; Timothy Wu, "When Code Isn't Law", *Virginia Law Review* 89 (2003): 679–751; Lawrence Lessig, "Constitution and Code", *Cumberland Law Review* 27 (1996): 1–15; David G. Post, "Governing Cyberspace", *Wayne Law Review* 43 (1996): 155–171; Niva Elkin-Koren ", Copyrights in Cyberspace—Rights without Laws", *Chicago-Kent Law Review* 73 (1997): 1155–1201; Lawrence B. Solum and Minn Chung, "The Layers Principle: Internet Architecture and the Law", *Notre Dame Law Review* 79 (2003): 815–948; Graham Greenleaf, "An Endnote on Regulating Cyberspace: Architecture vs Law?", *University of New South Wales Law Journal* 21(1998): 593–622.

3 John Perry Barlow, "Declaration of Independence of the Cyberspace" (1996), https://www.eff.org/cyberspace-independence.

4 Lawrence Lessig, "The Law of the Horse: What Cyberlaw Might Teach", *Harvard Law Review* 113 (1999): 501–549.

5 对这一愿景的最好的描述，是约翰·佩里·巴洛的这篇《网络空间独立宣言》，它描述了人们如何利用互联网创建属于自己的社会契约，并从物理世界的束缚中摆脱出来："治理将出现，但根据的是我们的世界的情况，不是你们的。……我们相信，我们的治理将从伦理、开明利己主义和公益中产生出来。"如巴洛所述，互联网创造了一个人人可以表达自己，人人可以自由交流信息的世界，无须被迫沉默或服从："财产、表达、身份、行为，以及相关的法律概念不适用于我们。它们都是基于物质（matter）的，这里没有物质"。参见：Barlow, Declaration of Independence of the Cyberspace。

6 Lana Swartz, "Blockchain Dreams: Imagining Techno-economic Alternatives after Bitcoin", in *Another Economy Is Possible: Culture and Economy in a Time of*

Crisis, ed. Manuel Castells (Hoboken, NJ: Wiley, 2016), 82–105.

7 Primavera De Filippi, "Bitcoin: A Regulatory Nightmare to a Libertarian Dream",
Internet Policy Review 3, no. 2 (2014): 1–11; Primavera De Filippi and Benjamin
Loveluck, "The Invisible Politics of Bitcoin: Governance Crisis of a Decentralized
Infrastructure", *Internet Policy Review* 5, no. 3 (2016): 1–28.

8 Marcella Atzori, "Blockchain Technology and Decentralized Governance: Is the
State Still Necessary?", December 1, 2015, https://papers.ssrn.com/sol3/papers.
cfm?abstract_id=2709713.

9 Joel R. Reidenberg, "Lex Informatica: The Formulation of Information Policy
Rules through Technology", *Texas Law Review* 76, no. 3 (1997): 553–584.

10 Yochai Benkler, "Networks of Power, Degrees of Freedom", *International
Journal of Communication* 5 (2011):721–755.

11 Lawrence Lessig, Keynote address at the "One Planet, One Net" symposium
sponsored by Computer Professionals for Social Responsibility, October 10,
1998. 另参见：Elinor Mills, "Domain Games: Internet Leaves the U.S. Nest",
CNN, October 16, 1998, http://www.cnn.com/TECH/computing/9810/16/darpa.
idg/index.html。

12 Atzori, Blockchain Technology and Decentralized Governance.

13 Yochai Benkler, *The Wealth of Networks: How Social Production Transforms
Markets and Freedom* (New Haven, CT: Yale University Press, 2006).

索 引

（页码为原作页码）

A

Abra（一款比特币汇款应用），64–65

Abramowicz, Michael（麦克·阿布拉莫维奇），52

access control（访问控制），blockchains as（区块链作为），112, 184

A.D.E.P.T. platform（一个由区块链驱动的概念性物联网平台），158–159

Adleman, Len（伦·艾德勒曼），15

aether（社交媒体平台 Akasha 发布的原生数字货币），121

Ahmadinejad, Mahmoud（马哈茂德·艾哈迈迪内贾德），259n11[①]

Akasha（一个区块链驱动的新型社交媒体平台），121–122, 126

alegal systems（去法律系统），44–45, 87

Alexandria（一个区块链驱动的新型社交媒体平台），119–120, 126

algocratic governance（算法治理），55, 203–204. 另参见：lex cryptographica（密码法）

Alibaba（阿里巴巴），151

altcoins（竞争币），220n69, 221n74。另参见：digital currencies（数字货币）

Amazon（亚马逊），30, 33, 147

---

① 259n11：原作第 259 页．注 11。下同。

anonymity（匿名）。参见：pseudonymity（假名）

anti–money laundering (AML) laws（反洗钱法），65－68, 197, 233n27, 234n31

application-specific integrated circuits (ASICs)（专用集成电路，在本书中指专业矿机），225n17

arbitration-as-a-service（仲裁服务），75

architecture（架构），regulation of（监管），181–183

ARPA (Advanced Research Projects Agency)（美国国防部高级计划研究署），13–14

ARPAnet（美国国防部高级研究计划署创建的计算机网络），14

artificial intelligence (AI)（人工智能），4, 82, 146–147, 242n59, 242n61。另参见：decentralized autonomous organizations (DAOs)（去中心化自治组织）

Ascribe（一个登记版权的区块链应用平台），110, 257n40

Ashley Madison hack（对 Ashley Madison 的攻击），253n9

Assange, Julian（朱利安·阿桑奇），38

attacks（攻击）。参见：cyberattacks（网络攻击）

Augur（一款基于区块链的开源预测市场应用），104

authenticated records（经认证的档案），111–113

automated governance（自动化管理），151–152

automated rules（自动化规则），201–202

automation bias（自动化偏见），86

autonomous organizations（自治组织）。参见：decentralized autonomous organizations (DAOs)（去中心化自治组织）

autonomy of blockchains（区块链的自治性），43–45

B

backdoors（后门），184

Bank of America（美国银行），96

Bank Secrecy Act (BSA)（银行保密法），65–66, 222n95, 278n27

Baran, Paul（保罗·巴兰），13

Barlow, John Perry（约翰·佩里·巴洛），7

Basic Attention Tokens (BATs)（Brave 浏览器中使用的代币），100–101

BCAP tokens（区块链资本基金 Blockchain Capital Fund 发行的代币），101

Benkler, Yochai（尤查·本科勒），136, 210

Bentham, Jeremy（杰里米·边沁），230n74

Berlin Airlift（柏林空运），72–73

bias（偏见），automation（自动化），86

Bibb v. Allen（美国最高法院案例），79

binary options（二元期权），103

"Bitcoin: A Peer-to-Peer Electronic Cash System" (Nakamoto)［"比特币：一个点对点的电子现金系统"（中本聪）］，20

Bitcoin blockchain（比特币区块链）: autonomous operation of（自治运行），43; Bitcoin Core（比特币核心），223n2; Color Coin protocol（彩色币协议），30; consensus mechanisms in（共识机制），21–26, 219n60; creation of（创建），3, 20, 62, 205; double-spending problem（双花问题），19–20, 26, 217n36; forks in（分叉），24, 188, 221n74, 279n29, 280n46; improved payment and remittance systems with（改进的支付和汇款系统），63–65; incentivization structures of（激励结构），39–42, 150, 225nn16–17; limitations of（局限性），27; security of（安全性），23–26; SegWit scalability solution（隔离见证扩展方案），280n46; similarities to decentralized autonomous organizations（与去中心化自治组织的相似性），150; speed of（速度），27; technical design of（技术设计），20–26; transaction fees（交易费），42, 217n40, 233n16; wallets for（钱包），21, 27, 49, 167, 179, 220n70, 234n35。另参见：Bitcoin mining（比特币挖矿）；

blockchain technologies（区块链技术）

Bitcoin Core（比特币核心），223n2

Bitcoin exchanges（比特币交易所），27, 70, 220n71, 278n26

Bitcoin mining（比特币挖矿），23–24; block rewards（区块奖励），25–26, 39–42, 150, 220n64; computational power of（算力），25; incentivization structures of（激励结构），39–42, 150, 225nn16–17; mining pools（矿池），40, 180, 279n30; origin of term（条款的起源），219n56; regulation of（监管），180–181; role of（角色），24, 219n58; transaction fees（交易费），42, 217n40, 233n16, 281n57。另参见：Bitcoin blockchain（比特币区块链）

.bit domains（.bit 域名），122

Bitfinex（一家数字货币交易所），220n71, 278n26

BitMessage（比特信，一个区块链社交媒体平台），121

BitNation（比特国，一家专注于区块链业务的公司），110, 254n21

BitTorrent（一款去中心化文件下载应用），17–18, 48, 216n24

black boxes（黑盒），276n10

blind signatures（盲签名），19

Blockchain Capital Fund（区块链资本基金），101

blockchain explorers（区块链浏览器），218n46, 231n2, 235n50, 275n8

Blockchain.info（一个区块链浏览器网站），218n46, 231n2, 235n50, 275n8

blockchain technologies（区块链技术），33–34; alegal nature of（去法律性），44–45; autonomy of（自治），43–45; challenges of（挑战），56–57; consensus mechanisms（共识机制），2, 21–26, 42–43, 219n60; cost structure of（成本结构），39–42; creation of（创建），20; decentralization of（去中心化），119; disintermediation by（去中介），6, 34–35; dual nature of（双重性），45–46; incentivization of（激励），39–42, 150, 225nn16–17; and layers of Internet（和互联网层级），46–49; and lex cryptographica（和密码法），49–52; nonrepudiable data in（不可否认的数据），37–38; power of（权力），53–56; pseudonymity of（假名），2, 38–39, 67; as regulatory technology（监管技术），196–199; tamper resistance（防篡改），2–3, 35–37; transnational nature of（跨国性），34–35; transparency of（透明），37–38

BlockExplorer（区块链浏览器），275n8

Blockr（一个区块链浏览器，现已跳转到 coinbase.com），275n8

block rewards（区块奖励），25–26, 39–42, 150, 220n64

Blockstack（一款基于区块链的去中心化域名服务应用），260n22

blue sky laws（蓝天法），99

BoardRoom（一个基于区块链的投票系统），135

bounded rationality（有限理性），132, 139, 262n13

Brave browser（Brave 浏览器），101

Broadridge（一家第三方投票监管机构），134

bullying（欺凌），laws against（反欺凌法），260n30

Byrne, Patrick（帕特里克·拜恩），89

C

causation（因果关系），regulation and（法规和），176

censor-resistant communication（不受审查的通信），121–122

central counterparties (CCPs)（中央对手方），89–91

centralized wallet services（中心化钱包服务），27, 49, 179, 220n70

certified records（经证明的档案），111–113

Chaum, David（大卫·查姆），18, 19

Chemical Lehman Tank Lines（雷曼化工运输公司），73

Chicago Mercantile Exchange（芝加哥商品交易所），90, 95

China（中国）: ICO ban in（ICO 禁令），102, 251n85; Internet regulation in（互

联网监管）, 68, 118, 229n64; social credit system in（社会信用体系）, 202

chunks（文件块）, 30

ciphers（密钥）。参见 keys（密钥）

Citi（花旗银行）, 96

Clark, Charles（查尔斯·克拉克）, 194

clearance process（清算程序）, 90–91

clearinghouses（清算所）, 90, 97, 247n46

client-server model（客户端－服务器端模式）, 16–17

Clipper Chip（审查芯片）, 184

Clique Fund（一家基金公司）, 89

Coase, Ronald（罗纳德·科斯）, 132

code-based rules（基于代码的规则）, 参见：lex cryptographica（密码法）

code regulation（代码规则）, 181–183

cold wallets（冷钱包）, 21

collateralization（抵押物，担保物）, 91–92, 245n18

Color Coin（彩色币）, 30

Commodities Exchange Act (CEA)（商品交易法）, 103–104, 182, 197–198

communications platforms（通信平台）, 参见：information systems（信息系统）

consensus mechanisms（共识机制）, 2, 21–26, 42–43, 219n60. 另参见：proof of work mechanism（工作量证明机制）

contract accounts（合约账户）, 28

contracts（合约）, 参见：smart contracts（智能合约）

copyright liability（版权责任）, 103, 123–125, 251n87

corporations（公司）, 参见：organizations（组织）, impact of blockchain technology on（区块链技术的影响）

cost structures（成本结构）, 39–42

counterparty risk（对手方风险），91, 244n16

Craswell, Richard（理查德·克拉斯威尔），273n37

credit card transactions（信用卡交易），numbers of（数量），56, 62, 232n6

Credit Suisse（瑞士信贷银行），93, 96

criminal contracts（犯罪合约），86–88

crowdfunding platforms（众筹平台），99–100, 249n69

"Crypto Anarchist Manifesto" (May)［加密无序主义宣言（蒂莫西·梅）］，1

crypto anarchy（加密无序），1

cryptocurrency（加密货币）. 参见：digital currencies（数字货币）

cryptography（密码学）. 参见：public-private key encryption（公私钥加密）

cryptosecurity（密码证券），93, 133

customized rules（定制化规则），196, 202, 284n18

cyberattacks（网络攻击）：cybersecurity practices（网络安全实践），108; data integrity attacks（数据完整性攻击），253n11; 51% attacks（51%攻击），25, 113, 114, 119; Morris worm（莫里斯蠕虫病毒），253n12; privacy issues with（隐私），235n43; ransomware attacks（勒索攻击），253n9; "shakedown attacks"（安定攻击），253n9; tracing through blockchains（通过区块链追踪），256n29

cyberbullying（网络欺凌），laws against（法），260n30

cypherpunk movement（密码朋克运动），1, 18–19

D

Daemon（一个被认为是非法的去中心化自治组织），145

Dai, Wai（戴伟），19

Dan-Cohen, Meir（米尔·丹·科恩），146

DAO tokens（去中心化组织 DAO 发行的代币），101

Dark Wallet（暗钱包），234n35

Darling, Alistair（阿利斯泰尔·达林），61–62

DARPAnet（美国国防部高级计划研究署创建的计算机网络），14, 16

data applications（数据应用）。参见：registries（登记），blockchain-based（基于区块链的）

data integrity attacks（数据完整性攻击），253n11

decentralized autonomous organizations (DAOs)（去中心化自治组织）：characteristics of（特性），147–150; ethical issues with（伦理问题），269n26; governance of（治理），151–152; legal concerns with（法律问题），153–155; market failures and（市场失灵和），152–153; potential for（潜力），146–147. 另参见：smart contracts（智能合约）

decentralized capital markets（去中心化资本市场），98–104

decentralized computing platforms（去中心化计算平台），18–20, 119。另参见：peer-to-peer (P2P) networks（点对点网络）

decentralized exchanges（去中心化交易所），250n81

decentralized file sharing（去中心化文件共享），29–30

decentralized identity management（去中心化身份管理），224n8

decentralized organizations（去中心化组织）：characteristics of（特征），136–139; nonregulatability of（无法管控），144–145。另参见：decentralized autonomous organizations (DAOs)（去中心化自治组织）

"A Declaration of the Independence of Cyberspace" (Barlow)［"网络空间独立宣言"（巴洛）］, 7

Deep Knowledge Ventures（一家位于中国香港的公司），151, 269n19

deep packet inspection（深度报文检测），277n15

default（违约），risk of（风险），91, 244n16

Defense Advanced Research Projects Agency (DARPA)（美国国防部高级计划研究署），112

Delaware（特拉华州），blockchain-based records management in（基于区块链的档案管理），110

Deleuze, Gilles（吉尔·德勒兹），53–54

Dell（戴尔），27

Depository Trust & Clearing Corporation (DTCC)（美国存管信托和清算公司），91, 96

Derivatives（衍生品）: centralized exchanges and counterparties（中心化交易所和对手方），89–91; clearinghouses（清算所），90, 97, 247n46; decentralized capital markets（去中心化资本市场），98–104; European Market Infrastructure Regulation（欧洲市场基础设施条例），245n18; over-the-counter markets（柜台市场、场外交易市场），91–92; smart derivatives（智能衍生品），95–98

Devices（设备），blockchain-enabled（区块链使能），158–160; emancipa-ted devices（自由设备），165–170; governance of（治理），160–161; machine-facilitated contracts（机器之间的契约），161–162; property rights management（产权管理系统），162–165; regulatory issues with（监管问题），167–170

Diffie, Whitfield（威特菲尔德·迪菲），14

DigiCash（一种中心化数字货币），19

Digital Certificates Project（数字证书项目），110, 255n25

digital currencies（数字货币），61–63; anti-money laundering (AML) laws（反洗钱法），65–68, 197, 233n27, 234n31; controlling supply of（控制供应），20, 217n37; and cypherpunk movement（密码朋克运动），18–19; and decreased financial privacy（缩减的金融隐私），68–69; development of（的发展），18–20; DigiCash, 19; double-spending problem（双花问题），19–20, 26, 217n36; Ethereum, 27–29; exchanges for（交易），250n81; fungibility of（可替代性），69–70; impact on central banks（对中央银行的影响），70–71; "mixing" services（混合服务），234n35; money transmission laws（货币转移的法律），

65–68; payment systems（支付系统），62–65; remittance systems（汇款系统），63–65; transparency of（透明），69–70。另参见：Bitcoin blockchain（比特币区块链）

Digital Millennium Copyright ACT (DMCA)（数字千年版权法案），103, 123, 191, 251n87

digital signatures（数字签名），14–16, 19, 37–38, 67, 223n7

DigixDAO（一组由 DigixGlobal 在区块链上创建和部署的去中心化自治组织智能合约套件），264n39。另参见：Digix.io

Digix.io（DigixDAO 网站），138。另参见：DigixDAO

disciplinary societies（规训社会），53

disclosure rules（披露规则），99, 266n57

disintermediation（去中介），6, 34–35

distributed governance models（分布式治理模式），139–140

distributed hash tables (DHTs)（分布式哈希表），48

Dodd-Frank Act（多德 - 弗兰克法案），197, 285n22

domain name system (DNS)（域名系统），14, 47, 118, 122–123

double-spending problem（双花问题），19–20, 26, 217n36

Dubai（迪拜），blockchain-based records management in（基于区块链的档案管理），110, 255n22

DuPont（杜邦公司），73

E

Easterbrook, Frank（弗兰克·伊斯特布鲁克），229n67

e-commerce transactions（电子商务交易），regulation of（监管），51

Eich, Brendan（布兰登·艾奇），100

electronic agents（电子代理人），80, 161, 168

Electronic Commerce Directive (ECD)（电子商务指令）, 123

electronic data interchange (EDI)（电子数据交换）, 72–73

Electronic Signatures in Global and National Commerce Act（全球和国家商务电子签名法）, 79

emancipated devices（自由设备）, 165–170

end-to-end principle（端到端原则）, 189–191

end users（终端用户）, regulation of（监管）, 175–177

equity long-short strategy（股票多空策略）, 98

ERC20 token standard（ERC20 代币标准）, 249n68

E-Sign Act（E-Sign 法案，全球和国家商务电子签名法的简称）, 79, 161

Estonia（爱沙尼亚）, blockchain-based notarizations in（基于区块链的公证）, 110, 254n21

ether（以太币）, 28

Ethereum: autonomy of（自治）, 43–44; ERC20 token standard（ERC20 代币标准）, 249n68; Ethereum Classic（ETC，以太经典）, 281n48; Ethereum Virtual Machine (EVM)（以太坊虚拟机）, 28–29, 43; incentivization structures of（激励结构）, 41–42; regulation via social norms（通过社会规范监管）, 188–189; technical design of（技术设计）, 27–29。另参见：blockchain technologies（区块链技术）

European Data Protection Regulation（欧洲数据保护条例）, 259n8

European Market Infrastructure Regulation (EMIR)（欧洲市场基础设施条例）, 245n18

externally owned accounts（外部账户）, 28

F

Facebook（一个互联网社交平台）, 34, 265n40; infringing materials on（侵权

材料），123; news feed algorithm（新闻推送算法），54; popularity of（流行），118, 258n3; regulation of（监管），51, 178

Farnsworth, Allan（艾伦·范斯沃斯），81

Federal Aviation Administration (FAA)（美国联邦航空管理局），191

51% attacks（51% 攻击），25, 113, 114, 119

Filament（一家生产自治设备的公司），159

Filecoin（基于 IPFS 发行的数字货币），30

file-sharing services（文件共享服务）: BitTorrent（一款去中心化文件下载应用），48, 216n24; blockchain-based（基于区块链的），29–30, 119–121; Gnutella（一款去中心化文件分享应用），17–18, 216n23, 216n25; Napster（一款音乐文件分享应用），17, 71, 216n20; Popcorn Time（一个点对点文件共享服务），229n69

file transfer protocol (FTP)（文件传输协议），16

Financial Action Task Force (FAFT)（金融行动特别工作组），234n31

Financial Crimes Enforcement Network (FinCEN)（金融犯罪执法网络），278n27

financial crisis of 2007 / 2008（2007/2008 年金融危机），92, 245n23

Finney, Hal（哈尔·芬尼），19

firewalls（防火墙），national（国家），7–8, 229n64

firms（公司）. 参见：organizations（组织），impact of blockchain technology on（区块链技术的影响）

First Amendment protections（美国宪法第一修正案保护），182

"first sale" doctrine（首次销售原则），162

Florincoin blockchain（弗洛林币区块链），120

forks（分叉），24, 188, 221n74, 279n29, 280n46

formalization of legal obligations（法律义务的形式化），84–85

"Formalizing and Securing Relationships on Public Networks" (Szabo)［"基于公共网络进行关系的确认与保障"（萨博）］, 73

Foucault, Michel（米歇尔·福柯）, 53–54

Frantz, Bill（比尔·弗朗茨）, 73

free speech issues（言论自由问题）, 125–127

fungibility of digital currencies（数字货币的可替代性）, 69–70

futarchy（一种基于市场预测的治理结构）, 140

futures contracts（期货合约）, 95–96

G

gambling applications（赌博应用）, 5, 87

gas fees（交易以太币的手续费）, 29

General Data Protection Regulation（通用数据保护条例）, 256n36

general partnerships（普通合伙）, 142

genesis blocks（创世区块）, 26

Germany（德国）, Berlin Airlift in（柏林空运）, 72–73

Gillespie, Tarleton（塔尔顿·吉莱斯皮）, 54

Global Repertoire Database Working Group (GRD WG)（全球剧目数据库工作组）, 257n41

Gnutella（一款去中心化文件分享应用）, 17–18, 216n23, 216n25

Goldsmith, Jack（杰克·戈德史密斯）, 50

Google（谷歌）, 51, 54, 118, 123, 178, 258n3

Governance（治理）: algocratic（算法）, 55, 203–204; automated（自动化）, 151–152; of blockchain-enabled devices（区块链使能设备）, 160–161; corporate（公司）, 87–98, 133–136; distributed governance models（分布式治理模型）, 139–140

Gramm-Leach-Bliley Act (GLBA)（格雷姆－里奇－比利雷法），235n42

Grigg, Ian（伊恩·格里格），74

Guardtime（一家区块链公司），112

Guilbert, Edward（爱德华·吉尔伯特），73

H

hardware manufacturers（硬件制造商），regulation of（监管），183–184

Hashed Health（一款基于区块链的医疗应用），112, 256n34

hashes（哈希值），22–26, 112, 219n55

hate speech（仇恨言论），125–127

Hawking, Stephen（斯蒂芬·霍金），147

Heap, Imogen（伊莫金·希普），76, 238n19

Hellman, Marty（马蒂·海尔曼），14

Herudek, Benedikt（贝内迪克特·赫鲁德克），271n19

Hogan and Lovells（霍金路伟律师事务所），77

Hughes, Eric（埃里克·休斯），217n27

hybrid agreements（混合协议），76–78

Hypertext Transfer Protocol (HTTP)（超文本传输协议），48–49

I

IBM（国际商业机器公司），30, 148, 158–159

immoral contracts（不道德契约），86–88

immutability（永恒），37, 113, 187, 242n60, 281n48

implied contracts（默示契约），79, 239nn28–30

incapacitation（乘人之危），85

incentivization（激励），39–42, 150, 225nn16–17

indecent materials（不雅材料）, dissemination of（散播）, 125–127

Indiegogo（一个在线众筹平台）, 100

inflammatory materials（煽动性材料）, dissemination of（散播）, 125–127

information systems（信息系统）, 117–118, 264n40; blockchain-based file-sharing services（区块链文件共享服务）, 119–121; censor-resistant communica-tion（不受审查的通信）, 121–122; copyright concerns（版权问题）, 123–125; decentralization of（去中心化）, 119; domain name system（域名系统）, 122–123; emerging platforms（新兴平台）, 226n35; indecent and inflammatory materials（不雅和煽动性材料）, 125–127; popularity of（流行）, 258n3。另参见：public records management（公共档案管理）

initial coin offerings (ICOs)（初始币发行）, 100

Instagram（一款移动社交应用）, 258n3, 264n40

intermediaries（中介机构）, 6; disintermediation by blockchains（区块链的去中介化）, 34–35; regulation of（监管）, 52, 178–179; role of（角色）, 117–118; for stock settlement and clearance（证券结算和清算）, 91

internal controls（内部控制）, 133–136

International Association for Cryptologic Research（国际密码学协会）, 18

International Standards Organization (ISO)（国际标准化组织）, 46

Internet（互联网）: birth of（诞生）, 13–14; client-server model（客户端－服务器端模式）, 16–17; commercialization of（商业化）, 16–18; domain name system（域名系统）, 122–123; layers of（层级）, 46–49; network neutrality principle（网络中立原则）, 191, 281n50; regulation of（监管）, 7–8, 50–51, 177–178. 另参见：Internet of Things（物联网）; Internet service providers (ISPs)（互联网服务提供商）

Internet Corporation for Assigned Names and Numbers (ICANN) to（互联网名称与数字地址分配机构）, 118

Internet of Things（物联网），156–157, 158–160; blockchain-enabled devices on（区块链使能设备），158–160; device governance（设备治理），160–161; emancipated devices（自由设备），165–170; machine-facilitated contracts（机器之间的契约），161–162; property rights management（产权管理系统），162–165; regulatory issues with（监管事项），167–170

Internet Protocol (IP)（互联网协议），47–48

Internet service providers (ISPs)（互联网服务提供商），16; decentralization of（去中心化），277n14; deep packet inspection by（深度报文检测），277n15; regulation of（监管），7, 50–51, 177–178

InterPlanetary File System (IPFS)（星际文件系统），30

investment tokens（投资性代币），101

J

Johnson, David（大卫·约翰逊），50

J. P. Morgan（J.P. 摩根公司），96

judge-as-a-service（司法服务），75

K

keyless signature infrastructure (KSI)（无钥签名基础设施），112

keys（密钥），14, 15, 215n7, 224n8

Kickstarter（一个在线众筹平台），100

"killer robots"（杀手机器人），168

Kirtsaeng v. John Wiley & Sons, Inc.（美国最高法院判例），162

Kraken（一个数字货币交易平台），220n71

L

land registries（土地登记）。参见：registries（登记），blockchain-based（基于区块链的）

Larsen, Caleb（卡莱布·拉森），166

laws（法）。参见：regulation（法规）

Lbry（一个去中心化文件分享网络），120

legal personhood（法律人格），autonomous devices and（自治设备和），168

Lemley, Mark（马克·莱姆利），189

Lessig, Lawrence（劳伦斯·莱斯格），51, 173–174, 189, 194, 207

lex cryptographica（密码法），32, 193–194; alegal systems built on（基于密码法的去法律系统），87; and algocratic governance（算法治理），203–204; automated rules（自动化规则），201–202; challenges of（挑战），56–57; characteristics of（特征），5–9; in communications platforms（通信平台），122, 126–127; copyright concerns with（版权问题），123–125; customized rules（定制化规则），202, 284n18; and emancipated devices（自由设备），166–170; emergence of（出现），49–52; governance of decentralized organizations（去中心化组织的治理），144–145; impact of（影响），206–210; limitations of（局限性），199–201; power of（权力），53–56; regulation via blockchain technology（通过区块链技术监管），196–199; transposition of law into code（将法律转化为代码），195–196

lex informatica（信息法），214n14

libraries of smart contract code（智能合约代码库），82

licensing restrictions（许可限制），273n36

limited liability（有限责任），141–142, 265n50

Linode（一家 VPS 提供商），70

LLCs (limited liability corporations)（有限责任公司），142, 266n53

loans, syndicated（辛迪加贷款，银团贷款），92

London Interbank Offered Rate (LIBOR)（伦敦银行同业拆借利率），75

M

machine-facilitated contracts（机器之间的契约），161–162

Macneil, Ian（伊恩·麦克尼尔），237n11

Ma, Jack（马云），151

MakerDAO（一个去中心化自治组织），138

"manifest disregard" dictum（"明显漠视"规则），239n27

margin（保证金），91–92

market failures（市场失灵），decentralized autonomous organizations and（去中心化自治组织和），152–153

markets（市场），regulation of（监管），185–187

May, Timothy（蒂莫西·梅），1, 71, 81

McGinnis, John（约翰·麦金尼斯），242n59

medical records management（医疗档案管理），112。另参见：public records management（公共档案管理）

MedRec（一款基于区块链的医疗服务应用），112

Merrill Lynch（美林），96

Microsoft（微软公司），27, 30, 33

Miller, Mark（马克·米勒），73

mining（挖矿），参见：Bitcoin mining（比特币挖矿）

MIT Digital Certificates Project（麻省理工学院数字证书项目），110, 255n25

"mixing" services（混合服务），66, 234n35

Monegraph（一个基于区块链的版权登记平台），110, 257n40

Monero（门罗币），39, 83, 187–188, 224n15

Monetary Authority of Singapore（新加坡金融管理局）, 102

money transmission laws（货币转移的法律）, 65–68, 233n27

Moore's law（摩尔定律）, 157

Morningstar, Chip（奇普·莫宁斯塔）, 73

Morris worm（莫里斯蠕虫病毒）, 253n12

Mortgage Electronic Registration System (MERS)（美国抵押电子登记系统）, 115

Motion Picture Association of America (MPAA)（美国电影协会）, 178

Mozilla（Mozilla 基金会）, 100

Mt. Gox（一家日本数字货币交易所）, 70

multisignature accounts（多重签名账户）, 76

N

Nakamoto, Satoshi（中本聪）, 20, 23, 25, 62, 205。另参见：Bitcoin block-chain（比特币区块链）

Namecoin（一个域名服务平台发行的代币）, 122–123

Napster（一款点对点音乐文件分享应用）, 17, 71, 216n20

NASDAQ（纳斯达克）, 90, 93

national firewalls（国家防火墙）, 7–8

National Security Agency (NSA)（美国国家安全局）, 22, 253n11

"The Nature of the Firm" (Coase)［"企业的性质"（科斯）］, 132

network neutrality（网络中立）, 191, 281n50

New York Stock Exchange（纽约股票交易所）, 90, 247n46

nonrepudiable data（不可否认的数据）, 37–38

novation（债务更新）, 90, 97

oracles（预言机）, 75, 104, 239n23

organizations（组织）, impact of blockchain technology on（区块链技术对组织的影响）: decentralization（去中心化）, 136–139, 144–145; governance（治理）, 133–136; lack of limited liability（不享有有限责任）, 141–142, 265n50; nonregulatability（不受监管）, 144–145; securities laws（证券法）, 142–144; security issues（证券发行）, 140–141; smart contracts（智能合约）, 133–136; transaction costs（交易成本）, 131–133, 263n16。另参见：decentralized autonomous organizations (DAOs)（去中心化自治组织）

OSI / ISO Basic Reference Model（OSI / ISO 基本参考模型）, 46

Otonomos（一家基于区块链技术的公司注册网站）, 135

overlay networks（覆盖网络）, 29–30, 42–43

Overstock.com（一家美国在线购物网站）, 89, 93

over-the-counter (OTC) derivatives markets（场外衍生品交易市场）, 91–92

P

packet switching（分组交换技术）, 13

Panopticon（圆形监狱）, 230n74

Patent and Trademark Office（美国专利和商标局）, 97

pathetic dot theory（悲点理论）, 173–175

payment channels（支付渠道）, 231n90

payment systems（支付系统）, 62–65

Pearce, Russell（罗素·皮尔斯）, 242n59

peer-to-peer (P2P) networks（点对点网络）, 2; BitTorrent（一款去中心化文件下载应用）, 17–18, 48, 216n24; Gnutella（一款去中心化文件分享应用）, 17–18, 216n23, 216n25; Napster（一款点对点音乐文件下载应用）, 17, 71, 216n20; Popcorn Time（一款去中心化文件分享应用）, 229n69

People's Bank of China（中国人民银行）, 251n85

permissioned blockchains（许可链）, 31–32

permissionless blockchains（免许可链）, 31。另参见：Bitcoin blockchain（比特币区块链）; Ethereum

plantoids（仿生植物机器人）, 166–167

Pokereum project（一款基于以太坊网络的在线赌博应用）, 87

Poloniex（一家在线数字货币交易所）, 220n71, 250n81

Popcorn Time（一款去中心化文件分享应用）, 229n69

Post, David（大卫·波斯特）, 50

prediction markets（预测市场）, 103–104

privacy（隐私）: of blockchain-based registries（区块链登记系统）, 115–116; cybersecurity issues（网络安全问题）, 235n43; of digital currencies（数字货币的）, 68–69; and "mixing" services（和混合服务）, 66; of smart contracts（智能合约的）, 83–84。另参见：pseudonymity（假名）

private blockchains（私有链）, 213n10

private keys（私钥）。参见：public-private key encryption（公私钥加密）

private regulatory frameworks（私人监管框架）。参见：lex cryptographica（密码法）

proof of stake（权益证明）, 221n78, 231n90

proof of work mechanism（工作量证明机制）, 23–26, 28, 36, 219n55

property rights management (PRM)（产权管理系统）, 162–165

proxy voting（代理投票）, blockchain-based（基于区块链的）, 133–135

pseudonymity（假名）, 2, 38–39, 67, 85

public-private key encryption（公私钥加密）, 14–16, 215n7, 224n8

public records management（公共档案管理）, 3; administrative and institutional support for（行政和制度支持）, 114–115; authenticated and certified records（经验证和证明的档案）, 111–113; challenges of（挑战）, 107–108; examples of（例

子），109–111; Mortgage Electronic Registration System（抵押电子登记系统），115; privacy issues with（隐私问题），115–116; security risks in（安全风险），113–114。另参见：information systems（信息系统）

punishments（惩罚），regulatory（监管），193–194, 282nn2–3

R

Rand Corporation（兰德公司），13

ransomware attacks（勒索攻击），253n9

records management（档案管理）。参见：public records management（公共档案管理）

registries（登记），blockchain-based（基于区块链的），109–111; administrative and institutional support for（行政和制度支持），114–115; authenticated and certified records（经验证和证明的档案），111–113; challenges of（挑战），107–108; importance of（重要性），252nn3–5; Mortgage Electronic Registration System（抵押电子登记系统），115; registries and public-sector information（登记和公共部门信息），109–111; security risks（安全风险），113–114。另参见：information systems（信息系统）

regulation（监管），173–175; anti-money laundering (AML) laws（有关反洗钱的法律），65–68, 197, 233n27, 234n31; of blockchain-based markets（基于区块链的市场），185–187; of blockchain-enabled devices（基于区块链的设备），167–170; of blockchain-specific intermediaries（区块链中介机构），179; challenges of（挑战），57; of code and architecture（代码和架构），181–183; of decentralized organizations（去中心化组织），144–145, 152–155; Dodd-Frank Act（多德－弗兰克法案），197, 285n22; of end users（终端用户），175–177; Gramm-Leach- Bliley Act (GLBA)（格雷姆－里奇－比利雷法），235n42; of hardware manufacturers（硬件制造商），183–184; of information intermediaries

（信息中介机构）, 178; of Internet transportation layers（互联网传输层）, 7–8, 50–51, 177–178, 229n64; of miners and transaction processors（矿工和交易处理商）, 180–181; money transmission laws（货币转移的法律）, 65–68, 233n27; of over-the-counter derivatives（场外衍生品）, 245n18; pathetic dot theory（悲点理论）, 173–175; regulatory tradeoffs（监管的权衡）, 189–192; securities laws（证券法）, 142–144; via blockchain technology（通过区块链技术）, 196–199; via social norms（通过社会规范）, 187–189。另参见：lex cryptographica（密码法）

Rehnquist, William（威廉·奎斯特）, 239n30

relational theory of contracts（关系合同理论）, 84, 237n11

remittance systems（汇款系统）, 63–65

resiliency of blockchains（区块链的弹性）, 35–37

Ricardian Contract（李嘉图契约）, 74

ride-sharing services（出行共享服务）, 138–139, 150

right to be forgotten（被遗忘权）, 118, 178, 259n8

ring signatures（环签名）, 39, 67, 188

Ripple protocol（瑞波协议）, 31, 64, 220n74, 278n27

Rivest, Ron（罗恩·李维斯特）, 15

robots, emancipated（自由机器人）, 165–169

Rogers, Mike（麦克·罗杰斯）, 253n11

RSA algorithm（RSA 算法）, 15–16

rules（规则）. 参见：regulation（规则，监管）

S

safe harbor laws（有关安全港规则的法律）, 123

Sampson, Gregory（格雷戈里·桑普森）, 133

scalability issues（可扩展性问题），56–57

Schroeder, Jeanne（珍妮·施罗德），133

securities（证券）: centralized exchanges and counterparties（中心化交易所和交易对手方），89–91; counterparty risk（交易对手方风险），91, 244n16; decentralized capital markets（去中心化资本市场），98–104; over-the-counter markets（场外交易市场），91–92; securities laws（证券法），142–144, 248n54, 248n60; smart securities（智能证券），93–95, 96–98

Securities Act of 1933（美国 1933 年证券法），143, 248n60

Securities and Exchange Act of 1934（美国 1934 年证券交易法），248n54, 248n60

Securities and Exchange Commission (SEC)（证券交易委员会），102, 154, 248n54

SegWit scalability solution（隔离见证扩展方案），280n46

self-owning companies（自有公司），参见：decentralized autonomous organizations (DAOs)（去中心化自治组织）

Series Limited Liability Corporation (SLLC)（系列有限责任公司），142

settlement process（结算程序），90–92

Shabad, Houman（侯曼·沙巴德），142

shakedown attacks（安定攻击），253n9

Shamir, Adi（阿迪·萨莫尔），15

shards（文件碎片），30

shareholder voting（股东投票），blockchain-based（基于区块链的），133–135

Shepperson Cotton Code（谢普森棉码），79

signatures（签名）. 参见：digital signatures（数字签名）

Silk Road（丝绸之路），66, 275n9

Simon, Herbert（希尔伯特·西蒙），262n13

Simple Mail Transfer Protocol (SMTP)（简单邮件传输协议），16, 48

singularity（奇点），267n2

Slock.It（一家德国去中心化自治设备公司），160

smart contracts（智能合约），2–3; benefits of（益处），81–83; characteristics of（特征），74–76; contractual standardization（合约标准化），85–86; corporate governance with（公司治理），133–136; development of（发展），72–74; in Ethereum（以太坊中的），27; hybrid agreements（混合协议），76–78; legal enforceability of（法律上的可执行性），78–80; libraries of（库），82; limitation of（局限性），83–86; machine-facilitated（机器之间的），161–162; monitoring costs and（监视成本和），80–81; oracles（预言机），75, 104, 239n23。另参见：decentralized autonomous organizations (DAOs)（去中心化自治组织）

smart derivatives（智能衍生品），95–98

smart securities（智能证券），93–98

Snapchat（一款移动互联网社交应用），118, 264n40

social credit systems（社会信用体系），202

social media（社交媒体），参见：information systems（信息系统）

social norms（社会规范），regulation via（监管），187–189

society of control（控制社会），53–54

Solidity（运行在以太坊网络上的计算机语言），28

Solum, Lawrence（劳伦斯·索罗姆），168

South Korea（韩国），ICO ban in（ICO 禁令），102, 251n85

specific injunctions（特定禁令），163

state transition systems（状态转移系统），26

Status（一款基于区块链的移动社交应用），100

Status Network Token (SNT)（Status 发行的代币），100

stigmergic process（主动共识过程），149

Stoll, Clifford（克利福德·斯托尔），253n12

Surden, Harry（哈里·苏顿），74

Swarm（一个去中心化的内容分发平台），30

syndicated loans（辛迪加贷款，银团贷款），92

Szabo, Nick（尼克·萨博），19, 73, 187

T

T0 (tZERO)（一家基于区块链技术的证券公司），93

Taaki, Aamir（阿米尔·塔基），234n35

taint analyses（污点分析，污染分析），70, 235n50, 275n8

tamper resistance of blockchains（区块链的防篡改），2–3, 35–37

taps（一款智能设备），160

tax-collection technology（税收技术），198

TCP/IP (Transmission Control Program / Internet Protocol) model（TCP/IP 模型），14, 47–49

technical rules（技术规则），参见：lex cryptographica（密码法）

The DAO（一款基于以太坊的去中心化投资平台），101, 137–138, 155, 188–189, 200–201, 264n35, 286n33

title insurance（产权保险），257n39

tokens（代币），4, 29, 93, 99–100; ERC20 token standard（ERC20 代币标准），249n68; investment tokens（投资型代币），101; sales of（销售），100–103, 250n81; utility tokens（实用型代币），100–101; white papers for（白皮书），102

Tor browser（洋葱浏览器），178, 277n17

.torrent files（扩展名为 torrent 的文件），18

trade secrecy laws（与交易秘密有关的法律），97–98

transactional privacy（交易隐私），39

transaction costs (market)［交易（市场）成本］，132, 263n16

transaction fees（交易费）, 281n57; in Bitcoin（比特币）, 42, 217n40, 233n16; in traditional banking industry（传统银行业）, 63

transaction graph analysis（交易图分析）, 39

transaction processors（交易处理商）, regulation of（的监管）, 180–181

transaction speed（交易速度）: Bitcoin, 22, 27, 56; Ethereum, 28; increasing（逐渐增加的）, 231n90; of permissioned blockchains（许可链）, 31; in traditional banking industry（传统银行业）, 63

Transmission Control Protocol (TCP)（传输控制协议）, 47–48

transnational networks（跨国网络）, 34–35

transparency（透明）, 37–38, 69–70

trustless systems（去信任化系统）, Bitcoin as（比特币作为）, 26

Tukekci, Zeynep（泽伊内普·图菲基）, 258n5

Twitter（推特）: creation of（创建）, 265n40; filtering of material on（过滤）, 178; popularity of（流行）, 118

U

Uber（优步）, 138–139

Ujo Music（Ujo 唱片公司）, 76

Ulbricht, Ross（罗斯·乌布利希）, 275n9

unconscionability（显失公平）, 85

Uniform Commercial Code (U.C.C.) securities filings（美国统一商法典要求的证券登记文件）, 110

Uniform Electronic Transactions Act (UETA)（美国统一电子交易法）, 79–80, 161, 274n45

United States v. Mendelsohn（美国最高法院判例）, 182

User Datagram Protocol (UDP)（用户数据报协议）, 47–48

utility tokens（实用型代币），100–101

V

Vladeck, David（大卫·弗拉德克），167

Vorhees, Erik（埃里克·沃希斯），275n9

W

wallets（钱包）: centralized wallet services（中心化钱包服务），27, 49, 179, 220n70; cold wallets（冷钱包），21; Dark Wallet（暗钱包），234n35; in plantoids（仿生植物机器人中的），167

warranties（保证），77

weapons systems autonomous（自治武器系统），167–170

Web 3.0, 31

Weber, Max（马克斯·韦伯），53, 229n71

WeChat（微信），100, 118

Whisper（一款基于区块链的社交平台），121

white papers（白皮书），102

Wikileaks（维基解密），38

Wilson, Cody（科迪·威尔森），234n35

work（工作量），proof of（证明）. 参见: proof of work mechanism（工作量证明机制）

Wu, Tim（吴修铭），50

Y

Yahoo（雅虎），134

YouTube（一家在线视频网站），34, 123, 258n3

Z

Zcash（零币）, 39, 67, 83, 187–188, 235n39

z-coins（零币网络上的代币）, 67

zero-knowledge proofs（零知识证明）, 39, 67

Zittrain, Jonathan（乔纳森·齐特林）, 163, 177

致　谢

感谢尤查·本科勒（Yochai Benkler），丹尼尔·布西埃（Daniele Bourcier），路易斯·科恩（Lewis Cohen），约翰·达汉尔（John Dahaner），布雷特·弗里希曼（Brett Frischmann），伊藤穰一（Joi Ito），基伦·詹姆斯·鲁宾（Kieren James-Lubin），劳伦斯·莱斯格（Lawrence Lessig），约瑟夫·鲁宾（Joseph Lubin），帕特里克·默克（Patrick Murck），戴维·罗恩 (David Roon)，珍妮·施罗德 (Jeanne Schroeder)，哈拉德·斯蒂伯 (Harald Stieber)，唐·塔普斯科特（Don Tapscott），黄品达（Pindar Wong），乔纳森·齐特林（Jonathan Zittrain）等提供的有益反馈和指导。感谢雷切尔·爱泼斯坦（Rachel Epstein）和沃尔特·贝勒·莫拉莱斯（Walter Beller-Morales）卓越的研究协助。感谢 COALA 网络的所有成员，他们致力于推广区块链知识，并在本书写作期间提供了支持、评论和反馈。也感谢维塔利克·布特林（Vitalik Buterin）为我们带来的灵感。

德·菲利皮（Primavera De Filippi）特别感谢康斯坦斯·崔（Constance Choi）和弗拉德·赞菲尔（Vlad Zamfir）提供的源源不断的道德和智力支持，感谢萨默·哈桑（Samer Hassan）的不断鼓励，感谢马坦·菲尔德（Matan Field）的视野、激情和韧劲。感谢哈佛大学伯克曼克莱因（Berkman-Klein）中心的所有同事，感谢他们一直以来给予的宝贵建议和意见。

最后，莱特（Aaron Wright）感谢妻子艾莉莎（Alissa），和两个孩子阿维娃（Aviva）和约书亚（Joshua），感谢他们坚定不移的爱和支持。

译后记

　　2016年3月13日,最高人民法院周强院长在十二届全国人大四次会议上庄严承诺:"用两到三年时间基本解决执行难问题"。随后,作为承诺最重要的配套机制之一,最高法院开始加快推进包括执行案件管理系统在内的执行威慑机制的部署,[①]用于管理执行案件从立案到终结的每一个程序和措施。目前,最高法院的执行案件管理系统,已经成为国内涵盖范围最广的社会信用数据库,覆盖全国四级、超过3500家法院,[②]每年新增执行案件超过2000万件,[③]通过与银行、证券、保险、工商、公安、房地产、税务、出入境等部门的交互,每天汇集和处理涉及各类法律实体的海量信用信息。对全社会而言,系统上线至今,已公布失信被执行人名单1122万例,限制被执行人乘坐飞机1218万人次。[④]作为执行法官,能参与到这一划时代的制度建设中,

---

① 实际上,最高法院自2004年6月即开始筹划部署全国法院执行案件信息管理系统。2007年1月1日,这一系统在全国各级法院正式上线运行。有关论证及前期工作,参见:胡志超著,《执行威慑机制研究》,人民法院出版社,2008年4月版,第2页。

② 刘贵祥.人民法院执行工作现状与分析.中国应用法学,2018(1):2.

③ 最高人民法院2018年3月9日在第十三届全国人民代表大会第一次会议上的工作报告,参见: http://www.court.gov.cn/zixun-xiangqing-87832.html,访问日期:2018年6月28日。

④ 全国法院决胜"基本解决执行难"信息网,参见: http://jszx.court.gov.cn/main/index.jhtml,访问日期:2018年6月28日。

深感荣幸。另据报道，我国不动产登记信息管理基础平台已实现全国联网，[①] 杭州互联网法院对当事人上传到 Factom（公证通）区块链和比特币区块链上的证据材料的真实性予以确认。[②] 可以说，区块链为代表的信息技术，已经深入到我们日常生活的方方面面。由此产生的问题是，区块链是不是保障信息安全、提高信息利用效率的最佳选择？这些系统会不会因此脱离了人的控制，将人变为机器的"奴隶"？政府如何监管和规范势不可挡的区块链化趋势？作为一本学术著作，这本书严肃地探讨了这些问题。不过，作者并没有均衡地讨论区块链的所有法律问题，而是围绕"代码即规则"（code is law）如何发展到"代码即法"（code as law）这一逻辑主线，创造性地提出"密码法（Lex Cryptographica）"概念，并以此为基础，深入探讨区块链对金融、契约、信息、组织的影响，及区块链技术所面临的监管挑战和法律适用的困惑。既有宏大的技术与法、道德、伦理、社会规范之间的关系的真知灼见，也涉及公司、证券、合同、知识产权等具体部门法的适用和分析，对全面了解和理解区块链与法的关系，特别是分析甚至解决我国目前所面临的区块链监管问题，大有裨益。

基于工作感悟和个人兴趣，我很早开始关注信息技术与法律的关系，并逐渐扩展到与之密切联系的互联网、区块链及人工智能领域。研究过程中，我关注到哈佛伯克曼克莱因（Berkman Klein）互联网与社会中心，它是目前最权威的网络空间法研究机构。在中心网站上，我多次看到本书作者普力马韦拉的论文和研讨会，她不仅醉心于从理论上研究区块链、去中心化技术与法律的关系，也是区块链的积极实

---

① 新华网：《信息管理基础平台实现联网，登记体系进入运行阶段》，参见：http://www.xinhuanet.com/fortune/2018-06/20/c_1123006407.htm，访问日期：2018 年 6 月 28 日。

② 新华网：《杭州互联网法院首次确认区块链电子存证法律效力》，参见：http://www.xinhuanet.com/2018-06/28/c_1123051280.htm，访问日期：2018 年 6 月 28 日。

践者，特别是她对比特币、以太坊之外，更为宏大和有想象力的去中心化技术与法律的关系的研究，有很强的前瞻性，也是我之兴趣所在。所以，在这本书上市当天，我就通过亚马逊买到了电子版，研读后深受启发，遂决定将它翻译成中文。

在此，需要特别交代本书中"code is law"和"code as law"的翻译问题。"code is law"最早由乔尔·雷登伯格提出，并因劳伦斯·莱斯格的 *CODE：Version 2.0* 而广为人知，国内一般翻译为"代码即法律"，[①] 但本书作者认为，在存在中心化中介机构的传统互联网中，代码可以产生法律上的效力，或事实上产生了与法律一样的约束力，但代码并非法律，只是实现法的工具，因此劳伦斯·莱斯格所谓"code is law"中的"law"，实质上是指"规则"。而在去中心化和自治的区块链及智能合约中，规则在程序员或国家创建应用时就已经转换为代码，一旦应用启动，即不再受原来创建它的程序员或国家、政府的控制，应用规则本身就是应用的法律，这一代码化的法律除通过共识机制变更、升级外，不再有更高层级的权力约束，作者将其称为"code as law"。为遵循原著逻辑，本书将"code is law"翻译为"代码即规则"，而将"code as law"翻译为"代码即法"。关于这两个术语含义的更为精准的阐释，请参考杨东教授为本书所作推荐序。

付梓之际，感谢中国人民大学法学院副院长杨东教授慷慨为本书作序。杨教授是我国互联网金融及区块链领域的领军人物和理论奠基者，开创性地提出了"金融统合法理论"、"市场型间接金融理论"、"众筹金融理论"和"法链（RegChain）理论"。为不负所望，唯有殚精竭虑，字字机杼，力争译本不差毫厘。感谢全国审判业务专家，广东

---

① 劳伦斯·莱斯格著.代码 2.0：网络空间中的法律，李旭，沈伟伟，译，北京：清华大学出版社，2009：6.

省高级人民法院审判委员会专职委员胡志超博士，始终支持我努力向前，鼓励我在理论和实务之间、法学和非法学之间、当下和未来之间探索开拓。感谢曹凤国博士和张阳博士的鼎力支持和协助。特别感谢中信出版社于宇编辑，他对区块链和法律的敏锐视野，确保了中译本能在最短的时间内出版。最后，感谢我的家人和亲人，他们的爱、支持和宽容，保证了我能把业余时间用于翻译和研究。

翻译犹如带着镣铐跳舞，囿于语境和学识，虽经反复推敲校阅，仍难以避免错讹，在此，恳请读者诸君多多批评指正，任何建议、意见和交流，均可通过电子邮件 weidl@139.com 与我联系。

卫东亮

2018 年 7 月 2 日

关于万向区块链实验室

万向区块链实验室是中国首家专注于区块链技术的非盈利性前沿研究机构，由中国万向控股有限公司于 2015 年 9 月出资成立。实验室在全球范围内聚集了领域内的专家就技术研发、商业应用、产业战略等方面进行研究探讨，为创业者提供指引，为行业发展和政策制定提供参考，促进区块链技术服务于社会经济的进步发展。自成立以来，万向区块链实验室通过每年举办区块链全球峰会、丛书出版、研究报告、推出孵化器、行业培训、技术讲座、高校产学研合作，以及发起成立中国分布式总账基础协议联盟（ChinaLedger）等举措，已经成为了国内首屈一指、国际领先的区块链技术领域的标志性研究机构。

万向区块链实验室官网：www.blockchainlabs.org

译者

卫东亮，武汉大学国际经济法硕士，现任广东省高级人民法院执行局法官。长期从事商事审判、执行工作，在《人民司法》《法律适用》等刊物上发表多篇学术论文，主要研究领域为公司法、合同法、物权法、强制执行法及与互联网、信息科技相关的前沿法律问题。

校译

凯尔，万向区块链实验室高级研究员，国内外区块链行业早期参与者及社区活跃成员，有多年的电子信息产品设计经验、人文社科背景及英语应用能力，对区块链相关的经济、技术、法律、监管、治理及行业应用等问题有着广泛的研究。参与工信部中国电子技术标准化研究院主导的多项区块链技术标准及产业发展白皮书编写，为有关部门提供区块链相关的行业研究报告，并负责万向区块链实验室丛书的编审工作。译著包括该丛书系列内的《区块链：赋能万物的事实机器》《区块链革命：比特币底层技术如何改变货币、商业和世界》。